古典文獻研究輯刊

十四編

潘美月・杜潔祥 主編

第 19 冊

《儒林外史》研究在美國

王 美 惠 著

國家圖書館出版品預行編目資料

《儒林外史》研究在美國／王美惠 著 — 初版 — 新北市：花木
蘭文化出版社，2012〔民 101〕

目 2+272 面；19×26 公分

（古典文獻研究輯刊 十四編：第 19 冊）

ISBN：978-986-254-852-3（精裝）

1. 儒林外史　2. 研究考訂

011.08　　　　　　　　　　　　　　　　　101003004

ISBN-978-986-254-852-3

9 789862 548523

古典文獻研究輯刊
十四編　第十九冊　　　　　ISBN：978-986-254-852-3

《儒林外史》研究在美國

作　　者　王美惠
主　　編　潘美月　杜潔祥
總 編 輯　杜潔祥
企劃出版　北京大學文化資源研究中心
出　　版　花木蘭文化出版社
發 行 所　花木蘭文化出版社
發 行 人　高小娟
聯絡地址　新北市永和區中正路五九五號七樓
　　　　　電話：02-2923-1455／傳眞：02-2923-1452
網　　址　http://www.huamulan.tw 信箱 sut81518@gmail.com
印　　刷　普羅文化出版廣告事業
初　　版　2012 年 3 月
定　　價　十四編 20 冊（精裝）新台幣 31,000 元　　　　版權所有·請勿翻印

《儒林外史》研究在美國

王美惠　著

作者簡介

王美惠，1973 年出生於雲林縣。1995 年畢業於國立新竹師範學院語文教育學系，2008 年畢業於國立雲林科技大學漢學資料整理研究所碩士班。

師範學院畢業後，自民國 84 年起即任教於雲林縣虎尾鎮立仁國民小學。任教迄今 16 年來，除認真執教各科目之外，更用心推廣字音字形教育，除多次指導學生獲得佳績，本人亦曾於民國 93 年獲得全國字音字形比賽第四名。

有感於漢學之優美，而在職進修取得碩士學位，有幸獲指導教授推薦出版，盼各界先進指教。

提　　要

《儒林外史》是我國文學史上相當重要的一部著作，在諷刺文學體裁上建立一個里程碑。十八世紀中葉，開始以抄本形式流傳，於二十世紀始傳入英語世界，兩個多世紀以來，在世界文壇上也佔有一席之地。二次大戰後，美國政府以及一些基金會開始訓練有關中國研究的人才。隨著研究的日漸深入，越來越多西方學者意識到古典小說的學術價值。許多美國學者以《儒林外史》為題撰述相關著作，並有許多論文發表，可見美國漢學界對《儒林外史》的重視程度，其研究範疇涵蓋主題思想、敘事結構、人物形象、諷刺藝術、敘事技巧、文學價值等，美國學者之見解多有其獨到之處。唯，國內並無美國漢學界有關《儒林外史》研究的介紹，至為可惜。因此，本文題為〈儒林外史研究在美國〉，所探討的對象以曾在美國從事教學研究之學者所已發表之英文論著為準，筆者依據這些研究述要，將美國漢學界對《儒林外史》之研究作一完整剖析，期能藉此整體評析以完整呈現其研究成果，提供國內《儒林外史》研究之參考並擴大相關研究之視野。

謝　辭

　　從沒想過自己會進入研究所唸書，而且竟然畢業了。

　　念研究所的「衝動」，的確是衝動，就在和老公的閒聊之間，受到「刺激」而決定考試。重新拾起書本，每天在老公和長女的監督之下開始 K 書。也許是老天願意讓我進行這個挑戰吧，很榮幸考上本所。

　　更幸運的是，所上的同學、學長姊，以及教授們各個都很照顧我們這些重回校園的在職生。學長姊和同學之間，彼此相互照應、提供訊息，讓大家可以在學習上不多走冤枉路。教授們更是想要把滿腹經綸傾囊相授，學習過程中遇到很多問題，但是我一點也不怕，因為，教授們都很樂意提供協助與指點迷津。

　　研究所的課程，一路走來，最辛苦的就是投稿小論和論文撰寫了。小論在李教授哲賢的殷切指導下，有幸接受刊登。而論文的撰寫過程中，李教授更是在百忙之餘，細心審視修改，有時候太久沒去找老師，老師還會主動通緝，就怕我寫不好或進度延遲，讓我深深感受到李教授的熱忱！謝謝李教授！

　　感謝擔任口試委員的張端穗教授和吳進安教授，對我的論文提出諸多針砭，特別是張教授，還點出原文的翻譯技巧，與提供相關研究者的文獻，令我更是受益匪淺！謝謝張教授和吳教授！

　　另外，要特別感謝我的母親和先生，在我這段就學期間，承擔照顧長女的責任；也要謝謝我的長女，乖乖的自己玩拼圖和看書，讓媽媽能夠安心「打作業」；還要謝謝腹中的小 baby，乖乖的在媽媽肚子裡面一起趕論文。

　　謝謝雲林科技大學漢學資料整理研究所給我這個成長的機會！

王美惠　謹誌
中華民國九十七年六月

第一章 緒 論 …………………………………………… 1
　第一節　研究動機與目的 …………………………… 1
　第二節　研究範圍、方法與內容 ………………… 4
第二章 《儒林外史》研究在美國之緣起及概況 … 7
　第一節　美國漢學研究概況 ……………………… 7
　第二節　中國古典小說研究在美國之概況 ……… 10
　第三節　《儒林外史》研究在美國之緣起與概況 …… 18
第三章 《儒林外史》研究在美國研究述要 ……… 25
　第一節　《儒林外史》研究在美國研究述要（一）… 25
　第二節　《儒林外史》研究在美國研究述要（二）· 62
　第三節　《儒林外史》研究在美國研究述要（三）131
第四章 《儒林外史》之文本研究述論 …………… 197
　第一節　《儒林外史》之主題思想研究述論 …… 197
　第二節　《儒林外史》之敘事結構研究述論 …… 206
　第三節　《儒林外史》之人物形象研究述論 …… 216
第五章 《儒林外史》之藝術、技巧及價值研究
　　　　述論 ……………………………………… 225
　第一節　《儒林外史》之諷刺藝術研究述論 …… 225
　第二節　《儒林外史》之敘事技巧研究述論 …… 235
　第三節　《儒林外史》之價值研究述論 ………… 241
第六章 結 論 ………………………………………… 251
　第一節　《儒林外史》研究在美國之成果 ……… 251
　第二節　《儒林外史》研究在美國之特色 ……… 253
　第三節　未來研究之展望 ………………………… 260
參考書目 ……………………………………………… 263
附錄 《儒林外史》在美國研究之文獻──討論面
　　　向一覽表 ……………………………………… 269

目

次

第一章 緒 論

第一節 研究動機與目的

　　最近幾年，史景遷〔註1〕所帶領的「史景遷熱」持續多年不墜，這位熟讀中文史材、中文卻說得不甚流利的西方中國史學家，為什麼能在華人社會的歷史閱讀中，超越華人歷史學者？用出版的語言來說，他做的是「編譯」的工作——遍覽中文歷史檔案，融會貫通後，編寫成英文版本的中國歷史。

　　但是，他的成就主要是因為他所投注的心力，他是第一位讀過霧峰故宮清史檔案的西方學者，更是第一個獻身明清中國歷史研究的西方史家。他不只是編譯，還是一個頂尖的歷史偵探，生吞活剝卷帙浩繁的歷史材料後，透過受過西方史學訓練的眼與手，拼貼出被西方史學界遺忘的十七世紀中國。

　　相較之下，「美國漢學」在國內仍屬冷門學問，再加上研究生英語能力普

〔註1〕史景遷（Jonathan D. Spence，1936～）是出生於英國的歷史學家，主要研究中國歷史。1993 年起擔任耶魯大學歷史學的史特林講座教授（Sterling Professor）。史景遷被公認是 16 世紀以來的最有影響力的漢學家之一，他在歷史塑造現代中國所扮演的角色方面有詳盡的寫作。史景遷的著作，大多能深入淺出，且文筆流暢、敘事性強，是在美國少數能使專業歷史著作成為暢銷書的作者之一，對於中國歷史知識在西方英語世界的傳布造成很大影響。他的著作包括：《康熙與曹寅》（1965），《改變中國》（1969），《康熙自畫像》（1974），《王氏之死》（1978），《天安門：中國人及其革命》（1981），《利瑪竇的記憶宮殿》（1984），《胡若望的疑問》（1987），《中國縱橫：一個漢學家的學術探索之旅》（1992），《上帝的中國之子：洪秀全的太平天國》（1994），《大汗之國：西方眼中的中國》（1998），《毛澤東》（1999），《皇帝與秀才》（2001）。

遍不足，國內各中文系所甚少有研究生願意投注心血與時間於此一領域。僅有少數系所如本所般注重國際漢學領域，本所亦有教授對此新興領域有積極的研究。

　　筆者有幸進入雲林科技大學漢學資料整理研究所就讀，首次接觸到美國漢學這個領域，在教授的指導下對中國古典小說在美國漢學界的研究有了初步的認識，對美國漢學界獨特的研究方法以及詮釋的觀點，印象非常深刻。因而，在教授的熱心協助及鼓勵之下，啓發筆者投入美國漢學研究，希望藉由本論文之提出，能爲國內的美國漢學研究略盡綿薄之力。

　　事實上，二次世界大戰之後，美國漢學界堪稱執漢學研究之牛耳，對中國傳統小說的研究向來不遺餘力，而且常有獨到的見解，對《儒林外史》這部小說更展現了濃厚的興趣以及豐富的研究成果。

　　《儒林外史》於二十世紀中期開始出現英文版本傳入英語世界，之後，透過國外學者的翻譯和介紹，《儒林外史》因其素材之特殊性有別於一般小說，一直以來都受到國外學者相當程度的重視，這部小說在國際上也產生了一定程度的影響。

　　其中，筆者在修習「美國漢學研究」這一門課時，拜讀了哥倫比亞大學的夏志清先生之鉅作──《中國古典小說導論》，〔註 2〕書中以比較文學的角度來討論《儒林外史》等六部古典小說，對小說的主題思想、結構、人物等，提出了許多前所未有的看法。

　　夏志清在書中第六章〈儒林外史〉談到：

> 儘管《儒林》算是一部重要的反映文人學士的小說，但如果從作者
> 對他所處的那個時代熙熙攘攘的世界所作的五光十色的描繪這方面
> 來看，它似乎更應是一部風俗喜劇。〔註3〕

夏志清先生的觀點使筆者對《儒林外史》有了另外一層的體認；對美國漢學小說的研究而言，《中國古典小說導論》一書具有重大影響。

　　夏志清先生是中國傳統小說研究方面的權威，當他在自己的論述中引用原書片段時，即使已有現成的英文翻譯，他總還是再翻譯一遍，以確保對原文的忠實。

〔註 2〕 Hsia ,C.T., *The Classical Chinese Novel:A Critical Introduction*（New York:Columbia University Press,1968）.
〔註 3〕 Hsia , " The Scholars," in *The Classical Chinese Novel*.

　　不過，如同王靖宇在其〈中國傳統小說研究在美國〉〔註4〕一文中提到，西方學者如夏志清、Bishop 等人在以西方標準來衡量中國作品時，一旦發現二者有所不同，並沒有設身處地從中國特有的文化背景去加以理解，因此，有時在論斷時未免稍嫌武斷。

　　而兩岸學界，除了翻譯幾位大師的著作外，至今尚未有對《儒林外史》在美國漢學界的研究內容作一完整而深入的探討。因此，筆者決定選擇〈儒林外史研究在美國〉作爲碩士論文之研究主題，希冀能藉此完整呈現美國漢學界對《儒林外史》這一著名的中國傳統小說之研究成果，進一步對《儒林外史》之各個層面進行深度剖析，更希望本論文完成後，在未來可以作爲國內學界研究《儒林外史》時之參考，此乃本論文之研究動機。

　　筆者深切體會到，無論是美國漢學家對中國的研究，或是我們對他們研究的再研究，其意義都非常重大。因爲，不僅美國學者可以通過這一門學科來了解、認識中國文化並從中吸取中國文化的精華；對於一般美國人來說，由於他們不一定都懂漢語（華語），無法直接從中文書籍、資料中獲得相關知識，而「美國漢學」的研究成果、書籍就是他們了解、認識中國的主要途徑。

　　在西方，不要說像美國的夏志清、王靖宇、澳大利亞的柳存仁、法國的陳慶浩等一些華裔的中國古代小說的研究專家，碩果纍纍，就是一些非華裔的一流漢學家中，如，美國的韓南、浦安迪，俄國的李福清等，都是以研究中國古代小說著稱於世的。

　　他們的成果推動了中國古典小說的研究。中國古典小說研究者在世界雖是少數，但這些成果不但得以給中國學者啓發和推動，也是將中國古典小說推向世界各國的重要傳播橋梁。通過他們的註釋、解說和闡發，使中國古典小說得以「飛入尋常百姓家」，以不同的方式融入不同國家的不同社會。

　　所以，就中國小說傳播之意義而言，各地的漢學家是新世紀裡使中國古典小說不斷地在世界各地生根開花的最重要的播種者和耕耘者。在新的世紀裡，中國古典小說進一步走向世界的道路是寬廣的。

　　對研究者來說，透過「美國漢學」的研究可以藉由學者們的研究方法、角度，提供國內學界爲研究之借鑒。本論文盼能藉由美國漢學界對《儒林外

〔註4〕王靖宇：〈中國傳統小說研究在美國〉，收入林徐典編：《漢學研究之回顧與前瞻》（北京：中華書局，1995 年），頁 220。

史》一書之研究進行全面而深入的探討，俾能爲國內的《儒林外史》研究提供一種參考及新的視野，此乃本論文之研究目的。

第二節　研究範圍、方法與內容

一、研究範圍

　　本文的探討範圍以曾在美國從事教學或研究之學者所發表之英文論著爲準。本文將這些論著的重要論點以述要的方式處理，並從中整理出學者的研究成果。

　　本文之討論對象既以美國漢學界的《儒林外史》研究爲主，因此，對於歐洲、日本、中國大陸、香港以及台灣等地區出版的有關《儒林外史》研究之論著則不列入本文之討論範圍。

　　本文所探討的是美國漢學界的研究成果，因此，必須要對美國漢學家的姓名及其論著的標題，做出較爲適當的處理。本文之處理方式如下：若國外漢學研究者本身已有中文姓名者，則當其姓名第一次出現時，在其後以括弧標示其中文姓名，之後的論述全以其中文姓名處理。如果本身沒有中文姓名者，在本文的論述中則完全以原來的姓名標示；若是華裔學者，在本文中便以其原來的中文姓名，或是以「黃氏」、「商氏」稱之，其餘類推。至於少數例外，如 Wu Xiaozhou、Zhou Zuyan，則因筆者無從得知其原來的中文姓名，在本文中便以「Wu 氏」、「Zhou 氏」稱之。至於論著方面，同樣會在第一次出現時標示筆者對論著名稱的翻譯，但是在論述時，則盡量使用該論著的原名或是簡稱。至於這些漢學研究者所提到的外國學者及論著，在學者的姓氏方面基本上會視同沒有中文姓名之漢學研究者處理，而這些學者的論著也會與本文所論述的漢學研究論著使用同樣的處理方式。

　　至於本文所討論的論著之排列次序，基本上是以發表與出版的時間先後次序作爲排列之標準，在論文方面，完全按照這個標準，也就是說，同年發表之論文，以發表時間在前的篇章排在前面；在著作方面，除了這個標準以外，同年出版之著作，則是以作者姓氏之開頭字母作爲排序之依據。另外，若是出現同一年有數種論文及著作發表與出版的情況，則以論文爲優先排序之對象，並將以上之排列方式合併使用。

二、研究方法

本論文所採用的研究方法如下：

（一）文獻分析法

確定本論文之研究題目後，筆者蒐集美國漢學界有關《儒林外史》研究的書目和文獻，並以這些已經蒐集到的書目和文獻為基礎，尋找與本篇論文之研究主題相關的專著以及單篇論文。在蒐集資料的動作告一段落之後，再針對本論文研究的內容進行主要論點的整理與分析，並予以摘述。

（二）批判研究法

在整理並摘述所蒐集《儒林外史》之相關文獻後，再運用歸納的方法，將上述文獻資料中所探討的主要論點歸納出若干議題，再由筆者綜合學者們研究結果後並予以評論。

三、研究內容

本論文共分六章，其內容如下：

第一章　緒論：說明本論文的研究動機與目的以及研究方法。

第二章　《儒林外史》研究在美國之緣起及概況：本章分為三節，依序介紹美國漢學之發展、中國古典小說在美國的研究概況、《儒林外史》研究在美國之緣起及概況。

第三章　《儒林外史》研究在美國述要：依出版年代先後摘選美國漢學界有關《儒林外史》研究中，較為重要之著作，如，羅溥洛的《清初社會及其批評家：吳敬梓的生平與時代》以及林順夫的〈儒林外史的禮及其敘事結構〉等學者之專著或單篇論文，並加以摘述，以呈現美國漢學界有關《儒林外史》之研究成果，並作為第四、第五章探討之基礎。

第四章　《儒林外史》之文本研究述論：本章共分三節來探討上述美國漢學界有關《儒林外史》的研究，並依下列主題：（一）《儒林外史》之主題思想（二）《儒林外史》之敘事結構（三）《儒林外史》之人物形象，將學者之研究成果作一客觀的述論。

第五章　《儒林外史》之藝術、技巧與價值研究述論：本章共分三節來探討上述美國漢學界有關《儒林外史》的研究，並依下列主題：（一）

《儒林外史》之諷刺藝術（二）《儒林外史》之敘事技巧（三）
《儒林外史》之價值，將學者之研究成果作一客觀的述論。
第六章　結論：為本文所作研究之綜合性敘述，並依此提出美國漢學界
　　　　對《儒林外史》研究的特色以及未來研究之展望。

第二章 《儒林外史》研究在美國之緣起及概況

第一節 美國漢學研究概況

　　「漢學」一詞創自西方，有廣義和狹義的區分。就狹義而言，英文 Sinology 一詞，主要指西方學者對中國語言學、文學、歷史、哲學等人文學科的研究；而就廣義而言，「漢學」則可以包括二十世紀在美國發展起來、並在今天遍及歐美的對中國近現代以及當代問題研究的所謂「中國學」，即英文的 Chinese Studies。「中國學」的特點是側重現實與社會學科。實際上，這兩個概念並不相互排斥。近年來則多用漢學一名，它的意思大致和「國學」一詞相近，不過包括的範圍則更廣泛。所謂漢學是指外國人研究中國學術文化的學問，即是以中國爲研究對象之人文和社會科學，包括語言、文字、文學、歷史、考古、人類學、哲學及藝術等。就時間範圍而論，「漢學」兼容古今，亦即包含了現代歷史（思想、文學）之研究，而「國學」是以研究古代學術爲主。

一、美國漢學研究之發展

　　「漢學」作爲一門學科並得到學術界承認是在十九世紀，首先給予重視的是法國。1814 年法蘭西學院（College de France）決定在全歐洲首次開設漢語講座，並聘請雷慕沙（J.P.Abel Remuast）擔任教授，從此漢學進入學院式研究。

　　漢學的眞正發展是在十九世紀後期和二十世紀初。這時期在法國繼法蘭

西學院之後，東方語言學院（Ecole Nationale des Langues Orientales Viavntes）、法蘭西遠東學院（l`Ecole Francaise d`Extreme-Orient）先後開出漢語課。接著是俄、英、德等國家。

從學術史的角度來看，美國漢學的發展大致可分爲五個時期：〔註1〕

（一）傳教士漢學時期（1830～1870 中期）：

美國的漢學研究是由歐洲漢學移植而來的，但他們的起步較晚，直到十九世紀後期，以傳教士裨治文（Elijah Coleman Bridgman,1801～1861）、衛三畏（Samuel Wells Williams,1812～1884）爲代表，在他們的努力下，美國漢學才逐漸有所發展，並揭開美國漢學研究的序幕。

裨治文的《中國叢報》（The Chinese Repository），又稱《澳門月報》或《中華叢報》，以西方讀者爲對象，刊登了許多研究中國古典文學和歷史文化的文章，並且十分注重中國實際問題的研究，是近代西方學者研究漢學的重要資料來源；衛三畏撰寫的《中國總論》（The Middle Kingdom）一書，對中華帝國的政治、經濟、外交、文化、歷史、地理、教育、藝術以及宗教等方面做了系統的論述，把中國作爲一個整體文明來描述，帶有跨學科研究的特點，成爲數代美國人認識中國的英文範本。

1842 年東方學會（American Oriental Society）的成立爲美國漢學研究全面奠定基礎，其宗旨是「傳播關於東方的知識，促進對東方語言和文學的研究」。學會的研究範圍甚廣，舉凡西方文化圈之外，如，古希臘、羅馬、歐洲和美洲以外的區域都包括在內。〔註2〕東方學會的成立，代表美國漢學研究的基地已經從中國移向美國。

（二）學院漢學時期（1870～1920）：

十九世紀後期，美國一些學校陸續出現對遠東和中國的研究。1876 年，耶魯大學首先開設漢語課程，衛三畏在耶魯大學設立美國歷史上第一個漢學考古室和東方圖書館，這代表著美國漢學從草創時期步入學院式研究的時代。〔註3〕1877 年，哈佛大學也設置漢語課程，1879 年，該校中文講師戈鯤

〔註1〕侯且岸：〈論美國漢學史研究〉，《當代中國的顯學——中國現代史學理論與思想新論》（北京：人民出版社，2000 年），頁 346～354。

〔註2〕何寅、許光華：《國外漢學史》（上海：上海外語教育出版社，2000 年），頁 287～297。

〔註3〕侯且岸：〈費正清與中國學〉，李學勤主編《國際漢學漫步》，上卷，（河北教

化（Ko Ku-hua），開始蒐集中文圖書，爲從事教學和研究者提供資料。1890
年後，美國的加州柏克萊分校、哥倫比亞大學等先後成立中文教研機構，1901
年耶魯大學成立「雅禮協會」（Yale-in-China），主要研究中國歷史文化中一些
特殊的東西，例如，卜骨、絲綢、官僚政府、科舉制度、仕紳階級，尤其重
視國家的長期延續和關於其統治的綿延不絕的紀錄。同年，哥倫比亞大學開
辦中文講座，定期講授漢學的相關課程。1910 年芝加哥大學開始收藏中文資
料，爲系統研究中國問題打下基礎。漢學逐漸成爲美國大學的重要研究課題，
此時期的漢學研究特徵爲語言學、人類學、民俗學研究。

（三）漢學發展和分化時期（1920～1940 中期）：

十九世紀末二十世紀初，美國國力不斷增強，由於國勢增強，經濟力量雄
厚，且免受戰爭威脅，因而，美國漢學得到突飛猛進的發展。研究中國的領域
不斷擴大，已普及至人文科學和社會科學領域，改變了傳統漢學的狹隘性，已
經展現了「後來居上」的態勢，而整個西方漢學中心也已明顯地由歐洲轉移到
美國。20 年代是整個世界漢學大發展的年代，亦是漢學發生初步分化的年代。

在美國漢學研究的轉變中，哈佛燕京學社（Harvard-Yenching Institute）和
美國太平洋學會（American Council of Institute of Pacific Relations）佔有非常
重要的地位。成立於 1925 年的「美國太平洋學會」，其成立宗旨爲「研究太
平洋各民族狀況，以求改進各民族關係」，更是使得傳統意義上的東方學、中
國學研究開始走出古典語言文學、歷史、思想文化的純學術研究，轉而側重
現實問題和國際關係問題研究的新領域，揭開了區域性研究的序幕。1928 年
哈佛燕京學社成立，其宗旨是「促進亞洲的文化研究、教育和出版工作」，爲
推動美國和中國國內的漢學研究，特別派遣研究人員來華學習、研究，而這
些人才學成歸國後，成爲漢學和現代中國學研究領域的佼佼者；同時，哈佛
燕京學社也培養出一批能運用西方學術理論、治學方法來研究中國問題的新
一代學者，這些中外學者在研究中國問題時逐漸產生變化，從注重中國古代
文化研究，轉向區域研究的近現代中國問題。哈佛燕京學社及美國太平洋學
會也因此成爲當時美國研究亞洲、研究中國、培養中國問題專家的搖籃。

（四）漢學與中國學並存時期（1940 中期～1980 中期）

二次大戰結束之後，漢學研究發生明顯分化，費正清（John King

Fairbank）推廣之區域研究開創了「新漢學」，即從狹隘的古典漢學研究轉向對中國現代問題研究。這種以現代爲研究對象的新的地區研究，以及從狹隘的古典漢學研究轉向對中國現代問題研究，乃是二次世界大戰後美國中國學研究的一個顯著特徵，至此，美國漢學研究已經完全擺脫傳統歐洲漢學的影響。由於戰後中國國際地位的重要性，1941 年美國遠東學會成立後亞洲研究中國問題研究成爲研究之重點。

　　1960 年代，隨著「越戰」、「文革」的發生，中國研究達到鼎盛時期，對中國現實問題的思考和研究一度超出了對中國傳統思想文純學術研究。至此，現實派與學術派之隔閡加深二者維持不同的理路。

　　（五）漢學之反思時期（1980 中期～2000）：

　　隨著「冷戰」的結束，美國漢學研究之中國研究進入反思時期。20 世紀 80 年代中期柯保安（Paul Cohen）則提出了「中國中心觀」（China-Centered Approach），由此揭開了對費正清批判的序幕。90 年代初，費正清去世意味著美國中國研究的「哈佛時代」的結束。漢學與中國學的壁壘被打破，跨學科研究終將取代單一的研究。

　　由上述的美國漢學發展時期可知，美國的中國研究起因於政治上的需要，漢學逐漸轉變成以近代中國的政治、經濟及社會發展爲研究主體的美國式中國研究。然而由於不斷深化的研究，美國學者也漸漸開開始了解到，中國文化之多面性，近代中國知識份子吸收西學時，也非完全排斥中國的傳統研究。因此在美國漢學中以研究古典文化、詩詞、小說、戲劇等文學性較強的傳統漢學研究亦有所持續發展，且有嶄新的觀點出現。

第二節　中國古典小說研究在美國之概況

　　進入 20 世紀，世界人文環境的變化，使東西方之間的文化交流日益頻繁，中國古典小說研究在美國呈現出了日益繁榮的新風貌。隨著美國漢學知識的深化，它的寶貴文化和文學價值越來越受到人們的重視。如同美國學者狄百瑞（W.T.de Bary）所言：「無論對中國文學做何種探討，古典小說都在作爲中國文化傳統的主要表現而引人注目，而且中國有一些小說應被視爲世界文學中的重要作品。」〔註4〕中國小說名目繁多的類型、細膩精確的筆法、五彩紛

―――――――――

〔註 4〕引自狄百瑞爲夏志清《中國古典小說》所寫的前言。

成的生活畫面、蘊含豐富旨趣深遠的人生哲理和社會意義，無不吸引著美國學者鍥而不捨的進行探索，這正是中國小說在美國漢學界迅速繁榮的原因。

美國漢學界研究中國古典小說大約從 1950 年代開始，早期對傳統小說的研究，可說是以考證和通論為主。〔註5〕在考證方面的重要著作為 1953 年 Richard Irwin 的《中國小說〈水滸傳〉的演化》，〔註6〕在書中可以看出 Irwin 嚴謹認真的治學方法與態度，值得仿效。1962 年韓南發表〈金瓶梅版本考〉，〔註7〕次年發表〈金瓶梅的探源〉，〔註8〕1964 年，又發表〈小說與戲曲的發展〉〔註9〕一文，韓南在文中分析了中國小說與戲曲的發展及演變，並評析了《三國演義》、《水滸傳》、《金瓶梅》、《紅樓夢》等小說，是一篇很有價值的文章。

在通論方面，第一部重要的著作是 1956 年 Bishop 出版的《中國白話短篇小說：三言研究》，〔註10〕本書除了研究《三言》以外，也詳盡介紹變文以及宋代說唱文學發達的情況，是一部嚴謹而有系統的文學史著作。此外，Bishop 同時也發表一篇論文，題為〈中國小說的限制〉，Bishop 以為，中國傳統小說與西方的小說相比，有著不少缺點和侷限，最顯著的就是缺乏對人物的心理分析，這可能是因為中國缺少以貴族或婦女為主的傳統的緣故。1968 年，夏志清的《中國古典小說導論》，〔註11〕一部關於傳統小說研究的鉅著問世。本書著重在理論的分析，夏氏以比較文學的角度來討論《三國演義》、《水滸傳》、《西遊記》、《金瓶梅》、《儒林外史》、《紅樓夢》等六部傳統小說，對書中的主題思想、結構、人物等，都有發人深省的分析。夏氏學貫中西，以其深厚的學術素養，將中國古典小說置放於世界文學的整體發展進程中進行探討，並提出許多前所未見的看法，為傳統小說的研究，開創全新的局面。此外，值得一提的通論性著作還有浦安迪的《明代小說的四部名著：四大奇書》，〔註12〕浦氏參照中國小說評點

〔註5〕 王靖宇：〈中國傳統小說研究在美國〉，收入林徐典編：《漢學研究之回顧與前瞻》（北京：中華書局，1995 年），頁 219～221。

〔註6〕 Richard Gregg Irwin, *The Evolution of A Chinese Novel:Shui-hu chuan*（Cambridge：Harvard University Press ,1953）.

〔註7〕 Hanan, "The Text of the Chin P'ing Mei," in *Asia Major N.S.*,1962,pp.1-57.

〔註8〕 Hanan, "The Source of the Chin P'ing Mei," in *Asia Major N.S.*,1963,pp23-67.

〔註9〕 Hanan,"The Development of Fiction and Drama," in Raymond Dawson ed.,*The Legacy of China*（London:Clarendon Press,1964）,pp 115-143.

〔註10〕 Bishop,John L.,*The Colloquial Short Story in China:A Study of the San-Yen Collection*（Harvard University Press,1956）.

〔註11〕 Hsia, C.T. ,*The Classic Chinese Novel: A Critical Introduction*.

〔註12〕 Plaks, Andrew. H., *The Four Masterworks of the Ming Novel : Ssu ta chi-shu*.

傳統和西方現代小說理論，仔細考察《水滸傳》、《西遊記》、《金瓶梅》、《三國演義》之版本、作者與時代，並分析結構與修辭，得到一個結論，即這四部小說都是道地的文人小說。浦氏之研究雖然成績卓著，但某些觀點較爲極端。

在專題研究方面由於篇幅所限僅以長篇小說爲例介紹較爲重要的著作。

關於《三國演義》一書，於十九世紀二〇年代開始傳入英語世界後，長久以來一直受到國外學者的重視，美國漢學界對《三國演義》這部小說也展現了濃厚的興趣。根據王麗娜教授彙整的資料，美國漢學界第一部有關《三國演義》的著作，是賽珍珠於 1939 年出版的《中國小說》〔註13〕一書，本書是賽氏獲得諾貝爾文學獎的演講詞，她在書中論述了民間文學的小說特性，並推崇《三國演義》是和《水滸傳》、《紅樓夢》並列的中國三部偉大的小說。

1968 年，夏志清出版了劃時代的鉅著《中國古典小說導論》，〔註14〕書中以比較文學的角度來討論《三國演義》、《水滸傳》、《西遊記》、《金瓶梅》、《儒林外史》、《紅樓夢》六部小說，對每部作品的結構、人物、主題思想等都有發人深省的分析，提出許多前所未有的看法，爲中國傳統小說的研究，開創了一個全新的局面。書中第一部介紹的小說就是《三國演義》，夏氏認爲它之所以優秀，是因爲它在歷史中略微加入一些虛構成分，從而爲我們恢復了歷史的現實性，它是「一部專心於不斷探索人的動機的人物小說」。〔註15〕書中對小說的成書經過、人物形象、戰爭描寫、英譯的問題等，都有深刻的描寫。李培德的〈三國與水滸的敘事模式〉〔註16〕一文，乃是美國漢學界第一篇討論《三國演義》結構特色的文章。李氏跳脫西方小說的理論，另闢蹊徑，認爲《三國演義》有自己獨特的結構形式。而美國學界研究《三國演義》版本最完整而重要的專著則是魏安的《追求原本：「三國演義」的文本溯源》。〔註17〕此外柳無忌在〈兩部民間史詩式的長篇小說〉〔註18〕中，介紹了《三國演義》及《水滸傳》兩部

〔註13〕Buck .Pearl S., The Chinese Novel :Nobel Lecture Delivered before the Swedish Academy at Stockholm December 12,1938（New York: Haskell House Publishers, 1974 ）,p.39.

〔註14〕Hsia, *The Classic Chinese Novel: A Critical Introduction*,p.34.

〔註15〕同前註。

〔註16〕Li, Perer,"Narrative Patterns in San-kuo and Shui-hu,"in Plaks ,Andrew H. ed., *Chinese Narrative:Critical and Philosophical Essays*（Princeton :Princeton University Press,1973）,pp .73-84.

〔註17〕West, Andrew Christopher, "*Quest for the Urtext: The Textual Archaeology of The Three Kingdoms*',"Ph. D. dissertation（Princeton University , 1993）.

〔註18〕Liu ,Wu-chi, "The Novel as Folk Epic,"in *An Introduction to Chinese Literature*

小說。柳氏在文中論述了《三國演義》作者羅貫中的生平及其創作、《三國演義》的起源及演變、版本的問題、人物的塑造，以及《三國演義》的價值及影響。

關於《水滸傳》一書，就《水滸傳》的淵源和流傳而論，Richard Irwin 撰寫了《中國小說水滸傳的演化》，〔註 19〕Irwin 在本書中嚴謹的探討了《水滸傳》的故事和版本的演變，研究從南宋時期開始流傳的一些英雄人物的傳說，以及這些傳說發展成《水滸傳》的過程，其治學精神值得效法。在人物分析方面，Robert Ruhlmann 的〈中國通俗小說、戲劇中的傳統英雄人物〉〔註 20〕一文分析中國小說與戲劇中的各種人物類型，諸如帝王、書生、武士等等，較多評論《水滸》、《三國演義》中的主要人物。J.R.Hightower 在〈中國文學裡的個人主義〉〔註 21〕則指出，梁山好漢並非具有真正的個性自發的要求，而是因社會腐敗到極點的一種反作用而結盟的。而藝術特色方面，李培德的《三國與水滸的敘事模式》，〔註 22〕李氏闡述了兩者結構之異，《三國演義》是以三個主人翁的崛起過程與四場戰爭的「衝突——解決」模式構成；《水滸傳》則是環狀鍊條型的「情節連結」模式。《三國演義》的整體結構雖然顯得鬆散，但其中個別故事間的關係卻很緊密，而《水滸傳》則正好相反，整體結構看起來很縝密，但其中個別故事之間的關係卻較鬆散。浦安迪的〈水滸傳與 16 世紀小說形式闡析〉〔註 23〕，將《水滸》視為當時一種新文體的代表，這種新文體是以自覺的結構設計、細節和修辭方法的運用、諷刺視為特徵的中國小說。此外，韓南的〈早期的中國短篇小說〉〔註 24〕一文，認為《水滸傳》與《三國演義》皆是屬於聯合佈局作品，而政治道德則是兩部作品的主要論題。重要的文章還有夏志清在《中國古典小說導論》裡的〈水滸傳〉，〔註 25〕文中介紹了《水滸傳》的作者、版本，也

（Bloomington: Indiana University Press,1996），pp .195-212.

〔註 19〕Irwin, Richard Gregg, *The Evolution of a Chinese Novel:Shui-hu chuan.*

〔註 20〕Ruhlmann, Robert, "Traditional Heroes in Chinese Popular Fiction and Drama",in Auther F.Wright, *Confucism Persuasion*（Standford:Standford University Press, 1960）.

〔註 21〕Hightower, J.R. ,"Individualism in Chinese Literature",*Journal of the History of Ideas 22*（1961） ,pp.159-168.

〔註 22〕Li, Peter, "Narrative Patterns in San-kuo and Shui-hu,"in Plaks ,Andrew H. ed., *Chinese Narrative:Critical and Philosophical Essay,*pp .73-84.

〔註 23〕Plarks,Andrew H.,*The Four Masterworks of the Ming Novel: Shui-hu chuan*（Princeton:Princeton University Press,1987）.

〔註 24〕Hanan, "Early Chinese Short Story :A Critical Theory in Outline," *Harvard Journal of Asiatic Studies* 27（1967）, pp. 168-207.

〔註 25〕Hsia,*The Classic Chinese Novel: A Critical Introduction,*pp.75-114.

分析了書中對人物的刻畫並與《三國演義》做比較，認為其缺乏現實主義和歷史真實性，較《三國演義》遜色。夏氏另在〈水滸的比較研究〉〔註26〕一文中，批評了該書的作者媚俗，以致寫了生動的開頭以後卻流入機械性乏味的大雜燴、宣揚由殘暴和施虐狂支配的幫派道德、貶抑女性以抬高男性的英雄主義。

關於《西遊記》一書，最重要的學者乃是余國藩。余氏將全書譯為流暢且忠於原著的英文，並發表一系列的論文。包括〈英雄詩與英雄使命：西遊記的史詩維度〉〔註27〕、〈西遊記第九回和敘事結構的問題〉〔註28〕等，對西遊記的文學內涵及地位作了更好的詮釋。楊力宇等著《中國古典小說》，〔註29〕這部導讀之作將《西遊記》可能的解釋歸納為宗教朝聖與精神追求、對社會各種弊端的批判、英雄史詩、著眼於人類共同行為的喜劇共四種。而在人物形象與藝術手法則有韓南的〈小說與戲劇的發展〉，〔註30〕他認為孫悟空是破壞性聰明敏銳自大又淘氣的，豬八戒肉欲而狡點，唐三藏一絲不苟，但在非道德的生物世界及其同伴的古怪行為當中每每一籌莫展並顯得可笑。Hightower 在《中國文學論題》〔註31〕一書中，將這部作品置於志怪小說的傳統中考察，他認為小說的真正主角是孫悟空，而不是玄奘。夏志清在《中國古典小說導論》〔註32〕中，以為孫悟空源於印度的猴神哈奴曼傳說，是精神嚮導兼保護者、搗亂者以及歡鬧的護送者逍遙自在的混合體，豬八戒則是小說中第一流的喜劇創造，作為普通人在追求體面的世俗目標中實現自我，唐僧則是聖僧、潛在的佛與凡人的「三位一體」。此外，浦安迪的〈西遊記與紅樓夢中的寓意〉，〔註33〕通過探討《紅

〔註26〕 Hsia,"Comparative Approaches to Water Margin,"in *Yearbook of Comparative and General Literature 11*（1962）,pp.121-128.

〔註27〕 Yu ,Anthony C. ,"Heroic Verse and Heroic Mission:Dimensions of the Epic in the Hsi-yu chi" *Journal of Asian Studies 31*（1972）,pp.879-897.

〔註28〕 Yu ,"Chapter Nine and the Problem of Narrative Structure in the Hsi-yu chi" *Journal of Asian Studies 34*（1975）,pp.295-311.

〔註29〕 Yang,Winston L.Y,Peter Li,and Nathan K.Mao.eds.,*Classical Chinese Fiction:A Guide to Its Study and Appreciation :Essays and Bibliographies*（Boston :G.K.Hall Publishers,1978）,pp223-229.

〔註30〕 Hanan,"The Development of Fiction and Drama," in Raymond Dawson ed.,*The Legacy of China*（London:Clarendon Press,1964）,pp115-143.

〔註31〕 Hightower, J. R., *Topics in Chinese Literatur:Outline and Bibliographis*（Cambridge : Harvard University Press, 1953）.

〔註32〕 Hsia, ,*The Classic Chinese Novel: A Critical Introduction*,pp.130-164.

〔註33〕 Plaks, "Allegory in *His-yu Chi* and *Hung-lou Meng*"in Plaks ,Andrew H. ed., *Chinese Narrative:Critical and Philosophical Essays*,pp .163-202.

樓夢》與《西遊記》如何大量運用寓言的手段，來比較與探討這兩部小說在藝術上共同成功之處。

關於《金瓶梅》一書，美國大百科介紹說：《金瓶梅》是中國第一部偉大的現實主義小說，實際反映了中國十六世紀末期整個中國社會各個等級人物的心理狀態，宣揚了懲惡揚善的佛教觀點，對中國十六世紀社會生活和風俗做了生動而逼真的描繪。美國學者對《金瓶梅》的論著不少，褒貶不一。Hightower 在《中國文學論題》〔註34〕中，替這部小說的色情描寫辯護，認為這類描寫事實上篇幅不大，而且置於深刻的道德背景之下。他稱讚這部小說在描寫日常生活與塑造婦女個性方面，都是「第一部」，但風格顯得呆版。夏志清在《中國古典小說導論》〔註35〕中，就指責其內容常有過度或不相干的事件插入，在運用細節上也欠細心，且又宣傳文化專制，包含了道德與宗教的矛盾，但也肯定了它在獨立進行藝術創造、逼真描寫日常生活方面的成就。楊力宇在《中國古典小說》〔註36〕中讚揚它是中國第一部真正的、風格成熟充分刻劃婦女形象的小說，但仍受正統觀念所支配。韓南在研究《金瓶梅》之淵源與流傳是首推的學者，他陸續發表〈中國小說的里程碑〉〔註37〕、〈金瓶梅版本考〉〔註38〕、〈金瓶梅的探源〉〔註39〕等文。而在《金瓶梅》的藝術分析方面以柯麗德的成果較為豐富，他出版《金瓶梅的修辭》，〔註40〕對《金瓶梅》的主題及藝術成就提出許多看法，他認為其主題乃是在宣揚儒家思想。

關於《紅樓夢》一書的研究，韓南在〈小說與戲曲的發展〉一文中，對《紅樓夢》備加讚賞，稱讚其語言自然、故事真實，全書的各種藝術要素渾然一體。〔註41〕夏志清曾論述《紅樓夢》的主題及人物刻畫，強調小說的哲學、宗教思想以及悲劇因素，也論及小說的背景資料、作者生平和小說的版

〔註34〕Hightower, *Topics in Chinese Literature:Outline and Bibliographis*（Cambridge : Harvard University Press, 1953）.

〔註35〕Hsia, ,*The Classic Chinese Novel: A Critical Introduction*,pp.165-202.

〔註36〕Yang,Winston L.Y,Peter Li,and Nathan K.Mao.eds.,*Classical Chinese Fiction:A Guide to Its Study and Appreciation :Essays and Bibliographies*,pp53-70.

〔註37〕Hanan,"A Landmark of the Chinese Novel," in Douglas Grant,Maclure Miller, eds.,*The Far East:China and Japan*（Toronto:University of Toronto Press,1961）

〔註38〕Hanan,"The Text of the Chin P'ing Mei," in Asia Major N.S.,1962,pp.1-57.

〔註39〕Hanan,"The Source of the Chin P'ing Mei," in Asia Major N.S.,1963,pp23-67.

〔註40〕Katherine Carlitz,*The Rhetoric of Chin P'ing Mei*（Indiana :Indiana University Press,1986）.

〔註41〕Hanan,"The Development of Fiction and Drama,"p.135.

本與藝術價值。〔註42〕余英時指出，《紅樓夢》一書中有兩個不同的世界，即理想的烏托邦與現實社會，而書中最大的不幸就是理想世界最終被現實世界所侵犯及毀滅。〔註43〕此外，黃金銘曾撰寫博士論文《紅樓夢的敘事藝術》，〔註44〕之後，又發表〈觀點、規範和結構——紅樓夢與抒情小說〉〔註45〕一文，用西方文學批評的觀點，對《紅樓夢》的敘事作了十分精闢的分析，強調賈寶玉的美學觀點、田園生活、以及賈氏對女子、自然和清代官僚的態度，他並認為《紅樓夢》是中國第一部運用第三人稱觀點寫法的小說。之後，米樂山出版專著《紅樓夢裡的小說面罩：神話、模仿與角色》，〔註46〕對《紅樓夢》中的寓意模式、夢的現實性，以及敘事方法作了深刻的分析，同時也論及其複雜的版本。米樂山也從「神話」、「模擬」、「敘述者」三方面對書中的內容和結構加以探討，提出許多新的看法。在米樂山之後，浦安迪也發表了《紅樓夢裡的原型與寓意》〔註47〕一書，浦氏用西方文學批評的觀念來分析《紅樓夢》，又用中國傳統的陰陽、五行等觀念來分析其結構與象徵，多有新的創見。浦氏又出版〈西遊記與紅樓夢的寓意〉一文，收入《中國敘事體文學論集》。〔註48〕此外，余國藩對《紅樓夢》一書的研究也有卓越貢獻。余氏的〈紅樓夢中的個人與家庭：作為悲劇女主角林黛玉的新貌〉，〔註49〕則對林黛玉悲劇性的性格作了深刻而動人的分析，余氏從林黛玉的語言、詩詞、淚水及夢境，分析她個性中不屈不撓的反抗精神。一兩百年來中西方對《紅樓夢》的研究工作一直沒有間斷，並有大量的研究著作產生，成為一種專門的學問「紅學」。這項研究工作隨著時代的發展不斷地向前推進，前人的觀點、

〔註42〕 Hsia, *The Classic Chinese Novel: A Critical Introduction*, pp.245-297.

〔註43〕 Yu, Ying-shih., "The Two Worlds of Hung-lou meng, " *Renditions* 2（Spring 1974）,pp. 5-21.

〔註44〕 黃金銘著，黎登鑫譯：《紅樓夢的敘述藝術》（台北：成文出版社，1977 年）。

〔註45〕 Wong,Kam-ming. "Point of View,Norms,and Structure:Hung-lou Meng and Lyrical Fiction," in Plaks ,Andrew H. ed., *Chinese Narrative:Critical and Philosophical Essays*,pp .203-226.

〔註46〕 Miller,Lucien M., *The Masks of Fiction in the Dream of the Red Chamber*（Arizona :University of Arizona Press,1975）.

〔註47〕 Plaks,.*Archetype and Allegory in the Dream of Red Chamber*（Princeton:Princeton University Press,1976）.

〔註48〕 Plaks, "Allegory in *His-yu Chi* and *Hung-lou Meng*"in Plaks ,Andrew H. ed., *Chinese Narrative:Critical and Philosophical Essays*,pp .163-202.

〔註49〕 Yu, "Self and Family in the Hung-Lou Meng:A New Look at Lin Tai-yu as Tragic Heroine,"*CLEAR* 2（1980）,pp.199-223.

評價不斷地受到後人批判地繼承。目前對《紅樓夢》的研究雖然已經取得一定成績，但它的豐富複雜的內容，精深的藝術成就還有待於我們作更深入、細緻的發掘。

　　關於《鏡花緣》一書，西方學者對《鏡花緣》的思想內涵進行了探討。胡適和林語堂皆認爲《鏡花緣》作者李汝珍創作的中心宗旨是提倡男女平等，是一部伸張女權帶有民主啓蒙思想的長篇小說。而夏志清在〈文人小說家與中國文化：鏡花緣研究〉〔註50〕一文中反對將《鏡花緣》看作是伸張女權的作品，他認爲研究這部小說必須將其根值於中國傳統文化中，因爲作者的思想不可能完全脫離儒學的影響而產生進步的民主思想，這篇論文對西方觀點來說是極具有獨創性的。楊力宇、李培德和內森茅則評論《鏡花緣》是唯一一部如此長篇大論諷刺中國風俗的小說。從作品所描寫的遊歷之廣泛、揭示的人生哲理之深刻、嘲諷社會風俗之多樣來衡量，《鏡花緣》要比《格列佛遊記》略勝一籌。〔註51〕Wu Qing-yun 的博士論文《婦女統治的變形：中英文學裡的婦女烏托邦》〔註52〕則從新的角度，「婦女統治」來看待《鏡花緣》。

　　在中國小說研究的書目上，關於中國小說研究的書目，早期美國學界最全面且有系統的中國小說研究書目是李田意的《中國小說：中、英文參考書目及文章》。〔註53〕之後，楊力宇、李培德、Nathan Mao 三人合編《中國古典小說：研究及評論指南》〔註54〕一書，該書除列舉小說之有關論著外，還附有九篇論文，分別討論早期小說、唐傳奇、白話小說、《三國演義》、《水滸傳》、《金瓶梅》、《肉蒲團》、《西遊記》、《鏡花緣》、《儒林外史》、《紅樓夢》、《老殘遊記》和《二十年目睹之怪現狀》，本書對研究中國古典小說極具參考價值。至於有關書目方面最新的著作是 Margaret Berry 的《中國古典小說》，〔註55〕

〔註50〕Hsia,C.T, "The Scholar-Novelist and Chinese Culture:A Reappraiasl of Ching-Hua-Yuan" in Plaks, Andrew H. ed., *Chinese Narrative:Critical and Philosophical Essays*, pp.266-305.

〔註51〕Winston L.Y.Young,Peter Lee,Nathank Mao,*Classical Chinese Fiction:A Guide to It`s Study and Appreciation Essays and Bibliographies*,pp.78-82.

〔註52〕Wu Qing-yun, "Transformations of FemaleRule:Feminist Utopias in Chinese and English Literature", Ph.D.dissertation（University of Pennsylvania,1991）.

〔註53〕Li, Tien-yi, *Chinese Fiction:A Bibliography of Books and Articles in Chinese and English*（Far Eastern Publication,Yale University,1968）.

〔註54〕Yang,Winston L.Y,Peter Li and Nathan K.Mao eds.,*Classical Chinese Fiction:A Guide to Its Study and Appreciation :Essays and Bibliographies*.

〔註55〕Berry,Margaret,*The Chinese Classic Novels:An Annotated Bibliography of Chiefly English-language Studies*（New York:Garland Publishing,Inc.,1988）.

本書除介紹夏志清在《中國古典小說導論》一書中討論的六部小說外，對每一篇相關的論著都有簡單扼要的介紹，也加上她自己的看法，此書對中國傳統小說的研究者來說，極具參考價值。〔註56〕

關於本論文的主題《儒林外史》在美國的研究概況，將在下一小節以專節討論。

第三節　《儒林外史》研究在美國之緣起與概況

《儒林外史》是二十世紀才傳入英語世界的，美國學者對《儒林外史》發表了不少評論。他們探討了《儒林外史》的主題內容，一般將《儒林外史》看作是關於那個時期中國知識界歷史的通俗記載，同時作品中也反映了作者自身的生活。

1955年，張仲禮的《中國紳士：關於其在19世紀中國社會中作用的研究》〔註57〕一書，是對中國19世紀上流人士各個方面進行綜合研究的專著，其中對19世紀中國上流人士集團的活動情況，特別是對上流人士的科舉生活有詳盡的描述，這同時也是對《儒林外史》創作時代背景和思想內容的深入研究。

1968年，夏志清研究中國古典小說的代表性專著《中國古典小說導論》，〔註58〕書中所收〈儒林外史〉長文，受到東西方學界的推崇。此文認為，《儒林外史》乃第一部以儒家觀點極清晰寫出來的諷刺小說，它不同於歷史小說中所表現之儒家英雄主義類型，它的儒家思想糅合政府無能及社會變革無望之悲哀。吳敬梓贊同孔子「邦有道則仕，邦無道則隱」之格言，然而，對一切皆刻意求好的吳敬梓來說，則恐無「有道」之日。夏志清此文還指出，中國古典小說包括《紅樓夢》在內，難得如《儒林外史》寫出的白話那麼純粹，而能代表中國人的語言。由於晚清及民初以來許多小說家的模仿，《儒林外史》的白話形式也極有力地影響著現代散文作家。與《儒林外史》同時期的小說，無論它的個別成就如何，能具備《儒林外史》那樣獨特的形式及技藝上的改革，以及對中國小說發展深具影響力的，可謂絕無僅有。

〔註56〕王靖宇：〈中國傳統小說研究在美國〉，收入林徐典編：《漢學研究之回顧與前瞻》，頁225～226。

〔註57〕Chang Chung-Li,The Chinese Gentry:Studies on Theig Role in Nineteenth-Century Chinese Society,〔Seattle:Washington University Press,1955〕.

〔註58〕Hsia ,C.T., "The Sholars,"in *The Classical Chinese Nove*,pp.203-244.

　　1971 年，中國文學研究家 Wells 的論文〈論儒林外史〉，〔註59〕此文除對
《儒林外史》進行綜合性評述外，更著重於採取比較的方法，將《儒林外史》
與世界文學名著加以比較研究，深入剖析《儒林外史》的思想性和藝術價值。
作者認爲，《儒林外史》是一部極爲出色的著作，爲不爭之實，其風格活潑生
動，刻畫中國文人階層及廣泛社會眾生相，實無出其右者。全書充滿濃郁之
人情味。足堪躋身世界文學傑作之林。吳敬梓的藝術風格可與義大利薄伽丘
（Giovanni Boccaccio,1313～1375）、西班牙賽凡提斯（Miguel de Cervantes
Saavedra,1547～1616）、法國巴爾扎克（Honoré de Balzac,1799～1850）或英國
狄更斯（Charles John Huffam Dickens,1812～1870）等人的作品相抗衡。威爾
斯還認爲，《儒林外史》表面上是寫實主義文學不二之圭臬，而本質實富詩意。
這是一部諷刺迂腐與賣弄的作品，然而卻可稱爲世界上一部最不引經據典、
最饒富詩意的散文敘述體之規範。吳敬梓能夠像神喻一樣，掩飾自己的觀點，
甚至比神喻更爲幽邈。其文辭表面看似明白易解，於哲學層次上，實不妥協。
莎士比亞（William Shakespeare,1564～1616）與吳敬梓頗爲類似，兩人皆甚少
以作者身份發言。然而，莎氏之價值觀不難判斷，吳敬梓內心則是一個難解
之謎。吳敬梓不寫通俗小說常見的英雄或惡霸，乃取代以不明確之曖昧，少
有作品在反諷上如此曖昧不清，在用意上是如此難以捉摸。如果一位西方作
家在描寫社會現實、社會風俗及道德問題時具有和吳敬梓相同的稟賦，他必
然會提出更爲清晰的價值體系。所以，我們可以大膽地說，在中國文學裡，
沒有一本書像《儒林外史》那樣在詮釋上具有這麼多的問題。

　　1973 年，林順夫所著〈儒林外史的禮及其敘事結構〉，〔註60〕是一篇很有
獨到見解的論文，此文將《儒林外史》的內容與形式緊密聯繫起來，認爲全
書的故事情節和人物出場次序都是作者精心安排的，體現了作者的世界觀和
完整的藝術構思。林氏指出，在本世紀初期，有些學者認爲，《儒林外史》的
藝術結構極不完整，他們往往把這部諷刺文學作品看成缺乏完整構思的連環
短篇故事，這種看法是由於不理解《儒林外史》獨有的內部統一的構思，而
對集中統一之情節結構（這是西方小說的典型結構）的一種偏愛，是中國文

〔註59〕 Wells, Henry W., "An Essay on the Ju-lin Wai-shih, "*A Journal to Comparatine Studies between Chinese and Foreign Literatures,Vol11*（1971）,pp.143-152.

〔註60〕 Lin,Suen-fu, "Ritual and Narrative Structures in Ju-lin wai-shih,"in Plaks,Andiew H.ed,*Chinese Narrative:Critical and Theoretical Essay*s（Princeton:Princeton University Press,1973）,pp.244-265.

學批評家受到西方文藝思想影響的結果。林氏認為，為了深入理解《儒林外史》特殊的藝術結構模式，我們必須首先從本世紀早期受西方文化和思想影響很深的中國學者的上述基本觀點中解放出來。

　　林順夫這篇著名的論文最後指出，《儒林外史》的整體內容和結構反映了中國人的「前期的」世界觀。吳敬梓生活在清朝最強盛和最繁榮的時期，生活在中國人在外國侵略的猛烈進攻和西方壓力的影響下，開始對他們的文化喪失信心以前的時期，因此，他不能像「五四」時期的知識份子那樣向傳統的生活方式和思想進行挑戰。假如吳敬梓感到在他生活的時代中國文化已經衰退的話，他就能體察到他的唯一的禮儀化世界的理想是無法實現的。

　　1974 年，中國思想史研究家羅溥洛的博士論文《清初社會及其批評家：吳敬梓的生平與時代》，〔註61〕此書著重於研究吳敬梓對清初政治與科舉制度的抨擊，以及他對婦女的同情、民眾迷信的揭露等。作者認為，吳敬梓是一個對社會有責任感的儒家人物，但他改造社會的政治理想卻是蒼白無力的。

　　1975 年，黃宗泰的博士論文《中國小說批評的諷刺與爭論：儒林外史研究》，〔註62〕發表於美國史丹福大學。這篇長文對《儒林外史》研究觀點的不同見解作了綜合性的評論。

　　1977 年，高友工所撰論文〈中國敘事傳統中的抒情觀點：閱讀紅樓夢與儒林外史〉，〔註63〕此文著重研究中國詩歌傳統中抒情手段對敘事體的影響（包括文言小說和白話小說），探討在不同文體中抒情手段與想像力的交流。高氏認為，《紅樓夢》與《儒林外史》皆詩意濃郁，它們同時繼承了中國敘事體文學和詩歌之傳統。

　　1988 年，Bauer 的博士論文《創造性的曖昧：儒林外史與湯姆‧瓊斯中的諷刺描繪》〔註64〕，Bauer 針對《儒林外史》與《湯姆‧瓊斯》這兩部東西方

〔註61〕 Ropp ,Paul Stanely, "*Early Ch`ing Society and It`s Critics:The life and Time of Wu Ching-tzu*,"Ph.D.dissertation（University of Michigan,1974）.

〔註62〕 Wong ,Timothy Chungtai,"*Satire and the Polemics of the Criticism of Chinese Fiction:A Study of the Ju-lin wai-shih*," Ph.D.dissertation（University of Stanford, 1975）.

〔註63〕 Kao,Yu-kung, "Lyric vision in Chinese Narrative Tradition:A Reading of Hung-lou Meng and Ju-lin wai-shih, "in Andrew H.Palks ed.,*Chinese Narrative:Critical and Theoretical Essays* （Princeton University Press,1978）, pp.227-243.

〔註64〕 Bauer, Daniel Joseph, "*Creative Ambiguity : Satirical Portraiture in the "Ju-lin wai-shin" and "Tom Jones"*," Ph. D. dissertation（University of Wisconsion-Madsion, 1988）.

諷刺文學的巨著來作探討比較。Bauer 認為，假如《湯姆・瓊斯》和《儒林外史》的世界可互相銜接，是源自他們共享的諸多諷刺性質。諷刺體裁特別適合以想像式的手法，深度關切社會廣泛的德行議題，也涵蓋了讀者的私人生活範圍。它不忘提供感性和娛樂，也譴責以及讚譽某些行為，諷刺作為一種文學藝術，以其角色可做為我們的行為表率。我們在諷刺文體中遇見的許多性格被塑造成典範，經過精心設計，具有深度的撩撥性。

1990 年，Roddy 的博士論文《儒林外史和在清代小說裡的文人畫像》，〔註65〕Roddy 在這篇論文中所要討論的是在清代小說《儒林外史》中，描寫當代文人在社會上的地位與知識的影響。在乾隆嘉慶年間，因為考據學派的崛起，社會出現了考據檢視的風氣。當時特別的改變在於，強調理性思維的風氣取代了倫理或哲學思維，人們重新考量文人對社會的責任及利益關係，並檢視他們在社會階級中擁有的權力地位。這些現象及後續的發展與一些理論性文章相關，主要是涉及有關學術、文學創作及繪畫等相關的主題。

1991 年，Huang, Martin Weizong 的博士論文《中國抒情體和清代文人小說之間的兩難》，〔註66〕以《儒林外史》和《紅樓夢》為例，分析中國古典小說在形式上對和諧的追求，與在內容上描寫愈來愈混亂的現實之間的矛盾。

1998 年，柯瑋妮的博士論文《儒林外史：中國小說中的惡漢研究》，〔註67〕討論吳敬梓和《儒林外史》的各版本內文，裡面包括了對學術的觀察、定義尚未解決的問題、給予一個清楚的框架來討論小說結構的重要性。在討論完小說結構的不尋常之處後，柯氏說明他的中心論述。柯氏認為《儒林外史》裡有流浪、無賴的元素。亨利・菲爾丁（Henry Fielding，1707～1754）的《約瑟夫・安德魯斯》、《湯姆・瓊斯》和托比爾斯・斯摩萊特（Tobias George Smollett，1721～1771）的《藍登傳》在英國文學的劃分上，被認定為描寫流浪的文學作品。最後，柯氏檢視這本小說三個最令人驚豔的部份，它精確的文化敘述、考試制度的諷刺和吳敬梓重複運用隱喻的技巧。

2003 年，商偉的《儒林外史與清代的文化轉型》〔註68〕是單一文本作為

〔註65〕Roddy,Stephen,"*Ru-lin wai-shih and the Representation of Literati in Qing Fiction*," Ph.D. dissertation（University of Princeton of 1990）.

〔註66〕Huang, Martin Weizong, "*The Dilemma of Chinese Lyricism and the Qing Literati Nove*l, " Ph.D.dissertation（University of Washington ,1991）.

〔註67〕Crothers, Dilley Whitney, "*The Ju-lin wai-shih:An Inquiry into the Picaresque in Chinese Fiction*," Ph.D.dissertation（University of Washington,1998）.

〔註68〕Shang,wei,Rulin waishih and Cultural Transformation in Late Imperial China

專著的研究題材，雖不是美國學界研究中國傳統白話小說的主流，卻是研究《儒林外史》的重要英文專著。商偉刻意將有關小說作者與版本的考證放在附錄中，以更加凸顯他討論的重點，即《儒林外史》與十八世紀思想與知識的關係，以及在中國白話小說史上的地位。思想方面，討論聚焦於以禮學復興作爲倫理中心的思考方式，以及吳敬梓以文學形式進行批判反省的深刻性。文學史定位方面，商偉則以十七世紀以來的白話小說傳統爲範圍，又以十八世紀文人小說爲座標，以分析《儒林外史》在敘事者、敘事結構，以及抒情性等文學表現方面的中心地位。

《儒林外史》的英譯概況

英國大百科全書在「清朝時期的中國文學」條目中說：「吳敬梓（1701～1754）撰寫的反映他所處時代現實生活的小說《儒林外史》，共五十五回，是一部傑出的諷刺文學作品。這部小說以封建社會的一個浪蕩公子爲中心，把許多故事貫串起來，不論對故事情節和人物性格的描繪，都遠遠超過前人。」，美國大百科全書在「中國小說的發展」條目中說：「《儒林外史》由一個個精彩的諷刺故事組成，它對後來的中國諷刺文學產生極大的影響。」這兩種權威性百科全書可代表英美學者對《儒林外史》的一般看法。

《儒林外史》最早的片段譯文，是葛傳槼所譯之第一回，刊載於美國芝加哥大學出版社 1939 年出版的《英文雜誌》（The English Journal）。此譯文後又收入潘正英編輯的《中國十大名著選譯》一書中。

徐眞平翻譯的片段譯文〈四位奇人〉（Four Eccentrics），載於英文版《天下月刊》（Tien Hsia Monthy）第 11 期（1940～1941 年版，178～192 頁），所譯內容爲第五十五回「添四客述往思來，彈一曲高山流水」。

1946 年，王際眞譯〈兩學士中舉〉（Two Scholars Who Passed the Examinations），由美國紐約科沃德——麥卡恩公司出版的、由高克毅（Kao, George）主編的《中國智慧與幽默》一書中收入《儒林外史》的片段譯文，所譯內容即周進與范進中舉的故事。此譯文自然流暢，生動地反映出清朝科舉制度控制下的儒士們的酸腐狀況，得到了英美讀者的好評。《中國智慧與幽默》一書，1974 年由紐約斯特林出版公司再版，在美國影響廣泛。

（Cambridge:Harvard University Press,2003）.

　　1954 年，楊憲益、戴乃迭合譯的《吳敬梓——儒林外史》，載於北京外文出版社出版的英文版《中國文學》（Chinese Literature）1954 年 4 月號（5～58頁），所譯內容爲《儒林外史》的前七回。此七回譯文流暢而精確，能夠傳達原著的風格，後又收入譯者的《儒林外史》之全譯本《儒林》一書。楊憲益、戴乃迭合譯的《儒林》（The Scholars），是迄今爲止唯一的一部《儒林外史》之英文全譯本，共五十五回，1957 年由北京外文出版社出版（721 頁）。此譯本書前有當代中國著名畫家程十發先生 1954 年 8 月所作吳敬梓彩色畫像一幅和現代中國著名作家及評論家吳組緗教授的「序言」一篇，書中還有程十發所作插圖多幅，書後並附錄〈儒林外史所涉及的官制及科舉制〉一文（此文即中國著名歷史學家翦伯贊教授所作〈儒林外史中提到的科舉活動和官職名稱〉一文的節譯）。1963 年和 1973 年，北京外文出版社重印這個譯本的第二版和第三版，這兩版書中又增加了「小說主要人物表」。1972 年，美國紐約格羅西特與鄧拉普公司重印這個譯本，附入夏志清所撰寫的「導言」，「導言」綜合介紹小說的藝術特點和主要內容，從這篇「導言」也可以了解美國研究中國敘事體文學的一些情況。

　　1973 年，張心滄選譯的《儒林外史》英譯文〈慷慨的年輕學士〉（Young Master Bountiful），收入其專著《中國文學：通俗小說與戲劇》（Chinese Literature:Popular Fiction and Drama）一書，所譯內容爲杜少卿的故事。張氏此書 1973 年由美國芝加哥阿爾定芝加哥大學出版社出版，全書共有十二章，是對中國 13 世紀至 18 世紀小說戲劇進行選擇和探研的一部專著。選譯文〈慷慨的年輕學士〉在第十一章，在這一章中，張氏還對《儒林外史》寫作的時代背景、現實意義、諷刺技巧以及吳敬梓的生平事蹟等，都作了細緻介紹與評述，同時又對譯文作了許多詳細的注釋。由於張心滄對中國古典小說戲曲有深入的研究，他的譯文和評介具有較高的學術水準，而他這部專著所選譯的又都是中國小說戲曲的最精彩的部分，所以這部專著極受西方讀者的歡迎。正如張氏的研究成果，內容包括中國文學中的小說及戲曲，即從 13 世紀的南宋到元明清的小說戲曲的內容，這些內容也體現了中國文學的某些極富重大意義的活動方面，體現了中國文學史的一個重要領域。爲此，這部書不僅可以爲西方廣大讀者所應用，也可以爲中國學者參考使用。

第三章　《儒林外史》研究在美國研究述要

　　《儒林外史》在美國漢學界之研究成果相當豐碩，本章將依相關論著之發表或出版時間之先後，分別摘述較爲重要且具影響力之著作，以呈現美國漢學界有關《儒林外史》之研究成果，並作爲第四、第五章探討之基礎。

第一節　《儒林外史》研究在美國研究述要（一）

一、Lai Ming：〈社會諷刺小說：儒林外史〉〔註1〕

　　Lai Ming 認爲，《儒林外史》嚴格說來，並不能算是眞正的小說，而是由小故事集結而成，它之所以會獲得大眾的熱愛都要歸因於作者本身對於文學創作的熱情和幽默風趣的寫作技巧。雖然作品裡充滿對社會的嘲諷，使用的技巧和文字卻不會令人痛苦或感到暴力。很多中國學者認爲，這個作品之所以受到大眾的喜愛，原因在於作品中並沒有出現任何處理「性」議題的話題或場景。不同昔日而語，這個作品若按照現今普遍受到大眾喜愛的類型來分類，是不適用的。不過，這個作品，它嘲諷了當代有權勢和受人尊敬的儒家學者。現今有學者認爲吳敬梓也出版了論文集和《詩說》這本書。

　　一般人會認爲，吳敬梓是以他所認識的人爲基礎來刻畫小說中的人物。

〔註1〕Lai Ming, "The novel of social satire:The Scholars,"in *A History of Chinese Literature*（New York:Capricon Books,1966）,pp.327-332.

而他所刻畫的這個角色——杜少卿，是個不追求錢財、期許自己能幫助別人的角色，而被讀者認為這個角色是影射作者自己。

　　《儒林外史》的原始版本只有五十五回，不過，後來所流傳的版本有兩種：一種內有五十六回，另一種內含六十回。Lai Ming 在此提及兩個從小說中引用的短篇。一是以哀悼文的書寫方式來諷刺學者的虛偽，另一是宋代程朱理學影響了中國學者和女性，認為人死於飢餓勝過於失去操守。Lai Ming 並指出，它是第一本用大陸方言寫成的小說，後來演變為中國境內普遍使用的文學形式，這或許是它之所以受到大眾喜愛的原因。

二、柳存仁：〈儒林外史的原始版本只有五十回嗎〉〔註2〕

　　胡適之研究中國小說，其中以吳敬梓及其作品《儒林外史》最為人所熟知。柳氏認為在《吳敬梓編年史》裡，胡適說，《儒林外史》最早的版本一共有五十六回，在 1816 年出版，這是錯誤的。事實上，最早的版本是在茅屋裡印製成的，時間是在 1803 年，出版的目的是為了娛樂民眾。

　　胡適相信，《儒林外史》原版只有五十五回而已，之後的補充部份，是由後代寫成的。雖然柳氏同意他這部份的看法，但他仍指出一些錯誤：這些補充部分事實上是在光緒年間寫成的，而不是胡適所說的同治年間（1874 年）。除此之外，胡適並引用《安徽省全椒縣地方史》及程晉芳寫成的《吳敬梓傳》來證實《儒林外史》原先只有五十回的事實。在胡適之前，金和認為第五十六回是補充部份。現今，胡適認為其他的五回也是後來補上的，而最後的第五十六回則是為了那五回而加上去的。不過，關於以上這一點，柳氏仍存疑。

　　金和書本版權頁的標記以「《儒林外史》特別版本」作為出版名，在同治八年（1869 年），由群玉齋以游移的方式出版。金和認為，吳敬梓作品裡的故事回數是一個零散的數字。由於《儒林外史》由五十五個篇章組成，金和認為，作者描寫他四項理想的餘興節目，分別是琴藝、棋藝、書法和繪畫，並以調子〈沁園春〉寫成一首抒情詩。然而，胡適在作者的編年史裡已經發現，小說的回數卻不如金和所述是單數、不完整的。關於收尾的第五十六回，則是禮部尚書對去世的學者所做的評價，是在作者死後才出版的內容。因此，我們能看出

〔註 2〕 Liu Tsun-yan, "Did The Scholars Originally Consist of Fifty Chapters Only,"in *Chinese Popular Fiction in Two London Libraries*（Hong Kong:Lung Men Bookstore,1967）,pp.150-153.

第五十六回的內容與作者對於國家考試的厭惡是有所矛盾的。柳氏認為，金和所言甚是，第五十六回是後來加上去的，而胡適本人也贊成金和此一論點。

　　不論如何，《儒林外史》的第一回到最後的五十五回都是神來之筆。每段故事間都以詳盡的情節緊密編織而成，密不可分。這樣一來，到底要如何加上五個篇章或除掉五個篇章呢？除此之外，若那五回是後來加上去的，為何看不出任何線索呢？這是柳氏所疑惑的部份。雖然在《安徽省全椒縣地方史》和程晉芳的《吳敬梓傳》裡有這些證明，但他仍認為這些證據所提出的關聯性是錯誤的。雖然，胡適認為這些紀錄是正確無誤的，可惜的是，他並沒有留下任何書面文章來解釋他的見解，也沒有指出《儒林外史》中的哪些段落是後來才加上去的。

三、夏志清：〈儒林外史〉 [註3]

　　本文是夏志清《中國古典小說導論》裡的第六章，此篇綜合介紹了《儒林外史》的主要內容、寫作的時代背景、作者吳敬梓生平以及小說創作的藝術特點，並特別指出小說三階段的藝術結構。夏志清認為，《儒林外史》乃第一部以儒家觀點極清晰地寫出來的諷刺小說，它不同於歷史小說中所表現之儒家英雄主義類型，它的儒家思想糅合著政府無能、社會變革無望之悲哀。吳敬梓贊同孔子「邦有道則仕，邦無道則隱」之格言，然而，對刻意求好的吳敬梓來說，則恐無「有道」之日。夏志清還指出，中國古典小說包括《紅樓夢》在內，難得如《儒林外史》寫出的白話那麼純粹，而能代表中國人的語言。由於晚清及民初以來許多小說家的模仿，《儒林外史》的白話形式也極有力地影響著現代散文作家。與《儒林外史》同時期的小說，無論它的個別成就如何，能具備《儒林外史》那樣獨特的形式及技藝上的改革，以及對中國小說發展深具影響力的，可謂絕無僅有。

（一）

　　夏氏認為，《好逑傳》、《肉蒲團》、《西遊補》、《醒世姻緣》等作品，不論各自的價值如何，上述作品與同時期的其他作品，沒有一部比得上《儒林外史》。由於《儒林外史》在藝術風格和藝術技巧的革新方面具有重大的革命性

〔註3〕Hsia ,C.T., "The Sholars,"in *The Classical Chinese Novel:A Critical Introduction*（New York: Columbia University Press,1968）,pp.203-244.

意義，使這些作品相形見絀，它對中國小說的發展產生了巨大的影響。

吳敬梓的五十五回，每一回都以對仗的兩句為標題，幾乎每一回都以「話說」開篇，結尾皆用四行韻文伴隨「欲知後事如何，且聽下回分解」的套話，那種運用詩詞和駢文進行的雕琢描寫已明顯消失。此外，方言和俚語詞彙已很少使用，而一些經典名句也僅僅出現在文人學士的言語裡，使得《儒林外史》具純淨並富於表現力。

在思想上，《儒林外史》是第一部諷刺現實主義的作品，它與人們的宗教信仰幾乎完全背離。夏氏認為吳敬梓厭棄世俗迷信和佛教的道德觀念，也許代表了他那個時代大多數儒士文人，表明了他藝術家的崇高勇氣，意即他將小說從流行宗教的羈絆中解放出來。在《儒林外史》裡，作者不再制約於因果報應的說教需要，而是憑藉著他對社會各個階級的人們的廣泛接觸和認識，用敏銳的目光和機智的諷刺筆觸現實地刻畫人物形象。

吳敬梓一生中一直作為「名士」逍遙度日。所謂「名士」，即精通文學、頗有名聲、迴避官場生活的紛擾和屈辱，以吟詩作文自娛或與朋友消遣的文人。他與那些無所事事的文人不同，吳敬梓晚年一直從事於一部小說的寫作，為他生活中顯而易見的失敗辯護，並且系統地闡述了對於社會周遭的感受和印象。書中有許多人物其實是以作者的朋友以及其他一些當時著名的歷史人物作為原型，如，杜少卿是作者的自畫像。

（二）

夏氏指出，《儒林外史》是第一部有意識的從儒家思想出發而寫作的諷刺小說，但是與那種宣揚儒家英雄主義的歷史小說不同，出於對統治者的行為和社會改革的失望，它的儒家思想蒙上了一層淡淡的憂鬱色彩。吳敬梓信奉儒家的準則，即在政通人和的時代，一個文人的榮譽和責任便是出仕朝廷，而在腐敗混亂的時代，從官場退出，非但不是不名譽的事，反而正標誌著性格的誠實和正直。

吳敬梓寫作的時代，正值乾隆年間，滿族統治達到極盛階段，他把他的小說假託在明代，不僅僅是為了便利的緣故，並且他對明代歷史表現出積極的興趣並予以尖銳深刻的評論。在所有這些評論中，作者似乎是在嚴肅的表明對於明代歷史的看法，而不是在對清代的統治進行含蓄的批評。

形式上，《儒林外史》將一系列故事精巧地聯繫在一起，小說跨越了很長的時間，從 1487 年至 1595 年。但在楔子中，則進一步上溯到元末，敘述一

個著名的隱士畫家王冕的故事。

在吳敬梓的筆下，王冕已經成爲一位隱世遁名的藝術家，沒有一絲世俗的功名利祿的野心和慾望，性格異常恬淡溫和而絕非怪癖。對王冕來說，官場特別是當有著腐敗和不義的嫌疑時，是庸俗而鄙陋的場所，因而不惜任何代價都要避開它。

鑒於吳敬梓在科舉考試中的失意，我們把王冕視爲作者理想化的自畫像—— 一個不爲酒色名利所動，以其孝悌和藝術才華而著名的隱者。吳敬梓對世俗和官場生活的反對，也許是出於一種欲取不得故鄙視之而聊以自慰的心理，而這正表明了他因失意而難以排解的苦惱。他對科舉制度及其犧牲品的突出諷刺，如同他對超凡脫俗的隱士極其熱烈讚美一樣，或許都顯露出自傳的色彩。

（三）

夏氏提到，《儒林外史》雖然由一系列彼此聯繫脆弱的故事組成，但還是有一個清晰可辨的結構。它分三個部分，外加一個楔子和一個尾聲。第一部分（第二回至第三十回）包含各種不同類型的人追求名利地位而爲人所喜愛的故事，第二部分（第三十一回至第三十七回）構成這部小說的道德支柱，講述主要角色杜少卿和他的朋友們——南京的一些賢士文人的故事，第三部分（第三十七回至第五十四回）由一組形形色色的故事混雜而成，沒有明確的構思。

第一部分：作者主要諷刺的對象除了醉心於科舉功名的文人和假文人外，還包括許多類型。如，蘧公孫、婁氏兄弟、杜愼卿、范進、馬純上、匡超人、牛浦郎、鮑文卿、杜少卿……

第二部分：集中於杜少卿、莊紹光以及其他一些南京的賢良文人集資捐款，興修泰伯祠的情形。

第三部分：斷斷續續的諷刺，其中不少關於孝子、貞婦、俠士和政治家似的武官的故事，與「三言」傳統的同類故事有著共同「浪漫傳奇」的色彩。

（四）

夏氏認爲，吳敬梓可以稱爲中國展示內省性格的第一個小說家，因爲他那些驕傲的隱逸文人實際上是與社會疏遠的藝術家，與現代心理小說與世不合的主角是一樣的。《儒林外史》是一部重要的反映文人的小說，但如果從作者對他所處的那個時代熙熙攘攘的世界所作的五光十色的描繪方面來看，它

似乎更像是一部通俗喜劇。在這部喜劇中，婦女是一群十分重要的人物，雖然他們人數甚少，但這一群經過選擇的女性形象卻組成了一個變化多姿的中國女性的畫廊，它尤其表明了作者對於社會現實和心理現實的把握。如，嚴致和的妻妾、蘧公孫的妻子、王玉輝的女兒……等。

由於吳敬梓對僞文人和貪官汙吏的強烈反對，以及試圖證明自己是一個正直的儒者和孤高的隱士的強烈慾望，使得他有著對社會周遭生活栩栩如生的藝術表現，讓我們得以藉由《儒林外史》重現十八世紀的中國社會風俗。

四、柳無忌：〈匿名作者的偉大小說〉〔註4〕

柳氏指出自明朝中葉至清末（約16世紀到17世紀初期），中國章回小說與短篇小品書均繁盛於此一時期。清朝末年，許多作家耗費畢生心力之作品尤爲膾炙人口，這是不容易的。儘管小說已是廣爲世人認可的文學形式，但相較於詩詞與非小說之散文，章回小說依然是非主流。有鑑於此，歷代著名小說的作者大都喜好以匿名方式撰寫更甚於使用別名，且多數於當代默默無名、生活貧困者，頂多也不過是些小官，或僅在鄉野間小有名氣。明代之後，這種深刻描述現實生活卻又諷刺世態炎涼的矛盾色彩便成了中國小說的獨有特色。

在中國明清時期眾多的古典小說中脫穎而出的四部奇書分別是《西遊記》、《金瓶梅》、《紅樓夢》以及《儒林外史》。《西遊記》是我國第一部成功的長篇神話小說，而《金瓶梅》與《紅樓夢》則是分別以寫實方式描寫中國社會的病態與家族興衰的言情小說，最後則是以諷刺聞名於世的《儒林外史》。此時，歷史小說仍持續流行，而小說中對映於西方中古騎士的俠義劍客則是取代了草莽英雄，當然中國典型「才子佳人小說」的愛情浪漫故事亦風行於歐洲，中國小說蘊含著各種形式，皆有其獨特之處。

《儒林外史》旨在揭露僞善者愚蠢迂腐的人性弱點，作爲典型的僞善士人，便極具愚笨及人性弱點之代表性，在「嚴監生疾終正寢」這一回裡，描述一位富有卻吝嗇至極的讀書人，利用捐獻大量金錢到皇朝國庫的方式買取官職—在當時是普遍的慣例。其中，最有名的一段是關於嚴監生如何疾終正寢的描寫。已病重三日，話語不多，將死之際，屋前擠了一群親戚和奴僕，案上燃著油燈，卻在嚥氣前伸指比著油燈，這手勢著實令人費解，原來只因

〔註4〕Liu ,Wu-chi, "Great Novels by Obscure Writers,"in *An Introduction to Chinese Literatu*re（Bloomington :Indiana University Press,1968）,pp .228-246.

不放心燈盞裡點的那兩莖燈草……。

　　柳氏發現，《儒林外史》雖為著名之諷刺章回小說，但不免仍有一些諷刺小說常犯的缺點，即組織結構上的不足。倘若其他受說書風潮影響之小說作者，以此漫談方式論述，至少會試圖引入些許協調性於情節之中；另一方面，書中雖將互不關聯的情節串在一起，仍不出中心意旨所及，而情節之間的關聯是如此薄弱又無力，以致此書幾乎可分作各自獨立的短篇，如同薩克雷所作之《勢利之書》。此相同特質亦同樣顯於其他清朝末年諷刺小說之中，然而，見聞式小說及長篇連載刊物的出現削弱了中國對於小說架構的傳統概念，一直到二十世紀西方小說引入後，使得中國作家警覺到情節編排對小說的重要性，並開始向西方世界取經。

五、Wells：〈論儒林外史〉〔註5〕

　　自從《儒林外史》在十八世紀中葉後出現後，由於吳敬梓的書寫形式是採用隱晦諷刺的手法來表達自身的意圖，這與之前的作品不同，不但使得內容令讀者感到震懾、困惑，也讓西方評論家不願意對這個作品作任何的評論及詮釋。一方面，這個作品很難去判斷作者是否對道德或哲學有一定的信念，也就是說，作品內容並不對生命和社會做過於嚴肅的批判。另一方面，作者在作品裡採取中立模糊的立場，而沒有刻意討好讀者。當然，一個對於社會的寫實主義有所觀察的西方作家，他擁有著與吳敬梓類似的天賦以及描繪社會中所產生的道德議題，能給予我們讀者更多清楚的圖像及價值準則。不過，在吳敬梓所處的年代是雜亂無章的。因此，中國前前後後的作品，也很難找到像《儒林外史》這種，由於時代混亂所寫成的作品，裡面充滿了問題且不容易詮釋。

　　有感於作者外顯的高智慧和敏銳的觀察力，作者的思維表達顯得格外地缺乏系統。尤其是在西方人眼中，顯得缺乏邏輯性及哲學概念。當然，以某種準則來衡度，許多相當棒的小說家或劇作家或許也沒有如此清晰或系統化的思維。他們具有使用莎士比亞（1564～1616）的慣用辭「自然的沉默」的能力。莎士比亞很少提到自己，不過，在他的作品裡卻充斥了他的價值觀。對於吳敬梓來說，莎士比亞與他的關聯性相當有趣。他與莎士比亞並沒有相

〔註5〕Wells,Henry W., "An Essay on the Ju-lin wai-shih ,"*A Journal to Comparatine Studies between Chinese and Foreign Literatures,vol2*（1971），pp.143-152.

似之處，這是因為吳敬梓的作品展現出不同且大量的哲學思維和生活的方式，沒有什麼特別的偏好。他深奧的心理及性格是難以解開的謎團。他甚至勝過了折衷派的典型作家。更重要的是，在作品裡大部分的時間，我們很難知道他是以什麼樣的標準去評斷一個角色，是以孔子學說嗎？道家嗎？還是其他較不正統的方式呢？比方說，與其他的小說不同的是，作者在描寫英雄或敵人的時候，並沒有給予一個完全正向或完全負向的人格特質。

Wells 認為，這部小說並不如某些評論家所認定的那樣，它仍有一定的形式。在故事發展的舞台上，當小人物逐漸離去時，主要的人物就會開始在舞台上活躍。新人物和舊人物會在舞台上來來去去，但故事還是會持續下去。這樣的趨勢，我們可以從平凡的鄉村生活或富裕的都市生活觀察出來。不過，這些描寫並未過度強調和描寫。在作品裡，吳敬梓諷刺道教的迷信在社會流行及儒學系統的腐敗，敘述了一些無賴及虛偽的僧侶、祭司。儘管如此，他所強調、描寫的現象，不僅止於正統的儒學，還包括正統的道教和佛教。他常穿梭於各種場所，這是因為這三種中國偉大的宗教哲學都是他要評論的對象。他相當清楚這些哲思之間的衝突和矛盾，但他並沒有被這些衝擊給打敗。每一個教訓的中心思想，對他而言，都是有效的，而且都是對生命的自我實現。他會審慎地辨識世界上所發生的事情，即使是細微的光影變化、悲歡離合。

Wells 並指出，國與家都根據孔子思想來建立基本的律法。不過，當吳敬梓將私人的和公開的生活問題以及心理和政治的話題呈現在文學作品時，世界似乎將這些議題分為兩大部份。虞博士在他活動鼎沸時，很明確地呈現出與王冕或四奇人極度差異的價值觀。若有一個觀點是相信社會的，則另一個觀點則是拒絕承認的。再者，無論是在佛教與道教間或在不同的宗教之間所產生的巨大差異，吳敬梓易於察覺這些差異，並不會被這些基本的差異所困擾。生活深深地影響著他，但他卻不被這些非邏輯的現象所干擾。

從這些參考的觀點看來，《儒林外史》本質上是充滿詩意的。就連表面上，它都保有文學寫實主義裡卓越的典範。在此範圍裡，它僅有單一的目的，是用來呈現論文的對立面。這種獨特的寫作方式，卻也是吳敬梓尤其厭惡的。僅是為了賣弄學問的諷刺體裁，至少可以被視為世界上迂腐的書籍之一和敘述文中最深刻、最具詩意的典型。

六、林順夫：〈儒林外史的禮及其敘事結構〉〔註6〕

　　本文是一篇很有獨到見解的論文，作者將《儒林外史》的內容與形式緊密聯繫起來，認為全書的故事情節和人物出場次序都是作者精心安排的，體現了作者的世界觀和完整的藝術構思。林順夫指出，在本世紀初期，有些學者認為《儒林外史》的藝術結構極不完整，他們往往把這部諷刺文學作品看成缺乏完整構思的連環短篇故事，這種看法是由於不理解《儒林外史》獨有的內部統一的構思，而對西方小說集中統一之情節結構的一種偏愛，是中國的文學批評家受到西方文藝思想影響的結果。1918 年蔣瑞藻（1891～1929）編輯的《小說考證・拾遺》中收錄了兩則不知姓名的學者對《儒林外史》藝術結構和文字的評論，認為《儒林外史》之布局「不免鬆懈」、全書「有枝而無幹」，同時又認為《儒林外史》的文字可謂「白話之正宗」。從這兩個觀點，我們可以推測出這位不知姓名的學者的話，大約是在 1917 年文學革命中所寫的。因為當時中國進步的知識分子正提倡按照西方的理論並用白話文來創作新的現實主義的文學。這位不知姓名的學者，也許正是受到西方小說的某些直接或間接的影響，而對《儒林外史》發表了上述的見解。林順夫還指出，胡適（1891～1962）批評《儒林外史》「沒有布局」、「沒有總的結構」（見胡適〈五十年來中國之文學〉一文），這種片面挑剔中國文化毛病的偏見，其根源也正是侷限於西方文化思想的框框和西方小說情節結構的模式。為此，林順夫呼籲，為了深入理解《儒林外史》特殊的藝術結構模式，我們必須先從本世紀早期受西方文化和西方思想影響很深的中國學者們的上述基本觀點中解放出來。

　　林氏認為，《儒林外史》藝術結構所體現出的條理性和完整性，絕不比任何西方小說名著遜色。傳統的中國小說很少集中描寫一個人物的發展，或集中敘述一個社會現象的過程，而多是描寫廣大凡人之間複雜的相互關係，這與其說是固定中心，不如說是可移動中心。《儒林外史》在每一回中集中描寫一兩個主要人物和幾個次要人物，構成一幅特定的社會景象，這些主要人物或次要人物在下一回裡退居主要情節以外，或者從情節中消失，我們只有讀過整部小說以後，才能獲得對它的總的輪廓的認識。《儒林外史》的結構模式

〔註 6〕Lin,Suen-fu, "Ritual and Narrative Structures in Ju-lin wai-shih,"in Plaks,Andiew H.ed, *Chinese Narrative：Critical and Theoretical Essays*（Princeton:Princeton University Press,1973）, pp.244-265.

是非常典型的中國傳統小說的模式，不能說作者缺少通盤計畫的考慮。這部小說結構的頂點是對泰伯崇敬的儀式，書中一切理想化的優秀知識分子都忠於泰伯。這些有理想的知識分子希望用舉行儀式的行動來恢復禮儀的教育，但他們的希望因受到科舉考試制度的影響而落空了。結果，絕大部分知識分子的夢想被這種科舉考試制度所腐蝕，這種制度只鼓勵那些熟讀八股文而追求富貴功名的人。禮儀因素（作者道德理念的核心）在《儒林外史》的藝術結構上有兩個功能，第一，它將一連串分散的插曲組織成幾個較大的集中部分；第二，它又將這些較大的部分組織成一部完整的小說。全書第一回的楔子完成了一個特殊的任務，它以一個能夠包容全書主要輪廓的虛構故事闡明了小說的主題，這個虛構故事即是作為知識分子楷模的王冕傳。第三十六回寫虞博士、書末寫四個不同類型的藝人，他們是作為楷模人物形象與楔子所提出的理想相呼應的。

　　林順夫同時認為，《儒林外史》全書可劃分為三個部分（也可以說三個階段）。第一部分（二至三十回）集中描寫兩類知識分子，第一類知識分子企圖透過科舉考試以求得功名富貴；第二類知識分子完全拒絕這種考試而追求隱居生活。在這一部分裡，小說作者是以十二回的鶯脰湖聚會、十八回的西湖詩會和三十回的莫愁湖品第花案三個事件為中心來組織故事情節的。這三次文人的聚合，正像《水滸傳》運用宴會形式來聚合分散全國的一百零八位英雄好漢一樣。第二部分（三十一回至三十七回）以泰伯祠祭祀的完善準備來組織故事情節，小說作者的筆調從諷刺轉到寫實，集中描寫更為不尋常的優秀知識分子。祭泰伯大典使全書故事發展達到了最高潮，它集合了 24 位知識分子、16 個樂師和 36 個作表演禮儀舞蹈童子，總共 76 人。第三部分（三十八回至書末）從內容上看，顯得零亂冗長，但這絕不是作者創作才能的衰退，而是作者透過這一部分內容來暗示本書中心人物所珍愛的道德理想的徹底失敗。我們以泰伯祠祭祀大典作為分界線，能夠從兩個方面清楚地看到《儒林外史》三個部分的組成情況。書末寫了擅長琴、棋、書、畫的四位奇人，這正如夏志清所觀察的那樣，這個結尾表達了一種樂觀的暗示，它與小說開場的悲觀論調形成尖銳的對比。這個結尾應該說是儒家思想「禮失而求諸野」的體現。

　　林順夫這篇論文最後指出，《儒林外史》的整體內容和結構反映了中國人「前期的」世界觀。吳敬梓生活在清朝最強盛和最繁榮的時期，生活在中國

人在外國侵略的猛烈進攻和西方壓力的影響下開始對他們文化喪失信心以前
的時期，因此，他不能像「五四」時期的知識分子所做的那樣向傳統的生活
模式和思想進行挑戰。假如吳敬梓感覺到在他生活的時代中國文化已經衰退
的話，他就能體察到他的唯一的禮儀化世界的理想是無法實現的。

　　林順夫認爲，《儒林外史》是由一系列短篇故事鬆散的連結而成的看法，
是基於中西小說結構思想的差異、思想模式的不同和不同的解釋事件方式之
間的衝突，其中的關鍵在於敘事結構不僅是刻意經營出來的文學技巧，同時
也饒具深意地表達了人對生命的觀照。

　　就《儒林外史》的結構設計本身而言，正如書名所顯示，吳敬梓想要仿
效歷史敘事來寫這本小說，如，張心滄所說的：

> 《儒林外史》採用一個歷史框架和某些特定的歷史年代，但是隨個
> 體生命盛衰的循環而調整其時間架構。它的人物和事件的起伏反映
> 了中國宇宙的消長，其中事件發生的日期也許被周密謹慎地記錄下
> 來，但是，其度量時間的眞正尺度卻是世代。它的和諧是一種屬於
> 書畫卷軸式的和諧，一連串的時間段落，富於變化而充滿驚奇，既
> 無高潮亦無急落，似乎永無窮盡。賦予這部小說凝聚力的主觀時間
> 應該被認定爲是一個比它的諷刺手法更高的技巧成就。〔註7〕

張心滄理解到《儒林外史》的和諧性與卷軸的和諧性類似，這種類似影響了
這部小說結構上「時間」和「空間」的層次。這部作品顯示了吳敬梓對傳統
中國人事和社會形形色色的觀察，已達到總體性的境界，而我們只能以逐漸
熟知其構成要素及要素間相互關係的方式，去領悟此總體境界。

　　《儒林外史》內容包羅萬象，但是以一個主題的設計爲引導。吳敬梓在
楔子的起頭即表示他小說集中於人追求「功名富貴」的主題上。傳統中國社
會的所有苦難和弊病都是從這些基本人類慾望的角度被揭露並加以諷刺。爲
了顯示類似主題變奏般問題的不同層面，小說中的各種人物和事件都被安排
於較大的單元之內。這部作品給人的完整感不但產生於張心滄所謂的「主觀
時間」，並且產生於較大的故事單元之內在和諧與照應的繁複形式。讀者可輕
而易舉地辨認出成對的角色，如，婁兄弟、嚴兄弟、杜堂兄弟和余兄弟之間
有趣的對比。當小說的事件一一展開時，這些較小的對比便構成組織的一大

〔註7〕Chang ,H.C.,*Chinese Literature:Popular Fiction and Drama*（Edinburgh University Press,1974），p.20.

部分，但是，我們關注的既然是小說的整體結構，我們就應特別注意那些賦予這部作品決定性論點和完整性的較大佈局方式。而在這些結構單位的協調上，「禮」成為小說主要的整合原則。

「禮」的概念是儒家倫理的基本德目之一。禮的基本意義是「宗教祭祀」或「神聖儀式」。但作為一個倫理的概念，它的意義又引申為「妥當」或「禮儀合宜感」。它不僅包括宗教性的典禮和儀式，諸如，冠禮、婚禮、葬禮、居喪和祖先祭拜，也包括正式化的行為舉止、人際關係及社交禮儀。在儒家哲學中，禮亦被認為有助於維持全宇宙的和諧之物。它可以簡單的定義為統御自我和他人他物間關係的標準。禮深植於人際關係並強調嚴格的彼此之分別，但分別的設立只為了成就中國人所公認的音樂本質——和諧。因此，禮和樂實是兩個相輔相成的原則。

儒家哲學的終極理想：「人類的生活總體終將顯現如同一廣大、自生而神聖的禮儀：人類同居共處的社會團體。」這個理想是儒家人本主義所終極關注的，它把人的世俗生活昇華到神聖的領域。這個禮的世界的高貴的憧憬是支撐《儒林外史》全書的一個主題，雖然，它只是作為一個永不能企及的理想，這個憧憬的意義可證之於小說高潮結構的泰伯祠大祭典，因為，書中所有比較理想化的、傑出的知識份子都為此一大典而努力。

泰伯是傳說中周朝祖先的長子，他禪讓王位於其弟，並逃奔到吳國、越國去，把蠻夷之民化於文明。書中這群理想主義者想藉著這個典禮的舉行，來復興在明朝科舉制度衝擊下粉碎的禮教。可是，多數讀書人只追求「功名富貴」；他們的眼界已為考試制度所腐化，而他們尊崇的也只是精通八股的人。泰伯祠修禮之後，緊接著就出現試圖欺瞞杜少卿的武人兼江湖騙子張鐵臂。其後，作者又隨之介紹「非禮」這個詞，以批判好幾個粗俗不合禮節的事件，這和第三十三回到第三十七回中對於禮樂的關注正好成了對比。在書接近尾聲時，泰伯祠已經倒塌，成為後來學者心中所追憶的對象。甚至本來應作為人類理想社會象徵的泰伯祭典也被心胸狹窄、憤世嫉俗的名士看作是另一種博取聲名的欺詐行為。總而言之，一位真正懂禮守禮的讀書人唯一能做的只是成為如王冕般的隱士畫家。

回到敘事結構的問題上來看，我們必須要問：對本書道德境界——禮，此一重要的成分，究竟如何成為小說中的整合原則？在《儒林外史》中，禮根本上具有兩個結構上的作用。首先，它把一群個別的插曲式的事件串連在

一起，形成一個較大的構成單位；其次，它統合那些較大的單位成為一個更大的整體。因此，吳敬梓使用禮作為小說的主要整合原則是十分合適的。

　　距離書中主要故事一百多年的楔子發揮了一種特別的作用，它陳述主題並同時提供一個包含主要故事梗概的架構故事。這個架構故事是知識份子的楷模王冕的傳記。他的誠實、正直和修養被用來作為衡量書中其他角色的標準。在這個傳記中，王冕合禮的行為被仔細的記載下來，他被描繪為一個理想的儒家君子，一個學識淵博、道德完美和具有藝術才華的人。事實上，書中沒有任何一個角色可與之匹敵。雖然如此，吳敬梓仍提供了另外兩個略傳與描繪模範人物的楔子相呼應：第三十六回中的虞育德及第五十五回中的四位奇人。王冕合禮的言行與危素、翟買辦及時知縣的熱中追求「功名富貴」形成對比。

　　全書第一部分（第二回至第三十回）著重於諷刺兩種知識份子：那些試圖通過科舉考試已取得功名富貴的讀書人，以及那些佯裝公然拒絕考試制度並贊同隱居生活態度的名士。前者投身於八股文的寫作，並輕視後者執著於他們視之為「雜覽」的詩詞；後者則奉詩人隱士為其典範，並輕視前者為俗不可耐。雖然這兩種名士的生活格調有很大的歧異，但他們寡廉鮮恥追求名利的心實則為一。

　　到了第二部份（第三十一回到第三十七回前半）書中的語調從嘲諷轉為寫實，事實上這個轉移已在前幾回中醞釀成形。整個第二部份遂專注於獻祭泰伯祠前的準備和祭禮的完成。

　　在小說的第三大部份中，我們所看到的是一系列紛雜片段的故事。這一部分主要以極端的腐敗和庸俗為襯托，來品評某些非比尋常的人物。這些不尋常的人物和多數那些他們以懷舊之情回顧並視為典範的傑出知識分子不同，因此第三部份明顯的冗長散漫並非是作者的創造力式微。相反的，它是被用來顯示那個為書中主要人物所珍視的合於禮的理想境界的消逝，我們因此可視整個第三部份為呼應泰伯祠神聖祭典的一個大單元。

　　正如夏志清先生所觀察到的那樣，書中結尾表達了一種樂觀的暗示，它與小說開場時悲觀的論調形成了尖銳的矛盾。這個結尾應該說是儒家思想「禮失而求諸野」的體現。那些出身卑微小民的顯赫者，除了能夠體會雅韻以外，更在日常生活中摩頂放踵的按禮行事，因之保持禮教。雖然儒家式的禮儀觀是吳敬梓所嘲諷挖苦的對象，但它仍然是吳敬梓世界中唯一的價值判斷標準。

七、羅溥洛：《清初社會及其批評家：吳敬梓的生平與時代》〔註8〕

這篇論文是羅溥洛的博士論文，他將它分爲三部份來討論，每一部分都以一種歷史性的途徑呈現出對吳敬梓和其作品的研究。在第一部份，藉由對吳敬梓的生平和作品來說明作者本身和其創作動機的原動力。在第二部份，小說描寫在十七到十八世紀間社會裡三個面向的評論。這三種類型的評論所討論的議題包含：一、抨擊科舉考試制度。二、中國社會中男女不平等的現象。三、坊間炙手可熱的宗教和迷信。這三種對社會的批判在《儒林外史》中並不僅是唯一討論的主題，它們只是最重要的當中的三個而已，但我們仍能透過這三個評論觀點來追溯清代期間的社會風氣和潮流。在第三部份，我們將瀏覽對吳敬梓小說在歷史上的詮釋角度及羅氏本人所提出的看法。

羅氏以中國知識史爲基礎，以各種角度來閱讀《儒林外史》，做出詮釋。羅氏將吳敬梓和他的許多後進做比較，並且分析了道教和作者眼中的孔學元素。第二，羅氏確認了《儒林外史》在文學上的重要地位，在第二部份裡，以十八世紀的中國社會爲背景探討當下所產生的社會批判；當時的社會所面對的問題及解決這些問題的可能機率。最後，羅氏將以他在細微處所見的，得以證明《儒林外史》成爲現代中國「史官」的理由。

第一章　吳敬梓的生平與作品

本章爲介紹吳敬梓的生平，包括他的家族、早年青春歲月、到南京之後的生活，與晚年的情景，及現存和失軼的作品，透過這些介紹讓我們清楚地了解吳敬梓他對於諷刺體裁書寫是與生俱來的天賦。他的父親並沒有世俗的成就、他自己早年的放蕩，以及他的貧窮，由這些經歷與他自身培養的道德觀結合之後，使他從一個不明事理的年輕人變爲對社會能有所觀察、評論的學者。而吳敬梓現存的作品除了諷刺小說以外，還有《文木山房集》共四集，近年還發現了歌頌南京風景的二十三首詩、兩篇爲朋友所寫的序言，在其他四首詩上發現著他所寫的書法字和印章簽名的樣本，吳敬梓的文才並不在於古典詩和散文，而是那些讓後人難以忘懷，以方言寫成的小說。

除了詩、散文和小說以外，吳敬梓也涉略中國經典的研究。在《詩說》中顯現了他對其研究的努力，針對《詩經》裡的許多詩作評論，但是這個作

〔註8〕 Ropp, Paul Stanley, *"Early Ch`ing Society and It`s Critics: The life and Time of Wu Ching-tzu,"* Ph.D. dissertation（University of Michigan, 1974）.

品從太平革命之後就從來沒有出版過，也沒被讀過。大部分的學者一致同意，在《儒林外史》的第三十四回和第四十九回中，吳敬梓對詩經做了一個簡短的評論，這個評論很可能是以《詩說》為基礎來作結論的。而我們也能以這來推斷吳敬梓的作品具有原創性，並且堅持維繫孔學正統的精神。顯然地，吳敬梓也研究史料編纂，這對於孔學學者而言，是另一個輝煌時代。

第二章　知識份子成為文學奴隸：《儒林外史》和關於考試制度的異議

　　羅氏認為清代透過考試徵招天賦人才的批評討論在十七和十八世紀時相當地普及。吳敬梓只是那些評論家之中的一個。根據其他的評論家的說法，吳敬梓對於當時社會的描寫並不精確。許多評論家討論出來的結果中，有許多相同點，這說明了中國人對事物敏感細微的處事態度。他們總會不停地接收社會上所發生的大大小小事件，不論是知識上的、道德上的、社會政治的……等等，因此這個時期也可以說是中國帝國時代的黃金年代。在西方開始強烈地影響中國知識份子之前，無論是公開的或私底下的討論，評論家們對於教育制度有諸多的意見，包括：實際的需求、與社會政治的關聯性、所有潛在的公僕需要培養解決問題的能力（不僅僅是識字而已）。

　　羅氏提出吳敬梓對批判傳統的貢獻與其他的學者在一些重要的領域上並不相同。吳敬梓將真實的血肉放在早期評論的骨架上，因而以許多生動的敘述技巧而達到其宣揚的效果，這是後進學者難以達到的境界。他是第一個針對科舉考試和其產物─知識菁英份子─為主題的諷刺文學。然而書寫內容有時幽默，有時甚至到了輕浮的狀態，吳敬梓以這些敘事方式提高了人們評論考試制度的意願，透過評論，考試制度的內容讓教育的效率提升，可信度提高，也較為人性化了；效率雖然有時候很細微，有時候卻過於直率，不過對社會和知識領域的現實面卻極度地貼切合適。吳敬梓的藝術作品在提升之後評論家的意識，其效果顯著。這個結果我們可以從十九世紀晚期到二十世紀早期的諷刺小說觀察到《儒林外史》反映在它們身上的深刻影響力得知。

　　雖然吳敬梓試著加深讀者對清代科舉制度的警覺心，不過他並沒有建議任何具體的解決辦法。為了要對過往潛在的社會危機作出新變革，他使用的諷刺手法對於十七世紀時使用的技巧是一種退步。比方說，吳敬梓和顧炎武（1613～1682）之間的差異可以反映出清代早期評論的趨勢。當時科舉制度施行後所產生的諸多現在，都讓他們兩個為之震驚。不過兩人對此的反應卻不相同；顧

炎武以一連串的革新建議打擊當時的情形，希望能有所改進；吳敬梓則樂於嘲諷這個情境。吳敬梓所有輕佻的舉動，實際上是因為過度消極的結果，他認為任何的方式都只是徒勞，所以只能謾罵嘲諷。因此，放棄革新的他，就跟他所創造的小說人物一樣，只針對個人方面回應，拒絕競爭，拒絕與社會產生的問題有所牽連。吳敬梓在科舉改革上採取悲觀被動的心態，在十八世紀晚期和十九世紀早期成為一種趨勢（像是曹雪芹和李汝珍都是這個時期的小說家）。而在這個時期的社會問題已深植民間，並且持續擴張蔓延。

羅氏認為消極阻止了任何的行動來證明自己，不過對吳敬梓而言，是中國十八世紀社會和政治的現實使他消極的。看在滿清帝王的眼裡，國家壽命的延續、社會的穩定度、文人意識型態的控制是更具效益的事情，因此透過科舉制度使人民能臣服於國家之下。不過，如果這個制度違背了評論家們的期待，中國文明的成熟，在保存清代規範的傳統上運作的效果卻格外地好。科舉制度提供了中國知識份子一個保守的教育制度。透過科舉成為社會上有地位的人能夠影響社會，而這些人也是在科舉上投注相當大的賭注來賭他的人生。在十八世紀之前，任何能徹底改變社會的有利建議對於當權政府都是一種威脅和抨擊。而提出這些建言的人最後可能被放逐、監禁，甚至處死刑。甚至在十九世紀晚期時，即使十七和十八世紀的新觀念被接受了，這些觀念所帶來的改變也不容易存活下來。可想而知，當時對社會充滿悲觀想法的吳敬梓，在小說裡對社會所做的先見之明，影響後人的程度遠超乎他自己的想像。

第三章　男人眼中的女人：清代晚期前的《儒林外史》和女性主義思潮

羅氏指出吳敬梓對女性評論的發展對於中國社會來說是一位先驅者。在眾多評論家對科舉制度做出許多的評論之餘，吳敬梓對這些評論做出了新的結論，以小說的形式給予它們新的生命。由於性別平權的原因，心有同感的他，萌生了對女性的一種同情支持的情緒。他是第一位爭論寡婦殉情和男性納妾的評論家。女性留給他的正面形象對於二十世紀之前的中國小說來說並沒有任何的說服力。在吳敬梓所在的那個年代裡，只有袁枚（1716～1798）將吳敬梓比喻為女性主義者。即使袁枚對於婦女文學的提倡是眾人皆知的，他所嚮往的女性跟當時其他的男人一樣，是一個漂亮的女詩人，而吳敬梓所嚮往的對象則需要受過教育、獨立自主、和男人一樣有勇氣、有智慧和堅韌的個性。在十八世紀和十九世紀早期，只有俞正燮（1775～1840）和李汝珍

（1763～1830）和吳敬梓一樣，以較多較細膩的情感來描寫女性的問題。而他們作品的出現已是吳敬梓死後之後的半個世紀了。不過，就算李汝珍是當時最具影響力的女性主義作家，他的影響力也勝不過吳敬梓。以李汝珍的作品《鏡花緣》為例，作者並沒真的描寫綺麗幻想的境界。反之，吳敬梓為了女性刻畫了一個新的形象，這個形象相當地寫實，就像是一個人每天的日常生活一樣。

羅氏認為，在十八世紀的中國社會裡，有許多的因素浮上檯面，使得女性主義者不停地如雨後春筍般地冒出來。以馬克思主義的觀點看來，在當時，江南地區由於經濟的繁盛進入了初期的資本主義。這個現象的產生是由於老式（聯邦制）的道德觀的沒落。取而代之的，是新式的民主思想，思想中包含了對性別平權的諸多概念和爭論。即使是馬克思主義者，也沒有對思考和經濟之間運作作詳細的說明。不過，馬克思主義者提出的論點具有一定的價值。比方說，中國南方的長江流經的低地，由於人口過度集中的關係，造成大都會的發展。在吳敬梓的小說裡，有著這麼一個女性英雌，沈瓊枝。她逃離宋家，前往南京，靠著過去積攢的學問寫詩文賺錢，成為了經濟自主的代表女性。不過，在清代有名的小說裡，這一類型的女性形象對都市地區而言，只是出於娛樂效果罷了。

曾有一個日本評論家村松あきら認為，性別平權的概念在十八世紀之後慢慢地脫離了經濟因素，不過，但其根源是晚明的李贄（1527～1602）到金聖嘆（1608～1661）所傳承下來人文審美觀念的傳統。這個傳統持續到了清代，影響了李漁和吳敬梓的作品。當然，吳敬梓、袁枚，甚至是李汝珍對於當時晚明教育所教導的人文主義和打破偶像迷思的傳統都適應良好。然而，村松先生忽略了一項事實，那就是，在十六和十七世紀所發展的人文審美觀念，它所處的背景並不是一個社會經濟真空的狀態，其他的社會因素的影響不能被忽略。即使是寡婦的貞操及殉情行為的爭論，都深深受到宋代漢學文化和孔子的影響。因此，這些行為與社經的潮流仍是相互羈絆的。

很明顯地，結論可歸於許多層面：知識的、社會的、經濟的和政治的。這些因素對於十八世紀女性主義的發展有所貢獻。如歷史性的分析一般，我們無法以這些因素重塑當時的場景，因為比起這些因素，現實實在更複雜，也更真實。經濟成長和發展、都市化、明代的人文思潮、大眾文學的發展和宋代心理學的式微，都是使女性主義者崛起的動力。最後，除了這些以外，

那些有智慧和情感的評論家們，他們以站在文化研究的最前線為己任，將這些思想傳播給女性，釋放了中國的女性。

　　為了欣賞這些人努力的成果，我們並不對這些人設定限制。在這一章所談論的評論家都沒有討論完全的性別平權。他們都只是假設，在人生中多半的情形中，女性總是依賴男性的，只有李汝珍，他反對男性無設限地納妾。相較於吳敬梓、袁枚和俞正燮，李汝珍接受了社會對寡婦守節和殉情忠貞的讚許，認為這樣的舉動是正確且自然的。更令人驚訝的是，即使這些評論家們在各方面都有所限制，他們仍然企圖觀察自己所處的社會，並以新的方式來接收兩性關係和角色扮演的議題。

第四章　迷信的濫用：《儒林外史》，文人們的懷疑論和大眾喜愛的信仰

　　羅氏認為吳敬梓為了能秉持自身的立場，以幾個方式跳脫與其他秉持懷疑論的評論家。在小說裡，他就像是化身為算命先生來諷刺當時的社會風氣，就像神鬼都怕的、永恆不朽的人物，就連善於書寫的散文家袁枚，也無法達到像吳敬梓這樣帶動社會風氣的人物。陳確（1604～1677）和程廷祚（1691～1767）秉持著道德為主的普世價值，認為惡人終究會得到報應。袁枚對於道德懲罰的問題模稜兩可。洪亮吉（1745～1809）認為，將因果報應的想法推廣，因而成為了一個人人稱信的神話，是不理性的。吳敬梓對於懷疑論的傳統所做的貢獻在於運用諷刺手法和方言散文來寫作。在他的小說中，針對形式和內容方面，他拋棄了傳統為世人廣為接受的手法，就是知識份子秉持著懷疑，而大眾們卻相信的傳統，如洪亮吉所言。除了一般迷信的大眾之外，吳敬梓也描寫了迷信的知識份子，嘲弄他們的無知（例如，知識份子對於科舉考試、犧牲、和天命的態度），並認為這些事物的了解並不需要什麼經典教育的薰陶。

　　在這一章裡所討論到的人物，他們不僅僅是中國十八世紀持有懷疑論的知識份子，他們辯才無礙，加以抨擊迷信思想。在當時少數的知識份子中，持有懷疑的知識份子少之又少。他們的評論無論對於社會中的各階級都相當重要。因此我們也可以這麼說，他們是預知未來的少數份子，這是因為他們理性的判斷思維跟二十世紀那些革命領導人所持的看法相同，是無神論的理性主義者。因此，吳敬梓或洪亮吉的作品提供現代中國知識份子一個反擊的思想方針來抵制中國傳統的信仰和慣例。

第五章　以歷史角度來看《儒林外史》：細節和詮釋上的問題

　　羅氏提到《儒林外史》能夠提供現代中國歷史學家幾個具有價值性的觀點，而最引人注意的大概是小說內對於十八世紀的描寫。即使在屬於黃金年代的十八世紀的社會裡，仍有其黑暗面，也包含著讓十九世紀衰微的潛在因子。若不是封建社會唱起了輓歌，象徵衰亡的前奏，就如許多馬克思主義者的言詞中透露的意涵，回顧過往，我們也能發覺傳統制度一連串崩解的過程正在開始，像是經濟的成長、社會流動，和平與繁榮。不過吳敬梓認為，社會在知識層面和精神層面的成長卻微乎其微，甚至停止了。滿族的統治者和其他的協政者對於人民來說並不是好的社會帶動者，因為他們並沒有注重人民生活的幸福，他們只是用盡各種方式來證明並延長自己當權的時間。即使他們運用了許多理想社會的藍圖，也不是為了要改善社會，只是要合理化現實中的處境。

　　雖然有些政策措施在短期內能夠迎合社會大眾的需求，但是最終的結果還是失敗了。最明顯的例子是小說裡充斥著的腐敗政府，官員沒有受到良好的訓練、人民窮苦、害怕改變。當吳敬梓在小說裡製造了一個政權勢力，是以清代為藍圖建構出來的，影射清代當權者為了確保政局穩定和自身的權力地位而棄人民不顧。吳敬梓所描寫的這個時期並非十九世紀晚期的清代。此時的清代，已經開始一連串的革命行動，因此，清代許多的制度並沒有保留下來。

　　羅氏又提到同一時間，吳敬梓說明了清代衰微的隱憂。吳敬梓以積極的主題闡述、在故事中以不同的形式表達，也同時埋下了更新的種子。他抨擊了迷信當道的社會風氣、女性是附屬品的性別歧視，以及傳統社會階級裡隱藏的不公義。這些議題對往後二十世紀的中國而言，都是現代化的重要議題。David Nivison 表示，對科舉考試的抗議是正規孔子思想的教導；中國第九世紀的韓愈到十九世紀的康有為，他們遵從儒道，也曾抗議過科舉考試的弊端。不過吳敬梓卻以新的角度來思考孔子思想對科舉制度的反擊。吳敬梓將遵守孔子理想主義的舊派反抗者（經世致用的知識份子）和都市文化和大眾文學的新趨勢（主要表達一般民眾或低下階級的生活，包括冒險、性，及超自然）結合在一起，開闢了新的境界。在文學和政治方面，他建立了抗議的新規定，也就是論及社會經濟議題的諷刺文學。這個想法挑戰了現況，除了超越舊派的保守思想，卻也踏出了新的一步。

　　吳敬梓隱而不顯地攻擊社會上具有權威的階級。在清代建立了兩百年後，由於社會的不定，人民覺醒，對政府下戰帖，這在當時是其他國家還未

曾發生過的。證明了吳敬梓在小說裡的想法在人民的腦海中發酵，爲了社會的不公，而對政府宣戰。他爲了支撐這些文明的理想，對醜陋的眞實面抵死不從，並且矯正後代人民錯誤的觀念，理想的正確性並非像他們所想的那樣不存在了，它對於生活的人文發展仍是相當重要的。雖然吳敬梓似乎無法改變他所處的社會，不過他所留下的珍寶《儒林外史》裡展現出的是，無論願意與否，社會是一直在變的。在他自身所創造的世界裡，他只是當中的一個小小的參與者。可是，社會卻正在迅速地變動著。

八、黃宗泰：《中國小說批評的諷刺與爭論：儒林外史研究》〔註9〕

本文爲黃宗泰的博士論文，全文共分爲五章，一、二章要討論的，主要關於《儒林外史》裡所討論的道德和智慧，它們是對敘述體內容主要研究的範疇，也是在一個既定的作品中，常拿來作爲對於諷刺文學藝術的一般解釋。不過，這項研究以理論方法爲起點的討論，內容包含了中國小說評論的論證法，理論性的討論如何廣泛地被運用到諷刺文學呢？黃氏在第三章清楚地解釋：個人主義者和社會主義者先繪出輪廓、並且個別地反應在智慧和道德上面。智慧和道德是構成諷刺文學的本質，諷刺文學的藝術對於一個眞實事件的描述實際上不能跳脫論證法的任何一面被實行。這樣一來，即便這個討論在最後兩章裡先後處理社會主義者的道德觀和個人主義者的智慧，有件事需在此澄清：至少在眞的諷刺文學裡，這兩個觀念無可避免相互交織於唯一相同的事件。在《儒林外史》裡，作者極端的道德感在追求功名富貴的公式底下，成爲了乏味單調的基礎，而這項舉動無法從他的小說裡的結構和書寫技巧中被劃分開來。像社會評論學者一樣，若我們忽視了結構和這些技巧，我們就不能從其他類型的敘述者分辨《儒林外史》。我們將會看見學者如吳組緗認爲這篇作品只是傳統歷史的一種形式。假如我們像個人主義者對小說的評論一樣將道德的考量放在一邊，我們就會錯認諷刺的部份。夏志清和 Oldrich Krai 兩位作者也認爲作品失去了諷刺文學中的敘述重點，失去了實用性，僅僅是寫實主義的小說。

如此一來，在第四、五章裡，藉由大量分析《儒林外史》，黃氏企圖做了

〔註9〕 Wong ,Timothy Chungtai,"*Satire and the Polemics of the Criticism of Chinese Fiction:A Study of the Ju-lin wai-shih,*" Ph.D.dissertation （ University of Stanford,1975）.

一些理論性的結論，以第一章黃氏所提過的論證法的概述為本，至少提出一個重要的問題。以下略述各章節的重點：

第一章　評論的論證法和諷刺書寫體

　　為了在這個敘述性研究能持續進行，首先需辨別清楚這些理論性的假設。黃氏在引言處直接針對三個基本的問題，首先，黃氏試圖完整地描述理論性的論證，這個論證與近年來的中國小說評論衝突；黃氏也藉著一個模式來包含這些論證。在這個模式裡，黃氏可以檢驗出在這些直接的衝突點上所秉持的看法。以這個模式為枝幹來論證的作法，都是為了在相同水平上談論這些衝突點，並且決定這些點之間在敘述體的評論是否一致的可能性。最後，黃氏至少介紹一個對於諷刺體裁初步的概念；經由敘述型態的分析，《儒林外史》裡任一個諷刺體裁的故事顯示出針對這個理論性的對話做出滿意的解釋。

　　現代社會裡，中國小說評論的論證法可在以社會為主的共產主義和個人為主的資本主義之間反應在哲學和政治之間的對話上。直到最近，大體上來看，在中國小說評論的特性偏於地方性，並沒有針對世界性的文學評論。直到1920年胡適（1891～1962）將中國小說帶入了世界文學的領域後，中國小說的評論才慢慢擴展它的視野。夏志清在研究報告中指出，胡適對於《水滸傳》和《紅樓夢》有很高的評價，而且也將這些作家和但丁（Dante）、喬叟（Chaucer）和馬丁路德（Martin Luther）放在一起談論。根據胡適和其他的研究中，中國小說忽然間發現了自身與現今我們尚未知曉的想法和價值的衝突。像一些致力於夏志清所稱為的「更好優先的技術」和「致力完美嚴謹的道德」的西方小說研究者，如鄭振鐸（1898～1958），便很快地理解到胡適先生首先致力於此研究敏捷的評斷、因而對於中國的作品不抱任何幻想。很顯然地，中國小說並不合於西方小說的體制，而且根據西方標準，大部分的中國小說證明了「中庸」是小說的主要特色。胡適，受到了美式教育的影響，而有著西方評論思想的腦袋，最終也表達過去他對他所讀過的小說的藝術價值。無可避免地，那些意見尚存著一些還無法被接受的西方美學標準，尤其是1930年代時共產主義和馬克思主義在社會上佔得優勢，在社會主義的前提下來評鑑中國小說。

1、中國小說的評論觀點

　　哲學性的對論引起了個人主義學家和社會學者不同的觀點，因為比起中國小說，它裡頭所考量的範圍較廣，值得去作較多的學術研究，因而黃氏以

這樣的視角來呈現這個研究。黃氏對他所要研究的中心主旨作一個目標性的概述，這個概述將能呈現出接下來他所要論述的方向。

黃氏選擇論證的一方為「個人主義者」，並不是因為個人主義者針對了個人的作者或個人的作品，而是因為這個縮影顯示散發了現代西方對於個人化概念的強烈興趣。為了要連接在歷史上個人觀點的浮現與十八世紀小說在西方的興起，Ian Watt 教授指出它的主要原因：現代對於全球一致性的否認。

> ……小說在現代興起。現代，這個時代，它具備了大眾化的智慧和古典的資產，但它的棄絕將大部分的智慧將資產分開，最起碼被全球一致性企圖屏棄。

現代寫實主義（被定義為長篇小說）開始於個人能從他的知覺挖掘真實。

2、諷刺體裁兩面觀

黃氏認為關於道德的二三事使得諷刺體裁為主的社會主義文學以模仿的方式呈現出一些世界上一致的惡，讓讀者能務實地在細讀作品的過程中反對內容中的「惡」。不過，諷刺體也是個人主義學者自身在作品中以其獨特的技巧和形式表態。（通常以「誇張」和「幻想」的形式來表示出作者在作品中的反向思維。）觀看純個人主義的作品或純社會主義的作品多半僅僅只呈現出社會的半個景象。在好的諷刺文學作品裡，根據 Kerman 的觀察，道德和智慧兩方是互相有所牽涉的，兩者並且創造出一種獨一的創作特性，也因此融合了社會性和個人性所關心的部份。因此，在近來的論證法之下，對於諷刺體裁的解釋絕不會完整：若沒有道德教誨為基礎的考量，諷刺體裁就無法從個人的謾罵或諷刺中劃分開來，諷刺作家因而也只是一個會以個人的威嚇來抨擊被害者的「不負責任的謾罵者」。道德所承諾完整的諷刺精神和它對觀眾所呈現出來的力量將因此降格為無意義的主觀想法。另一方面，若沒有檢測諷刺體內容裡的道德訊息所散發出獨特的技巧和形式，好或壞的諷刺體無法被辨別出來，更糟的情況是，諷刺體本身將會因為歷史或直接的政治宣傳而變得模糊不清。不過，諷刺體比起其他類型的文學體裁好多了，它透露出一般個人主義者和社會主義者兩者目光短淺的視野。關於諷刺體的研究應該幫助解決現階段在中國小說評論裡彼此對立、排斥的關係。

第二章　《儒林外史》：內文和作者

黃氏提出這個研究主要的企圖是要在文學理論中作為一個練習。這樣一

來，這個練習將使《儒林外史》裡的內文形式受到一定的保護，也不必處理作者吳敬梓完整詳盡的自述。另一方面，它至少需要略述不同學者的論述。這些學者所做的現存文本調查是為了評判這個研究所選擇的讀本。再者，在些許可用的主要來源裡所蒐集到的作者簡介，如果不是必須的，對即將到來的任務而言，它將成為有趣的背景。

胡適在 1922 年創作了《吳敬梓年譜》，裡頭詳細描述了吳敬梓的一生和他的著作。儘管近年來中國學術界的評論相當地密集，這份年譜包含著大量主要關於內文和作者的資訊。在這之後，新發現產生——清代文人所著作的大部分當代參考書籍、詩、兩篇小論文、一個舊的內文，甚至是一些由吳敬梓的後代所提供的口頭資料——修飾了以胡適為主體的結論，但不是推翻他的結論。

儘管如此，直到現在，此評論仍無法產生統合性，給予這本小說一個真正的價值和觀點，而無法統一的不完整也依序追溯到從過去到現在偶發的考量之下，在中國小說歷史裡最重要也最新的分別：它持續和獨特的呈現出諷刺體裁的藝術美。自從魯迅在《中國小說史略》裡作了精鍊的陳述之後，《儒林外史》的確獲得在諷刺體裁文學上的主要地位，但是每一個評論者也在沒有公開的情形之下提出假設，這個假設關乎製造諷刺文學的要素，而他們所公開的評論最終將會缺乏規律和清楚的脈絡。

第三章　諷刺體裁的本質和《儒林外史》

1、中國諷刺體裁的概念

黃氏認為傳統中國評論總在文學作品裡強調道德或實用性。曹丕（187～226）所著的《典論·論文》，內文主要是文學理論及評論，被後人認定為第一本中國論文。這個作品影響了我們「文字書寫是管理國家的重要機制之一」，而且也是一項「可長久被人稱頌」的事情。不過，早在《典論·論文》之前，陸機（261～303）的《文賦》已備有中國文學理論的基本概念。

在最近的一篇文章中，Donald Gibbs 教授追溯「諷」這個重要字詞的字源，從它原本的形式看來，過去它的書寫方式僅為「風」，而非「言」。「風」在早期中國文學裡為指稱「一般普遍的情緒」，像是在《詩經》裡的〈國風〉；或另可稱為「影響」，如孔子所說的：「風是漢朝的美德」。在晚漢一些關於《詩經》的主要或非主要的前言裡，「風」具備了「影響力」，使得《詩經》讀起

來有積極教誨的內涵，也與主從關係為主的文字有所不同。

「風」的概念，從孔子「道」中所包含的道德力量裡彰顯，與「刺」所產生的概念結合。「刺」，引導評論家放棄直接的謾罵，用間接的方式展開有智慧的「藝術」。在六世紀之前，「風」的意思，現以「諷」和「刺」的方式書寫——這兩字是道德關懷和隱含的智慧的結合——已經變成了複合字。不過現代的翻譯者無論是個別使用或以複合型態使用這兩個字，都稱為「諷刺體（satire）」。

黃氏未曾詳盡地追溯「諷刺」最早使用的時間。但是前面章節敘述的部份應該能看出「魯迅」（1881～1936）或「老舍」（1899～1966）等的當代中國文學作家善用這個詞彙，他們能拉近中國文學的傳統和對其目的了解之間的關聯。這個傳統顯示出中文「諷刺」也結合了智慧和道德，並與西方的諷刺體一樣，發展出本質上相同的書寫形式。魯迅可稱為第一個寫到《儒林外史》是「德智兼備」，並具有「諷刺」的文學格式。透過書寫小說，孔子所傳承的道德觀使得中國「諷刺」的傳統流入《儒林外史》這部小說中，表現出隱晦的藝術，成為諷刺體裁的藝術品。

2、《儒林外史》和經典的中國諷刺體裁

黃氏認為在《儒林外史》和中國傳統的純諷刺體裁中找出異同處，也是重要的事情。在傳統時代，中國諷刺體常作為政治用途，為了要反對不良政府或內部所散佈不適當的力量，諷刺體結合了孔子的「道」來做為抗爭，如司馬遷（145～86B.C.）所著《史記》裡的〈滑稽列傳〉。

總歸來說，我們可以說中國傳統的諷刺體裁（尤其是《儒林外史》裡的延展）基本上能與西方對於諷刺體裁的概念有所區別。兩方都是智慧和道德間的相互關係，不僅僅純粹地專注於幽默、嘲諷或謾罵，而能堅持廣泛地應用道德。諷刺體兩極化的形式，如在第一章所解釋的，與個人之於社會的形式能相互呼應，而黃氏將這兩個不同的體系擺在一起，建構出如以下的形式：

個人主義者的觀點　　　　　　　　社會主義者的觀點
（表達型和客觀型）　　　　　　　（模仿型和實用型）
　　智慧　　　　　諷刺體　　　　　　道德
（純粹的幽默）　（純粹的謾罵）
　（扭曲）　　　　　　　　　　　　（真實）

如同以上這個形式，看起來似是而非的矛盾，其實只是對於同一個水平提出的不同看法罷了，諷刺體使得許多不同的概念能碰在一起，並且解決問題。以上針對眞實和扭曲的討論需要加以澄清。除此之外，將「眞實」擺在社會主義的區塊底下，顯示出諷刺體內所含的眞實與道德作特定且廣泛的延展，而不只針對個人性的情感或想法。如此一來，諷刺體內模仿的能量擴展到一般對眞實的描述，如人性的單調或考試制度的邪惡，而不僅是以小說的寫實主義爲形式呈現出片段性的觀念。

第四章　諷刺體裁的道德觀：《儒林外史》裡的孔子學說

這一章黃氏將大致敘述《儒林外史》裡詮釋道德觀的部份、指出這些詮釋內在的問題，期待這些觀點能從吳敬梓所敘述的故事中散發出自己的道德哲學，並經由呈現故事的觀點來解決這些問題。《儒林外史》裡的道德觀，除了主要的孔子思維之外，還有其他兩個以外的價值標準：馬克思主義和虛無主義，使得對故事的評論出現矛盾。冒著掩蓋故事本身許多細微特性的風險，黃氏試著略述這些詮釋的主要結論，對照文本，指出它們所不足的部份。

1、馬克思主義的詮釋

如同不同的評論家，這些馬克思主義者也檢視了吳敬梓故事中針對特定主題的諷刺手法：與考試制度的對立、僞造的財產等等。然而，從這些考量裡，他們也從《儒林外史》裡的積極道德思維裡得到以下特殊的結論：包括了「民族主義」和「民主主義」，兩者與馬克思主義的結合專注於社會階級，也反射於茅盾（1896～1981）的首要結論，就是小說評論了清代當權者的弊端，也稱讚小人物的天生的善良。

相對於馬克思理論，虛無主義是另一種對《儒林外史》的詮釋手法，它的出現是爲了找尋出積極面向的價值。即使少有與此主義相關的評論，虛無主義的詮釋說明《儒林外史》並沒有展現出正向積極的價值。這個說明之所以重要的原因在於，虛無主義之於文本詮釋上的正確性和傾向非馬克思主義的評論，可以在分析《儒林外史》的道德價值上看見這些要素。

2、虛無主義的詮釋

相對於馬克思主義者已對《儒林外史》做好一連串預設價值而言，虛無主義的評論家似乎以某種不情願的態度將小說本身與儒學傳統之下的考試制度結合。因此他們眼裡所見的道德價值僅是出自於小說本身。這個相當現代

化的研究途徑有幾個不可否認的優點：面對《儒林外史》，它產生一個重要清楚的觀點是，吳敬梓與他所創作的人物角色有某種藝術性的距離，這個距離使得原本純粹、道德取向的結論有了疑慮。然而，大部分採取這個途徑的評論家企圖以某種形式將《儒林外史》特有的評論觀點及某種特定的哲學系統（通常是道教和儒家思想的結合體）連結在一起。如此一來，在這樣的思維下所進行的詮釋，不能真的稱為虛無主義。然而，有些讀者他們的心境與小說中的人物相當契合，並且深受角色扮演的是非觀點的影響是很重要的。基本上，《儒林外史》裡所處理的是從不受限和不譴責的觀點之下來評論文人社會的缺劣。事實上，吳敬梓以三明治結構將小說本體插入第一回描述理想化角色——王冕和第五十五回的四奇人之間，提出了這樣的一個解釋：道德完美的人，透過描寫他們的一生，可以明白地展現《儒林外史》裡的正向道德觀。然而，王冕和四位奇人並無證明一個道德觀念能輕易地透過當時所理解的儒學概念來有所識別，因為他們選擇離開他們原本所在的世界，而不遵循因孔學盛行使得行為受限的社會規範。不過，他們與道家不太相同，道家是選擇放棄這個世界，而這些人仍具備著儒學之下的自我掌控和對生命溫和的態度。若《儒林外史》裡大部分的人物都遵循孔子學派，如大部分的評論家：馬克思主義者或其他的評論者所同意的，需要等到有人將這樣的孔學思想列入考慮後，在諷刺體裁裡有關小說的道德觀才能給予一個令人滿意的解答。除此之外，因為孔學思想，王冕和四位奇人至少展現出不平凡之處。參考特定稀少的孔學思想研究對於這個決定有所幫助。

3、《儒林外史》中的儒學思維

黃氏提出吳敬梓有著對儒學思維的理想世界，他認為真實的價值並不是世界的財富名利，而是心存善心、正義和孝道，並透過實踐來獲得真正的學習。在自身的極端主義中，王冕和四位奇人是小說裡最真實的模範生，因為他們堅定不移地把他們自己和這個世界所追求的名和利分開，認定自己本身就是追求理想美德和學習的障礙物。他們與小說中次要的人物成為對比，《儒林外史》中這些次要的人物即使受到孔子的影響，卻為了追隨功名利祿而對他們所習得的美德不屑一顧。事實上，吳敬梓以道德的眼鏡看透了人性模糊的灰色地帶。王冕及四位奇人的故事表達出意義深遠的道德價值。不同於西方的諷刺文學家，吳敬梓對於人性並不氣餒，他相信人性中原本所有的善，而使他創造出人性善惡參半的角色，並且花時間去憐憫他們，譴責環境對人性所造成的危害。故事

中襯托這些觀點最好的例子是匡超人生命的興衰。與以往的諷刺文學不同，匡超人這個角色顯示出人性多變的發展過程，最終造成道德的衰微。小說以許多方法呈現出對諷刺的狂熱，對於許多故事中人物的行為也刻劃地相當清楚，並且予以註解，如王冕、四位奇人、杜少卿、虞博士、匡超人、王氏和范進等。

在《儒林外史》中，諷刺文學對於特定主題的評論在上述的檢測裡應顯示出小說所秉持的基本道德原則來自於正統儒學的理想。人需要有這些美德才能夠屏棄這些誘惑，對孔學美德完全的忠誠、眷戀著不計功名利祿的人生。

黃氏認為諷刺體裁裡那些單調乏味的舉動，那些誇大的、失勢的和混亂的一切，無形中結合使得內容充滿嘲諷意味。那些單調呆板的舉動或者是對功名富貴的追求，使得《儒林外史》裡的儒生為了追求地位名利，而貶低了學習的真正價值。那些學習後所獲得的真正的資產不存在了，那些人只是虛有外表和殘酷的競爭，真正美麗的女人和幸福的婚姻也淪為爭論不休的妻子和不幸悲慘的家庭，就連對死者的尊重也變成了過度迷信、吉凶卜卦的練習，結果最終並不出乎意料，是一片混亂。小說透過了道德和真實鋪陳諷刺的故事結構，讓讀者來檢視。故事中作者所創造出的所有行為並不是人造的、孤立的，而是同時結合了單調乏味的行為和充滿情節的結構。

第五章　諷刺體裁的智慧：《儒林外史》裡的結構和技巧

在這一章中我們將討論諷刺對小說裡結構和技巧的影響。大體上，在先前的章節裡，黃氏企圖將道德觀和智慧依照內容和形式分類為一致的兩大群體。不過，實際上，在這個研究裡，黃氏主要是要說明道德觀和智慧在諷刺體裁裡的不可分開性。在之前之所以將《儒林外史》裡的道德觀區分出來，是由於馬克思主義者和虛無主義者對小說的詮釋產生了混淆，因此，區分後，我們才能更清楚地理解。不然的話，道德條件並不能從小說闡述的畫面中畫分出來。在諷刺體裁中，就如這一章希望呈現的，黃氏希望讀者能將當中的各項組成元素，無論是德智或是內容和形式，都能在品讀小說中感受、並且了解它們合在一起的美。義憤填膺的道德感，願意去教導任何一個人，並視以不同形式的智慧處理不同的情況。對諷刺體裁而言，由於社會上有道德勸說和教導的需要，因此，智慧是一種修飾道德的手法，互為交織。道德也必須考慮其修飾層面。一般的敘述文模仿現實，諷刺形式的敘述文若也這麼作，則其原因並不只是為了美或為了滿足作者創造自己理想境界的欲望。諷刺文所希望的是企圖透過真實的寫照，深入讀者的心中，說服讀者能接受小說的

道德思想。因此，我們不照一般寫實小說或其他不同傾向的敘述文所運用的標準分析《儒林外史》的本質，及它如何處理小說的主題。

1、《儒林外史》的結構和情節

《儒林外史》的結構和其描述很相襯。Kernan 認為在小說第一回和第五十五回分別出現的王冕和四位奇人，他們的故事都馬上與泰伯事件有所關聯，使文本有一點「黎明」的曙光，這在西方的諷刺文學中都沒有出現。不過，在這些特殊的例子中，有一項特色是一直存在的，就是「黑暗」，黑暗和白日的對比，也更能讓故事具有張力。在一群愚昧追求功名富貴的人之中，王冕和四位奇人是故事中獨特出眾的人物。評論家們如 Inada 就指出，有許多人就是為了追求功名富貴而前往參與泰伯祠典禮儀式，是不光采的舉動。大體而言，《儒林外史》在不同的場景中來呈現社會上烏合之眾，雖然看似鬆散，實際上彼此之間都有其相關性。讀者希望故事能呈現出直線性的情節發展，不過，這在《儒林外史》中也難以辨識。

對於《儒林外史》的結構和情節，評論家 Inada 只剩下兩個選擇。他可以與先前的評論家提出相同狹隘的見解，認為情節該是結構緊湊並且要有循序漸進的發展。以這樣的標準看來，《儒林外史》是不合格的。或者，他也可以像 Kernan 一樣，放鬆對這個定義的標準，放大定義所能包含的範圍，讓實用取向、情節不連貫的劇情也可運用在所有的諷刺體裁中。

2、在《儒林外史》中作者強化和削弱的行為舉止

《儒林外史》創造了許多愚昧無知的形象。套句 Kernan 的陳述：他們自認不凡，並為此建立了巨大的紀念碑。匡超人從一個典範化為愚人的故事就是一個例子：我們可以從作者在故事中強化這個角色的行為中得知，在他通過了科舉考試之後，他高傲地拒絕給予村裡的教師應有的尊敬。他在城鎮裡功成名就之後，有許多舉止行為讓他在人看來就像是一個愚昧的人；他堅持他引以為恥的第一個妻子的喪禮要辦得跟官夫人的一樣；他的母親出門的時候要穿著得宜；他的哥哥要稱他為「先生」，去茶室對他尊貴的身份是不合宜的。作者安排匡超人一連串的獨白來描寫他誇耀的舉動，就像是一座巨大的紀念碑，顯現出他多麼地重視自我身價。

3、《儒林外史》裡混亂的行為舉止

《儒林外史》裡無趣的舉動不會因隨著情節強化或削減的變動而停止。

它們仍持續毀滅基本的原則，製造混亂、不和諧、烏合之眾，爲要證明生命中的混亂，使諷刺體裁的小說呈現出 Kernan 所稱的「烏合之眾」或「混亂」的現象。在小說的開頭幾回，我們就能看見類似的舉動：僱用周進時，雇主請吃了一頓飯，並請了梅三公、梅玖一同作客，他們倆相見時，梅玖拒絕基於敬老向周進作揖。當時客人們正大啖各種食物：豬頭、雞肉、鯉魚、肚、肺、肝、腸，是揭開故事的徵兆。當食物如風捲殘雲一般去掉一大半時，周進的筷子連動也沒有動過。周進雖然是這次宴客的主要對象，不過這次宴客的意義似乎喪失了。接著，周進解釋他爲什麼不動筷子的原因：他爲了母親的緣故而開始吃素齋。當時他的母親生病，他就求觀音菩薩能保佑他母親的身體，並從那時起開始吃起素齋的解釋，做了一首詩：「獃！秀才，吃長齋，鬍鬚滿腮，經書不揭開，紙筆自己安排，明年不請我自來！」因而引來在場所有人的嘲笑。王舉人後來到周進家作客，與周進一同吃喝。王舉人離開了以後，周進昏頭昏腦地整理剩菜廚餘。

這些角色的行爲，不論是誇張的、漸漸微弱的、混亂的，都不自覺地結合了諷刺的氛圍。無論是無趣、無意義的舉動或者是對功名富貴的追求都使得眞正的向學淪爲爲求通過科舉考試的手段；使眞正的禮儀淪爲不人道、爲了競爭的無意義行爲；使眞正的的女權和婚姻淪爲潑婦罵街和破碎的家庭；使對死者的尊敬淪爲吉凶卜卦的過度迷信。無論是在道德上或現實中，這些行爲都成爲了社會亂象的源頭。它也概述了諷刺小說的結構，讓讀者能透過小說檢視生活。以上黃氏所提出的小說觀點，顯示出小說本身並非不自然地獨立出各個因素說明，而是結合社會上許多的現象，因而能完整地呈現故事情節。

4、《儒林外史》的完整結構

現以摘要的形式呈現小說的所有劇情，如下：

一、第一回：呈現相對的價值。

二、第二回到第二十九回：描述單調乏味的行爲。

三、第二十九回到第四十一回：美德、學習和天賦彼此間的牽涉。

四、第四十二回到第五十四回：單調乏味串起全文。

五、第五十五回：對劣等人才的肯定及期盼。

單調乏味的舉動向上又向下地產生波動，諷刺的本質扮演了主要的角色：認定在陳腐中的高尚美德、將成就轉化成眞正的失敗，介紹每個事物所

呈現與其相反的樣態。

5、在《儒林外史》中的諷刺技巧

吳敬梓以實用性為主寫下了中國文學，他透過史官所運用的書寫技巧或一般傳統書籍所使用的書寫形式使作品具有教誨人心的功用，並且如故事者一樣，除了帶給大眾娛樂，卻也間接讓大眾能普遍接受這些教誨。因此，他的小說被稱為「外史」，「外」是非正式、非官方的意思；稱它為「外」，是因為其自發性地虛構故事，以口語敘事敘事，使人更容易理解。不過，稱為「史」是因為它仍以一個傳統史官的態度來闡述嚴肅的道德真理。為了考量《儒林外史》所具備的基本技巧，評論家並無法忽略掉故事中任一獨特或有趣的部份，獨特和有趣的結合能使得力量和弱點成為諷刺體小說的藝術價值。

6、在《儒林外史》裡的動作、用字和思想

這些特定的方式或技巧可被歸類，基於簡化的便利，黃氏將它們劃分為動作、用字和思想。我們從這個研究裡能觀察這三個分類都有其個別的例子。在一般呈現敘述性書寫模式的作品裡，某些角色的動作能透過戲劇或細微的方式來察覺他們的單調乏味。

唯恐這些分類使人們誤解《儒林外史》裡的愚笨人所使用的動作和用字是特殊的、被分別出來，而造成錯誤的印象，黃氏儘快將例子一前一後地相互結合並加以分類。這些分類是不自然的，因為用字和動作以一種似乎僅有表面的態度合作，揭露個別角色單調乏味的狀態。

《儒林外史》中並非每一種單調乏味的動作都可以令人覺得印象深刻，如娉娘。然而，在這一章所提到的內容將以結合傳統說故事者和經典文學的型態展現，吳敬梓因而可以提出諷刺體裁的道德觀，以令人印象深刻的智慧來誘導、說服讀者。

九、Colemma：〈方向感的有無：《儒林外史》、《老殘遊記》和清朝儒家傳統的衰微〉〔註10〕

比較《儒林外史》和《老殘遊記》這兩部作品，有許多相同的段落，而且在類型上有許多相似之處。例如，這兩部小說都是插曲式地安排情節，而

〔註10〕Colemma ,John D., "With and Without a Compass:The Scholars,The Travel of Lao T`san and the Waning of Confucian Tradition During Ching Dynasty," *Tamkang Review7/2*（1976）,pp.61-80.

且也都是諷刺小說體。就連敘述內容，兩者皆有相似之處，兩部作品的作者都在探索他們所身處時代裡，社會和經濟的病徵。事實上，當論及這兩部作品的類型和內容時，《儒林外史》時常被認作是《老殘遊記》的原型。

Colemma 在這篇論文所要說明的是：在《儒林外史》裡，作者吳敬梓持有一種合諧統一的價值觀點，並與他所處的時代相關，因而使得整部作品產生了恆定的連貫性。我們可以說，作者在內容上和類型上成功地結合了時代演變。相反地，《老殘遊記》因為缺乏了連貫性，因此顯得有些雜亂無章，在內容和類型上並沒有整合在一起。

Colemma 認為吳敬梓寫出《儒林外史》似乎產生了矛盾感，他提出兩個很重要的原因。第一個是，吳敬梓譴責清代社會前所未見的高姿態和統一。第二個原因是，清代社會持有一種傳統的「天下」觀，因此，孔子理想社會的運行並沒有在這個時代被實現。「天下」的傳統概念是任何遵循孔子的社會運行的必要條件，是我們所理解的孔子理想境界，它仍是原封不動地在社會上運行。即使清盛時期的社會是腐敗的，它仍持有一種傳統的世界觀：「天下」，並且有一種西方尚未侵擾的平衡狀態，這時的社會也是處於一致的平衡。吳敬梓的價值觀也是建立在「天下」之下，包含了社會本身相同的傳統，因此符合了這個時代的需求。比方說，虞博士和他的朋友是有可能透過建立孔子廟來復興孔子傳統，即使是在一個腐敗的社會中，也可能實踐孔子禮儀。只要有人願意，吳敬梓對於孔子理想境界的觀點也能在社會中實踐。在吳敬梓的價值觀與他所處的時代之間，並沒有任何基礎的矛盾存在著，這是因為他的價值觀和時代都存在著同樣的傳統。因此，我們才能說吳敬梓的價值觀是符合當代，可確實善用的。

Colemma 提出吳敬梓對孔子思潮的信念支持他持續進行，也幫助了他能容忍現實生活一點也不理想的景況。對吳敬梓而言，這段時間可是困難重重。他總是期盼傳統孔子的美德能夠復甦。因此，在《儒林外史》中，虞博士和他朋友一起建立的孔子廟陷入廢棄、無法修復時，並不是什麼大事件。在未來，我們仍是可以微笑的，也的確，《儒林外史》裡也充斥著一種隱性的樂觀，使得原本在類型和意識上一絲不苟地，確實地統一的小說也產生了文字調性的整合。

在閱讀《老殘遊記》時，作者必須試著去保持樂觀。這是因為劉鶚對於晚清社會問題的嚴重性、以及在傳統與他的價值觀所呈現的改變之間的那種努力卻徒勞的方法，有一定的認識。也因此，在《老殘遊記》的字裡行間裡，

我們會發現一種消極和哀傷，那是作者以傳統主義遮掩下的產物，不過作者卻無力作任何事，來減緩這種情況。另一方面，吳敬梓試著讓《儒林外史》對讀者產生一種感覺：在基礎上，無論是過去的或是未來的事物都被證實。儘管小說的每一頁都充斥著關於清盛時期的腐敗和衰微的描寫，這些事物也確實如此發展的。

這兩個段落的相似之處只能夠強調出兩者之間最重要的差異。這些差異反應在兩位作者相異的價值觀點。因為劉鶚的價值觀點對於清代晚期來說，既無法整合，也無法實行，他是以消極、不相一致的作法來描寫《老殘遊記》。另一方面，吳敬梓的價值觀點則是符合清盛時期的統一和實用性，以樂觀並且充滿一致性來刻劃《儒林外史》。

十、羅溥洛：〈改變的種子：清代社會早期和中葉的女性的狀況反省〉〔註11〕

清朝是中國女性嚴重附屬於男性的朝代。在中國歷史中，裹小腳是非常盛行，納妾和妓院的制度成熟，人們習以為常；社會一般認為寡婦應當要保持貞節、要不就是以死追隨自己的丈夫，給予這些寡婦相當大的壓力。這些習俗在晚期的清代社會裡是代表女性的表徵，一直到了二十世紀都仍然存在。最初做的改革是在十九世紀，不過這些改革的聲浪無法鎮住之前兩個世紀積極壓抑女性的評論。正統的學者或非正統的作家或詩人的改革聲浪揭示了人們固有的男性的「女性主義」論述。

羅氏認為中國第一位以方言寫成小說的清代大作家吳敬梓他的社會諷刺作品《儒林外史》，注入了許多女性主義者的論述於小說的傳統之中。他最愛的方式是對現況裡的組織或想法加以攻擊，解構這些想法或組織，說明其中的矛盾和缺乏人性的信念。在這些最佳解答中，吳敬梓以王玉輝作出了最棒的說明。王玉輝，一個誠懇、遵從程朱理學的大好人，不過，他對於女兒殉節的行為感到相當地光榮。

吳敬梓所持有的「女性主義」超越了他對寡婦殉節的反對。明清時代大眾小說的傳統，以相對積極的角度來描寫女性，這項特性的建立，也使吳敬

〔註11〕Ropp, Paul Stanely, "The Seeds of Change: Reflections on the Condition of Women in the Early and Mid Ch`ing Societies," *signs Journal of Women in Culture and Society2.1*〔1976〕, pp.5-23.

梓在《儒林外史》裡敘述了受教育的女性，來說明男女地位的平等意識。雖然在小說裡，這些女性出現的時間並不是那麼多，不過作者卻給了她們和男性平起平坐的地位，增加了她們的尊嚴，而不是過去舊式道德缺乏彈性、既定的刻板印象，其中一個最有名的女英雌就是年輕的沈瓊枝。一個鹽商騙她納妾，當她發現了之後，她便趁機逃走。她逃到了南京，在那裡靠刺繡、寫詩和書法維生。

沈瓊枝和鹽商兩個人之間產生了強烈的對比，就像是作者刻意安排的情節。當他反對接受這項卑微的建議之後，鹽商相當地膽小，以致無法直接正視他，也無法承認他欺瞞之舉。當沈瓊枝逃離失敗，被以「離棄家庭」的罪名被捕。她想獨步到縣衙向大人求情，不過卻受到了縣衙差役的阻止，因此她與他們產生了爭執。不過，在她對縣衙大人說明她的舉動之後，她證明了自己的清白，也獲得了釋放。

羅氏提出《儒林外史》中，還有許多其他強勢的女性，作者拿她們與一些軟弱、無益的、卑鄙的男性作對照。在其中最有名的寫照就是杜少卿和他的妻子。杜少卿的妻子不僅是一個生孩子的機器而已，她也是一個充滿智慧、珍惜朋友的女性。對於她所表示的意見，她的丈夫都相當地看重，杜少卿在決定搬到南京前，還再次徵詢妻子的意見。他和妻子在公開場合手牽手，也帶她到了酒館，一起享用酒宴、談話，充滿歡愉的氣氛。這個場景讓當地遇見的人驚覺不可思議。除了杜少卿，莊紹光也擁有一個聰慧的妻子。對他們來說，他們的妻子是他們進出社交場合的陪伴者。他們的妻子對於吳敬梓而言，毫無疑問是一個較積極的角色，有人說這對於家庭生活而言，是一種現代的觀點，以愛、彼此尊重和維繫夫妻之間的平等為基礎，它比起程朱理學中的教導更為頻繁。

當吳敬梓的小說問世了之後，大概在十八世紀後半期，女性主義的思想在社會中瀰漫的廣度和密度都向上爬升，成為了一個可供辨識的指標。在這個時期，許多人對於寡婦的權利和責任產生了各式各樣的評論。受教育的女性也比以往多得多，他們開始讀書、寫字、甚至自己創作。最後，一些學者開始質疑寡婦殉節、裹小腳和納妾等對女性不平等的道德傳統。

羅氏所討論的女性思潮可以看得出是對於孔子思潮文明的衰微，那些主導的文化盼能以較先前相對健康的面貌來保存孔子的理想境界，並以一些限制來調整新的社會趨勢。在此同時，那些浮出檯面的文化也展現出孔子所希望的理

想境界陷入了無助衰微，而指向了一個新的世界的開始，更平等、更純粹，那種包容不是孔子思想所能接納的。這浮現的文化在十八和十九世紀早期逐漸轉弱，不過並沒有死去。如吳敬梓和李汝珍的作品在十九世紀晚期和二十世紀早期變得越來越有名，甚至比在他們還在世時還要有名。在西方勢力入侵和清代權勢衰微之下，當時社會主導的文化嚴重地受到威脅，並且式微，使得越來越多的中國人拒絕傳統的文化，進而向西方尋求，並且以新的根基來培植原本浮出的固有文化。由於《儒林外史》以積極的主題和新鮮的表達方式展現，使得清代早中期原本發芽的文化，透過改革，長成了豐厚的果實。

十一、高友工：〈中國敘事傳統中的抒情觀點——閱讀紅樓夢與儒林外史〉〔註12〕

高氏在本文試圖探討中國詩傳統中「抒情境界」的演變，及其對文言或白話敘事文學之影響，並特別舉出曹雪芹的《紅樓夢》與吳敬梓《儒林外史》為例。高友工將集中探討這一「境界」移植到敘述文類後的延續性、及在不同規套與遞變的文化情況下所導致的內容與技巧之修正。由於「境界」與「抒情」二辭在本文中有其特定意義，作者則先略述其中牽涉的觀念。

「境界」一辭在本文中指剝除表層後一件藝術作品的意識形態基礎，即有時就是我們所謂的「意義」或「旨趣」。由於此一「意義」乃由作品解釋過程所發展形成，其中牽涉到的也就是作品與讀者間交互作用的問題。因此依每一特定讀者的知識品味和觀點而不同，個人品味比眾人所知更受整個文化背景所限制，因此想要研究個人解釋者，仍需先客觀考察整個品味與文化價值之歷史。

在中國律詩和詞就是古曲詩長期朝「抒情內化」的演變結果，而起源於六朝折衷各家的個人主義思想。所謂「內化」可藉「詩言志」這一簡單格言所含二層意義得到最好了解。在古中國，「詩言志」界定了詩的功能，「言」一辭意謂「整體的表現」，包含「語意的表示」與「形式的呈現」；「志」一辭被擴充成廣指一特定之人於一特定之時，其整體經驗——所有的心智活動和特質——之主要構成。「志」可等同於一個人生平某刻的「意義」，「境界」則

〔註12〕Kao, Yu-kung, "Lyric vision in Chinese Narrative Tradition: A Reading of Hung-lou Meng and Ju-lin wai-shih," in Andrew H. Palks ed., *Chinese Narrative: Critical and Theoretical Essays*（Princeton University Press, 1978），pp.227-243.

成爲此一「意義」的全面表現。

　　長久以來，抒情傳統在中國文化中佔有極高的地位。自然，我們永遠無法確定詩人對他自己哲學信念的自覺程度。但對我們而言，主要問題並不在於詩人是否相信此一境界，而是他對此一普遍化的傳統生命境界的認同程度。當我們回過頭來討論曹雪芹和吳敬梓時，我們將發現，因爲無法完全跟隨此一模式，二人在處理小說中所呈現的整體經驗時，面臨了困境。

　　高氏認爲相對於抒情詩本質的含混曖昧，敘事文學須直接的面臨「整體」的問題。抒情詩乃基於「內化」，而敘事文學則是見諸「外化」。由於敘事文學必須保存眾人的經驗以流傳後代，時空的座標——作爲外在世界甚或個人經驗的參證格式——得被轉化成某些外在的實體，而這些外在的實體本質上與自我反省無關。敘事的活動可滿足他人的需要，其意在取悅與教誨群眾。對群眾反映的考量，因此將支配創作，而敘事文學的許多特徵也只有當這些外在因素被列入考慮時才可解釋。而故事中所展現的大都是些易於外化，可經由感官的現象。如果，如抒情人所相信，推論性語言不足以表露內在自我，敘事文學的作者仍可藉最少力量的描述和情節達成溝通，而把其他一切交付讀者的想像力。

　　中國傳統中有兩種平行發展的敘事文類，即文言與白話。文言被視爲士大夫階層教育的一部分，因而與抒情傳統有極密切的認同。在中國，經書上記錄最早的敘事作品並非莊嚴的神話或史詩，而是一些基於傳說或事實的野史。經書之後，文言敘事文學中出現了兩種最普遍的副文類，即傳記與寓言，分別是歷史與訓誨之作。如果我們依照 Robert Scholes 與 Robert Kellog 分析副敘事文類的方式，將立即注意到另兩種副文類——即自傳與傳奇——的付之闕如。而後兩種文類強調的正是抒情創作所需的自我反省和浪漫想像。此一現象也許可由抒情詩的普遍優勢得到解釋。傳記與寓言，由於本身的客觀性和載道功能，很早即爲中國傳統中的重要文類；自傳與傳奇卻因爲缺乏此性質和功能而未能發展確立，唯一允許想像力自由的文學形式是抒情詩，其內在的意義肯定了本身的功能。

　　高氏提出抒情詩的美學在中國傳統中，確曾被普遍視爲文學的最高價值所在。司馬遷的傳記及莊子的寓言毫無疑問的是歷史與哲學性的作品，此二文學鉅構，其偉大在於具現了抒情境界的精髓部分，而不在其他功利之用上。只有這樣的認識，我們才能了解爲何中國人如此推崇〈伯夷叔齊列傳〉，雖然

其背後只有極少量的史實。當敘述的趣味及道德的啓發都臣服於此一壓倒性的情境界下，一個單獨的動作，不論是發生於眞實或想像中，即已足矣。

自十八世紀前半，白話說部非但已在大眾間確立，也流傳於文人階層，人們對小說的興趣大爲增加。曹雪芹與吳敬梓雖是傳統文人，在經歷各自的生活危機後，必定會感到個人生命再也無法如純詩人所假定，可與大眾的世界分離。曹吳之所以選擇敘事而非抒情形式，正是二人想重省傳統的抒情人生觀，欲以此新形式涵蓋更廣大多樣的經驗視野之一證明。

此一自我實現的境界爲曹、吳所共有，我們可由兩人的相對特徵看出他們對此境界適用問題的不同觀點。吳敬梓保留了小說文類的公共性，明顯的堅持傳統的講史方式——書中的「史」清楚的表明其性質。吳敬梓在貫穿小說的時間架構下，人物是無數表面上無關事件的唯一串聯線索。當這些人物迅速凋零，惟有「名」與記憶留下，爲了對抗永恆的遺忘，儀式乃成爲境界的焦點。

另方面，《紅樓夢》的另一書名《石頭記》透漏了此書結構上的神話來源，但「夢」——人生中的太虛幻境——或許才是其中新境界的較佳界定。此書集中探討最永恆的因素，人類關係到曹雪芹之時，沒有對象的純粹情感已不具意義，然則一旦感情對象與統合的神話系統失去連結，這些關係亦迅速崩潰。

高氏認爲敘事文學中，尤其是中國敘事文學中，抒情境界的作家並不贅詞披露人物內在經驗或解釋事件之因果，本此，圍繞動作的插曲變形成小說形式的架構基石。當我們體認書中諸多插曲對敘述情節、描寫人物並無推動之功，反之其目的乃在呈現某種抒情經驗。接下來討論《紅樓夢》、《儒林外史》中某些插曲的象徵作用，因其詳示了二作抒情境界之向度。

《儒林外史》引子中的王冕故事即模仿《水滸傳》第二引子王進故事而來，王冕過的是傳統中國詩人隱士的理想化生活。他的特殊處乃在受過正規教育，未參加過科考，無官爵，更重要的是不求聲名。他過的是一種不與功利的生活，在小說的進一步發展中，這一理想人物之肖像轉而代表了一「黃金時代」傳奇性的殘餘。雖然此後王冕的名字未被再提起，他仍然是讀者心目中用來衡量其他追求功名之人的模範。另一角色，聖人般的虞育德，得到了作者在第三十六回的詳細立傳，但他無疑缺乏王冕的藝術氣質，與不爲俗染。最後其間又相隔了幾十年，在全書的尾聲部分，我們終於在四個安於寂寞，分別醉心於琴棋書畫的晚期藝術家身上看到了至少是王冕形象的折射。

在這最後的混合圖像中，作者可說已勾勒出他心中理想人物的形象。

《紅樓夢》的引子則可分爲數個層次。曹雪芹試圖幾次開始故事，但直到第六回才抓住情節主線，進入正題。不同於《儒林外史》結構上獨立成章的典範引子，這些插曲提供了一架構，在神話背景中納入主要的人間故事。但在此神話背景中，仍有至少兩組平行、對立的神話人物，即風流燦爛的警幻與嚴峻的僧道。後二者在該書的寫實前景中雲遊出入（二十五、一一七回），具引領寶玉悟道之特殊功能；但出現寶玉夢中（第五回）的警幻顯然更具象徵意義，透露出全書象徵架構的哲學基礎。由前三引子，讀者逐漸得知寶玉前身爲頑石，得知此時和黛玉前身絳珠草之淵源，及寶玉生命中十二名女子的既定命運。

在《儒林外史》中，引子與尾聲的兩組典範人物投射出自我實現的主題，及此主題在歷史時間中可能變化。反之，《紅樓夢》人物則被置於一具理想關係的奇幻空間中，而這些理想關係注定將歸於幻滅。要之，二書皆援引理想化或神話的插曲，以透露其意義於讀者不經抽象思考就可直接領受的經驗。

因此，抒情境界的全貌在《紅樓夢》中乃由大觀的空間暗喻所象徵；在《儒林外史》中則由泰伯祠祭所現過去記憶之時間暗喻象徵。我們若於二書尋找高潮點，結果將分別是泰伯祠的祭典與大觀園的竣工。前者給《儒林外史》中其他插曲提供了一個參照點，後者則啓動了此後將於此理想背景中發生的純粹抒情時光。

《儒林外史》的第一部分（二至二十四回），文人掙扎於科舉功名與隱士佯拒科場的現象交替出現；中間部分（二十四至三十七回），節奏突而轉爲低沉、調子較少嘲弄，而更富寫實感與同情；本書最後一部分（三十七至五十四回），節奏加快、規模擴大，包括許多來自社會低層的人物，有時表現出流俗所讚賞的英雄行徑。他們經常追憶往昔的風範——但並非引子中的王冕而是本書中間部分的人物。前者對名的狹隘執著也唯有他們對江湖道義的堅強信仰可堪差比擬，這些人的頑固、偏狹，就人物刻畫與情節而言，有時幾乎到了不可信的程度。然而它們乃前一批人物的完美襯托。此書的複雜意義，只有我們把這兩組人物全盤考慮時才變得清楚與完全。

《紅樓夢》中，寶玉的愛情有時似乎建立於自我否定及犧牲行爲之上，但證之典範故事這一切其實是自我欺騙。他與大觀園中女子的各種關係爲此書結構形式的基礎。寶玉最後從對外在的依賴歸依自足的自我，由於此一空

間的模式與時間的韻律客觀的界定了寶玉的存在，我們再度返回到早期抒情傳統的中心問題：即抒情自我之境與現實世界間的必然衝突。

　　高氏認爲現實與理想世界的排比，在敘事文學中遠較在抒情詩中複雜。當抒情自我欲重定時空座標以求安身立命，最直接的威脅莫過於時間不斷的流逝。對時間的執著籠罩了《儒林外史》全書，尤其是就其與「史」的關聯言之。與在往事的不斷被提起，甚或往事的淹沒至懷中，暗藏著以「名」與自我完成抵抗時間消逝的努力。情結的迅速發展，背景人物的不停轉換，正爲表達此種遷流感的有效手段。如泰伯祠祭原用以表現對過去的永久追憶，短短幾頁後亦轉爲記憶，而於書之末了，廟堂已化爲廢墟。「名」的永恆性復爲後代對歷史事件的混淆所嘲弄（第五十四回）。

　　相對的，時間在大觀園內似乎靜止，時間最終驚醒了寶玉，當繡春囊被發現與隨之而來的搜檢，促成了其與現實的遭遇及大觀園的崩潰。但眞正的衝突也許應爲由於現實的侵入而導致的，天眞的失落。基本上，此理想世界應被界定爲幻象，因理想化之物不能爲眞。這也是爲何《紅樓夢》的神化插曲不斷覆述「眞」與「假」的混淆難辨。寶玉的覺醒因此以頓悟的形式出現，超越抒情經驗的感官界，進入對中及概念「無」的思辯性了解。

　　《紅樓夢》與《儒林外史》在許多層次上實爲二充滿矛盾之作。但這些矛盾中最具威脅性的，莫過於對抒情境界有效性的基本懷疑——無論此抒情境界是就一單獨經驗或綜合一生而言。雖然曹吳皆判知時間必然的侵蝕對眞實的懷疑將嚴重動搖生命的整個境界，他們仍願意有保留的依附於此一破損的生命境界，在危難中此境界仍慰他們以抒情的喜樂。當此二作者給出片斷的境界或幻象，二人同時也對我們眞誠的表白了他們破裂的希望。

第二節　《儒林外史》研究在美國研究述要（二）

十二、黃宗泰：《吳敬梓》〔註13〕

　　本文爲黃宗泰對吳敬梓生平作品的介紹，全文共分爲六章，作者針對諷刺文學與吳敬梓作一詳細的介紹與比較，並提出《儒林外史》中的寫作技巧，最後提出吳敬梓與中國小說的相互影響。以下爲敘述各章的重點：

〔註13〕Wong ,Timothy Chungtai,*Wu Ching-tzu*（Boston: Twayne Publishes,1978）.

第一章　諷刺文學家的進化論

黃氏指出要找到諷刺文學作家，我們總能在這麼一個人的體內尋找到其生活的模式或特性，將他們歸納在一起，成為「諷刺文學作家集團」。為了這個目的來研究吳敬梓這個人或許並不具有任何效果或教育意義，不過卻相當有趣。我們能在吳敬梓和其他西方讀者所熟悉的諷刺文學作家找到相同的模式，這比起我們經由預測的方式來增進我們對他的認知還重要得多。另一方面，我們將細細推敲吳敬梓的個性、背景、以及當時的文化，來分析他的諷刺文學。吳敬梓的諷刺小說使用了典型的諷刺體裁，足以讓我們對書中的故事情節做解釋。吳敬梓的一生年日與他所寫的《儒林外史》直接地相互呼應，就如他所寫的詩歌裡的，那個詩人的一生。

1、吳敬梓的祖先

吳敬梓的祖先在明朝（1368～1644）時就定居在安徽的荊州，他們先是以農為業，而後以醫為業，先農後醫的改變，說明了吳氏家族爬上了成功的階梯。如同其他的中國人，他們跟隨當時的社會風氣，透過考試在朝廷中有了職份。吳敬梓的曾曾曾祖父，吳沛，在明朝後期當上了朝廷的廩生，是受國家薪餉的學生。吳沛有五個孩子，其中四個成為進士，並且企圖再繼續往上深造。四個其中之一是吳敬梓的曾曾祖父，吳國對（1616～1680），他在1658年時，獲得殿試第三名，並且接受了新清朝之下的最高學位，是吳氏家族中最成功的一位。他後來進入當時最負盛名的清代（1644～1911）最高的文學組織——翰林學界，在那裡，他從編修條例司晉升為司徒。國對的兒子吳旦，也就是吳敬梓的祖父，他在公職考試上的成就有限，他只求能獲得溫飽平安的一職。吳旦死得早，只留下了一兒吳霖起，也是一個沒什麼特別的學生和小官，是吳敬梓的父親。

2、吳敬梓的早年

吳敬梓敘述，他的母親在他只有十二歲的時候死去。他是一個獨來獨往的孩子，拒絕和其他的孩子一起運動玩耍，像個僧侶窩在自己的房間裡。吳霖起因為妻子早死的緣故，幾乎將自己的注意力投注在孩子的教育上，希望他這個聰明卻個性內向的兒子，能浸濡於經典的孔子思維，進入理性及道德的寶庫之中。吳敬梓一生尊崇父親，未曾捨棄孔學理想的基本思維，我們可從他的諷刺小說裡看到他公開地嘲諷那些追求名利的讀書人。

大概在一七一四年，吳敬梓當時十三歲。他的父親在江蘇東北部沿海的

贛榆縣擔任教諭。直到一七二二年，吳霖起辭官回到故鄉，此時的吳敬梓因
受到一位老師細心的指導，在經典文學和歷史上都有相當堅固的基礎，而成
為了一個有才能和前景的年輕人。在文學成就上，吳敬梓擅於修辭學、寫詩
和掌握詩的韻律。當時，吳敬梓身上所具備的一切，正如同他那些功成名就
的祖先一般，可以讓自己透過國家考試獲得一個職位，並且將他所學的孔子
思想運用到他所在的社會裡。但是，事情卻不如預想的那樣。

3、麻煩的青春歲月

父親吳霖起的死對吳敬梓來說多於情緒的創傷，它同時使吳敬梓年輕的
肩膀上多了些負擔：管理家業、還有一些他不善於經營的責任。程晉芳（1718
～1784）是他的一個遠房親戚、資助者，也是幫吳敬梓寫傳記最重要的記錄
者之一。他告訴我們，吳敬梓所繼承的財產價值多於兩萬兩黃金，因為財產
的緣故，吳敬梓的一些親戚對他所繼承的財產起了貪念，導致家族間產生許
多衝突。此時的吳敬梓所採取的行為是消極的，他不停地將他的所有交到親
戚手中，以滿足他們的欲望。他對於這些親戚的行為感到厭煩，並且逃避。
他在南京的淮河水上，藉著飲酒、唱歌、淫慾來獲得快樂。吳敬梓將他對公
式化的成就以荒誕誇張的方式寫成諷刺文學，為後代帶來更多的輿論空間和
視角來為他作記。

黃氏從父親對吳敬梓的重要性看來，吳敬梓對於孔學美德的執著有著崇
高的理想和承諾，儘管他在少年時期有一段荒誕無知的歲月，他仍沒有背離
這個承諾，並不因實際上的物質需求而放棄了對道德和智慧的追求；如同我
們所見，這成了《儒林外史》的主題。另一方面，他所處的年代，許多人為
了能享受名利富貴，而努力地準備考試，將考上官職作為一生最高的職志，
可是他們卻毫不自知地被孔子經典古籍挾制著。吳敬梓或許把他的父親作為
一輩子學習的對象，不過他也對於先輩們過往在朝廷裡的崇高地位相當自
豪。不論理由是如何，為了要捨棄這個目標，我們不難發現，吳敬梓在《儒
林外史》裡寫的詩顯示出他對於功名利祿的追求是如此地鄙視，並譴責自己
不能這麼做。他決定走他父親所走的路，無論是他自願或者是受逼迫的，孔
子的人生哲學都引領著他的一生，正因為如此，此人生哲學所發展出的兩個
極端面向，理想的和實用的，對吳敬梓造成了一定的壓力，並且一生難以獲
得釋放。即使在《儒林外史》中，他寫道，這些壓力對於那些堅持著單一價
值、態度從始至終都不變的評論學家而言，無疑是一種挫折。

4、遷移到南京

吳敬梓在南京的生活，是難以忍受的貧窮，不過這樣的生活對他來說，並不都是枯燥乏味的。一位傳記作家金和敘述吳敬梓的貧窮，說道，無論吳敬梓遇到了什麼樣的金錢困擾，他仍在南京四處冒險，以「愛好美酒和文學的人」自稱。他也花了很多時間遊遍各地，尤其是揚州這個地方。因為旅行，使得他結交了許多文藝朋友，他在學術界和文學界因此而獲得相當多的讚許，也樂於在這樣的名譽之中。

5、寺廟的犧牲

以我們所認知的《儒林外史》為依據，這小說對於作者編造小說的態度和方向很重要。吳敬梓為了一個理由改變了對倉頡、泰伯等聖賢人的遵從，查明理由為何是確認吳敬梓諷刺體裁的道德基礎最重要的一個步驟，也是小說受到許多評論的原因。傳說中泰伯是商湯最大的兒子，也是周朝政權的祖先。孔子認為周朝早期是中國最後的黃金時代，因為他所傳授的思想美德在社會中徹底地運行。泰伯體現了「順從」的美德，因為聽說他派兵到了南方吳國，將政權交給了他的弟弟，他的作法使得中國南方獲得文明的開發。不僅僅只是記錄這件事情，吳敬梓還打算向泰伯致敬，並且在他的諷刺體小說中敘述這件事情來解釋他所認定的道德標準。由這件事情來解釋他所認定的道德標準，因為順從的美德對於追求名利和地位是完全顛倒的事情。

6、吳敬梓的晚年

黃氏認為《儒林外史》是吳敬梓在他五十幾歲的時候完成的。不過，從《文木山房集》中只敘述了他前四十年的生活，我們只能從其他的敘述裡來推測他四十歲以後的生活。這些描述通常只強調兩件事：他赤窮到他死去的那一天；從他早期寫的詩句中，我們知道，他即使在貧窮的日子裡，也從未憐憫自己或質疑自己的行為，並且正視著他所面對的苦難。對為他作記的傳記作家而言，從《儒林外史》裡的敘述，可以知道吳敬梓從早期對退休隱居的質疑到最後站出來為孔學的隱士辯護的過程中，得著了一種安穩。

7、現存及失軼的作品

吳敬梓現存的作品除了諷刺小說以外，還有《文木山房集》共四集，近年還發現了歌頌南京風景的二十三首詩、兩篇為朋友所寫的序言，在其他四首詩上發現著他所寫的書法字和印章簽名的樣本，這些作品僅僅提供了對吳

敬梓一生額外的資訊，幫助我們來解釋吳敬梓的作品。吳敬梓的文才並不在於古典詩和散文，而是那些讓後人難以忘懷，以方言寫成的小說。

除了詩、散文和小說以外，吳敬梓也涉略中國經典的研究。在《詩說》中顯現了他對其研究的努力，針對《詩經》裡的許多詩作評論，但是這個作品從太平革命之後就從來沒有出版過，也沒被讀過。大部分的學者一致同意，在《儒林外史》的第三十四回和第四十九回中，吳敬梓對詩經做了一個簡短的評論，這個評論很可能是以《詩說》為基礎來作結論的。而我們也能以這來推斷吳敬梓的作品具有原創性，並且堅持維繫孔學正統的精神。顯然地，吳敬梓也研究史料編纂，這對於孔學學者而言，是另一個輝煌時代。《史漢紀疑》是我們參考史料的書籍，這本書是吳敬梓開始編纂卻尚未完成的。對於吳敬梓詮釋史事的印象，我們只能從《儒林外史》蒐集。只不過，《史漢紀疑》也已經遺失了，我們難以根據歷史本身來評斷吳敬梓的想法。

8、結　論

黃氏指出這些陳述的事實清楚地說明了吳敬梓他對於諷刺體裁書寫與生具來的天賦，但是還是不夠完備。他的父親並沒有世俗的成就、他自己早年的放蕩，以及他的貧窮，雖然如此，這些經歷與他自身培養的道德觀結合之後，使他從一個不明事理的年輕人變為對社會能有所觀察、評論的學者。他用隱約沉穩的智慧呈現出他所要表達的不平，即使是現代的評論家，由於不清楚到底是什麼揮發了他對事物看法的原創性，到現在都還不能夠對他所敘述的故事情節作令人滿意的解釋。根據這些評論家對於吳敬梓的看法，他們認為他是遵從孔子的學者，但是裡面卻隱約帶有道家的思維。或者是，他在世界看見了封建制度的惡，但卻受限於浩瀚無界的歷史。多半吳敬梓的想法都是矛盾的，不過這些矛盾卻也受到孔子學說的限制。如果我們以這樣的思維來讀《儒林外史》的話，裡面所隱含的道德意義將會因與文本本身之間的衝突而分裂。因而透過閱讀，擷取小說當中的道德意義，我們才能慢慢理解吳敬梓作品中隱含的智慧和作品的藝術性。

中國人過去對於文學創作，經常在原創的角色中添加了預設的道德觀。這與西方評論家的觀點不同，西方評論者認為，每一個作品應該是獨一無二的探索。根據 Mark Schorer 的觀察顯示，評論家們評論作品內容，所專注的是故事探索到發現中所採用的手法。然而，我們分析諷刺文學的藝術價值，所採取的途徑有限，這是因為諷刺體裁必非著眼於挖掘或者是說服，是透過

意志來傳送作者的想法,而不只是為了追求真實而已。因為如此,作者在處理故事的手法,如引用了作者的親身經歷,更直接精確地與作品本身所具備的藝術價值連結。

第二章 Satire 和諷刺

中國現代文學作家魯迅曾對諷刺體做過較粗淺的解釋。他以一個文學史官自居,揭示了他對《儒林外史》的了解及評判。他認為,《儒林外史》是中國小說中首先隱含嘲諷意味的文本。他說道:「吳敬梓的《儒林外史》是首部作家評論社會弊端的小說,內文並沒有任何的個人威嚇,以文人學者作為批評的對象。這樣的書寫風格溫馨又幽默,溫和卻又諷刺。這個作品可被歸為中國小說中第一部諷刺社會的諷刺體小說。」魯迅說,文本中對文人學者的抨擊可以在清代小說中找到例子,不過,一直到了《儒林外史》的出現,這些抨擊的敘述才相當獨特又個人化。對於魯迅而言,《儒林外史》是充滿智慧的諷刺體小說,因為作者把個人情緒去除,為的是要引起社會的關注。因此,魯迅也了解到諷刺體裁有智慧地將道德觀包含在作品裡頭。

黃氏認為吳敬梓在作品提及對孔子學說的理想之後將作為討論作者諷刺技巧的創意和實踐的序曲。在我們探索這些主題之前,我們應該將我們現在已討論過的想法具體化,透過檢驗《儒林外史》裡的具體的例子來支持我們的說法。

在小說的第三回中,我們認識了范進。他生在貧窮家庭,參加科舉考試,後來成了舉人,張靜齋是個熱愛結交名流的鄉紳,於是,范進也因為地位改變的緣故成為張靜齋攀附的對象。他給了范進許多的財富:房子、錢和奴僕。由於范進的生命因為中了舉人而好運連連,這對他母親的衝擊過大,在故事第四回一開始,他的母親死掉了。張靜齋說服范進去見知縣湯奉,他是廣東省西南方高要縣的知縣,也是范進的主考官。之所以要去見知縣,為的是希望他能幫忙籌措范進母親死後的安葬費。當下知縣正在處理一個案子,有個穆斯林教徒送了五十斤的牛肉給他,希望他能不斷牛肉,因為若斷了牛肉的話,他們就沒有東西吃了。知縣不知道該如何判此案,故問了張靜齋的意見。

有些評論家他們僅堅持考慮作品中達到目標的段落,或有些評論家則拒絕在內文之外作評論,這些想法都不足以拿來判斷它是不是諷刺體裁的作品,因為從內在看來,這個段落是相當直接的敘述句。其中富含智慧,不過這智慧是修飾性的,並無法與故事中具有的道德觀分離,因而,讀者能在短

時間內瞭解到吳敬梓敘述的用意。

我們能推敲這些讀者或許熟悉於這些主題性的事實，包括了劉基（1311～1375）和趙普（921～991）。明代官史記錄劉基是處州青田人，在元末協助明代的建立功不可沒，是明代首任帝王朱元璋的主要諫官。在王朝的建立之後，劉基在退休之前都擔任帝王的史官，根據史書，他是一個嚴格並且內向的人。即使在記載中，有敵人企圖要毒害他，他也因而擔心和生氣導致得病，卻沒有確據來證明他的死因為何。趙普早於劉基兩個朝代。根據宋代史，趙普協助趙匡胤建立宋代政權，並且贏得了宋王的器重，是一個具有深度卻不輕易開口表達的人。趙普協政的過程中，遭遇到了劉基所沒有遇到的金子事件。基本上，瓦罐應該要裝著海物，而不是醃菜。宋代帝王並不生氣，反而允許他接受這個禮物。

黃氏認為這些中國歷史的事實紀錄與這段落隱含的諷刺意涵相關。因為它只是針對著一般的道德思想，因此在這個時代有反對公職考試制度的浪潮是可以理解的。我們藉由文章的敘述也能理解，諷刺文學的藝術性在本段落中已經不言自喻了，所以我們需根據實情來檢驗文本。

首先，《儒林外史》裡以考試制度為例子的諷刺主題與張靜齋回憶劉基相呼應。張靜齋提到，劉基通過殿試輔佐皇上的過程，這暗示了張靜齋關注科舉考試制度的重要性。而范進打斷了他，這顯示了張靜齋說明了劉基考科舉的順利，顯示出自身的驕傲愚昧與不誠實及范進無知地賣弄學問，因為我們可以知道張靜齋沒有讀過劉基的考試論文，也不曉得任何進入翰林學界的途徑。第二，張靜齋把劉基和趙普兩人過往的經歷混在一起了，還將「雪夜訪普」這四個字拿來描寫劉基，但是那卻是趙普的經歷。張靜齋的記憶就像是用「醃菜」取代「海物」一樣如此地模糊又粗俗。最後，張靜齋重申強調帝王對於一瓦罐裝的金子的反應是，劉基被放逐到青田，不過青田是劉基從小生長的家鄉，說他被放逐到自己的家鄉實在是荒唐的說法。劉基因為被放逐到青田最後服毒自盡的說法可以證明張靜齋不完整的素養，他並沒有真的瞭解趙普這個人物的經歷，因為事實上，這個一瓦罐金子的故事顯示出宋皇對趙普的信任和尊敬。

張靜齋所犯的錯誤顯示出他並不是故意編造這些故事。從作者以這個人物作為他諷刺的對象看來，張靜齋的角色並不只是為了要描述一個裝聰明的人物，而是要使他在這個事件裡顯示出他完全的愚笨。這個敘述的含義還不

僅於此，張靜齋並不是一個英雄，即使作者花了很多筆墨來描寫他，比方說美國文學小說《白鯨記》裡的角色——船長艾柏，作者把他寫成一個很有道德觀念的角色。如果說，《儒林外史》裡關於道德觀的描寫，在張靜齋這個角色之後就沒有了的話，那麼張靜齋這個角色在本小說裡頂多是一個丑角罷了。我們若鳥瞰《儒林外史》全部的章節，我們就能看透小說中作者透過描寫人物所展現出來普遍性的道德觀：吳敬梓對張靜齋的攻擊的描寫體現了中國科舉考試的腐敗，因為腐敗的考試制度而有了張靜齋、范進和湯知縣這樣的人物。作者這樣的作法對於清代的讀者，甚或是那些憑藉科舉爬到頂端的人，都是有益的，因為這個制度在實質上，之於他們的存在，是一種毒藥。

第三章　道德觀：在《儒林外史》裡的隱士思想

中國傳統的孔子思想不是單一面向的道德哲學系統，因為它並不僅對社會有道德的約束力，也讓人民願意為他們的國家盡義務。

1、身為隱士的王冕

吳敬梓藉由王冕這個角色來說明以孔子思想為主的隱世主義所蘊含的價值觀念。理所當然地，故事發展到王冕趁著朝廷派遣的官員親自到他家前逃走了，為的是推辭作官。

2、四位奇人

黃氏指出在第五十五回裡，作者對於四位奇人的敘述雖然不比對王冕的描述來得清楚，不過卻很清楚地傳遞這四個行為色彩鮮明的奇人所反映出來的隱世思想，也讓我們多了一個管道更加瞭解王冕行為背後的意義。有一些評註者並不認為他們如道家的隱遁者，因為四位奇人並沒有將自己與世界完全地隔絕，或漫無目的地活著。這是因為以孔子思想為主的隱世哲學，正如Mote 所敘述的：「他們或許真的具有某種奇異的特質，也或許他們只是我們口中所說的退隱安居的鄉紳，想要擁有一種高尚的生活罷了。」

這四個奇人在他們追求自己悠閒自在的生活時，將一些自娛的嗜好磨練到最高的境界，如音樂、棋藝、書法和繪畫。對於孔子學派而言，先天培養這些嗜好只對那些擁有不自私想法的人有效，因為這些不僅為自己設想，也為別人設想的人會透過這些嗜好的培養遠離僅是追求功利主義的誘惑。已成就的天賦也成為了道德價值的一種指標。一個有著這種長才的人，如王冕和四位奇人，比起他們所服侍的上位者，是真正崇高、令人敬重的人物。

3、關於功名富貴的種種

黃氏認為吳敬梓的確抨擊了當代的社會機制，不過他所採用的手段並不激烈，僅是對社會的一種反應，為的是要捍衛當代孔子思想的價值。《儒林外史》不僅僅是拒絕服侍滿族王朝，它對於所有的朝廷都有著相同的概念：這些舉動處處都威脅著孔子的理想哲學。它並沒有真的提倡小人物為主要的社會階級，在小說中，經濟和社會地位並不是分辨這個人處於優勢或劣勢的基本元素；無論是貧窮或富有、有名或平凡，一個人是不是優越是看他是不是能看清這世上的一切、拒絕功名富貴；相反地，如果他與這個世界妥協，他則處於決定性的劣勢了。

吳敬梓的一舉一動與孔子的教訓一致，這些教訓再次確認了人性基本的善。吳敬梓的作品和其他西方的作品相比，最重要的差別是，故事中並沒有厭世思維。黃氏認為，吳敬梓之所以能以文學的形式來敘述實情，也是為了能透過修飾的方式使故事多彩多姿，因而可能有些過度誇張或簡化了。人並不是先天的驕傲邪惡，這樣的觀點，也可能只是偶發的。這樣的想法使得作者有更多的方式和角度來詮釋人的性格和行為。吳敬梓賦予他所創造的角色有優點、也有缺點，並且在故事中加以憐恤他們，真可以說是一個溫和的諷刺文學作家。

4、功名富貴是墮落的英雄

黃氏指出匡超人在小說中是一個負責任的兒子，相當地遵守孝道。他也相當地勤勞儉樸。他每天在雞鳴時起床到市場賣豬肉和豆漿，在傍晚回家陪伴他的父親，也絕不忘記在回家前買一些特別的食物奉養他的父親。在他的父親退休之後，他每天讀書讀到半夜，證明自己是聰明的，也有外交手段。他總是能避開那些想要侵占他們房屋的地主。當火將他們的房子燒光時，匡超人所擔心的只有他父母和他嫂嫂的安危，不過他的哥哥卻只顧著挽回自己的財產。後來，他們搬到了一間僧廟的附近，匡超人仍然如往常地繼續他的學習及生意，持續照顧著父親。倘若匡超人能夠以這樣的態度繼續生活下去，想必他與王冕一樣，都能成為我們的模範。但是，我們很快地就能看到差異，因為王冕迅速地決定逃離官職的誘惑，而匡超人開始向這些誘惑屈服，他的性格和智慧也慢慢地往下沉。他甚至失去了他的善心和正義，成為道德卑劣的圖像。道德的傾毀伴隨著愚昧，因為如毒藥般的野心摧毀了曾經前程似錦的智慧，成為悲劇。

對於匡超人完整的敘述是以科學性的實驗來呈現的，具有類似於現代自然主義的書寫技巧。作者先給予這個年輕人一個清新的形象，擁有著單純的美德，然後，在他身上添加了功名富貴的元素。雖然沒有任何直接的評斷，卻讓讀者能直接地目睹到結果。很重要的是，匡超人並不是一開始就瞭解到這些，也不是作者最終要譴責的對象。因為，匡超人唯一一個錯誤是，他缺乏了王冕所有的，可以抑制名利誘惑的覺察，使他不能繼續對他所有的單純生活感到滿足，也不能堅持他所擁有的道德觀和智慧。

5、特定的主題

在《儒林外史》中，有一個特定的道德方針。從積極面看來，小說支持隱世的價值、道德和智慧的培養和個人誠信的保持。負面地來說，他抨擊了名利和富貴，因為功名富貴直接地否定掉人類與生俱來的善性和天賦，而且難以避免。很多關於吳敬梓一生的紀錄，比方說，他的父親並沒有獲得官職、他對他父親的遵從景仰、他的親戚在考試制度中失利、他與他家鄉的人有所隔離、他早期歸隱南京的決定，還有他對於中國歷史中隱士的認同感，與他在作品裡所要表達的道德感緊密結合。若以歷史的和傳記式的方式來說明，《儒林外史》可因為作者對於生命退卻的抉擇而被視為詞藻華麗的道歉。為了避免注意力的分散，為了能幫助我們決定這個作品是否因為社會和時間的轉變而模糊了自身的意義，這些基於歷史性和傳記式的考量都是不可或缺的。

第四章　智慧：在《儒林外史》裡的劇情和技巧

1、在《儒林外史》裡的劇情情節

黃氏指出在劇情設計上，作者將模範生和劣等生並提，能夠清晰直截地透過圖像來表達諷刺作家的想法。在一開始對於王冕的描述，吳敬梓讓我們能了解為什麼要諷刺這些傻瓜笨蛋的行為。而最後以四位奇人為結束的描寫，可以提醒我們讀者再思索之前的故事和了解故事裡我們可能錯過的枝微末節。為了要使劇情結構達到嘲諷的目的，作者設計了很多高潮迭起的劇情，如世界的價值和真正的價值、高中和真正的學習、追求財富和追求高尚的美德。儘管安排了這樣的落差，雖然看起來是缺乏一致性，不過實際上卻是相當完整的。因為作者設定讀者為較高水準的讀者，作者對文章的修飾雖然能清楚地描繪道德的模糊地帶，對於智力比較低的讀者來說，也比較難以明白。

2、不均衡發展的結構

《儒林外史》的情節並沒有好好地整合，可能的因素包含內外兩部份。在外方面，如同許多傳統的中國小說，原著可能在後來有經過修改，雖然很難發現，看不出有什麼太大的差異，仍然不能忽略。在第三十七回描述泰伯儀式之後的三、四回，在形式和內容方面都比較鬆散，有較為隨意書寫的矛盾說法，並且稍微離題，這樣的情形並沒有出現在其他的章回裡。這些小失誤可能是當時吳敬梓為了之後的校正匆匆寫下的筆記。由於我們缺乏證據，我們能作的只有補註。

只要有竄改內容和修正的可能性，就不能要吳敬梓為這些情節的失誤負責。我們只能做這樣的結論：如同我們所認知的，小心謹慎的編輯有益於故事的劇情情節。另一方面，它整體性的設計和故事內容的變動以大量的嘲諷和隱諱來呈現出道德的眼光，因而我們能稱它為諷刺體小說。

無論是在中國或者是西方，《儒林外史》所具備的基本條件與諷刺體文學相似。不過，這個研究主要是針對《儒林外史》的獨立特質，有它自己獨特的諷刺風格。因此，我們要進行研究觀察作品本身獨特的諷刺技巧所呈現的道德評論。透過這些評論，中國傳統的說書人、中國傳統的史官或作家能完全地了解，並且欣賞這些技巧。

3、歷史學家的技巧

吳敬梓認為他的小說是「外史」，是因為有意識地以方言的方式編為小說，為的是要能更容易地了解和獲得樂趣。而它之所以也成為「史」的原因在於，它以傳統歷史學家的態度來呈現嚴肅的道德價值。

吳敬梓憑藉著讀者的道德感使自己的作品成為諷刺體裁的作品，這是諷刺文學典型的特色。由於這些論點都相當地清楚明顯，諷刺作家也不必特別地指明這些論點。修飾技巧的優勢不勝枚舉，不過我們能在這些作品裡讀到作者對讀者的需求。在《儒林外史》裡，道德觀念的重要性取代了以往滑稽或浪漫的傾向，其本身的技巧也從敘述者先入為主的觀點轉變為客觀的結構、從徹底詳盡的指示轉變為隱性的聯想、從公開的主張轉變為細微迂迴的思維。這些轉變的特性屬於經典的模式，與較早期的小說裡誇大的言論相比，這個模式較為強調敏銳、世故及圓滑，並不像早期的小說較能使讀者產生樂趣。

4、說書人的技巧

韓南相當重視該如何呈現這個模式，因為這個模式以對話和行為構成故

事。他也指出,說書人在早期以直言不諱、公開的方式對外表達自身的看法,是促使早期方言小說產生的始祖。爲了要培養這些傳統制式的俗套,吳敬梓也試著扮演陳述者的角色,默默地向讀者傾訴。由於在故事裡的旁白是以藏匿的姿態潛伏著,使得故事表面雖然沒有明顯的傾向,背後卻有如戰士揮舞著利刃準備出擊,卻又讓讀者自己詮釋故事所蘊含的意思。這些技術的結合使故事柔和、完整又簡潔。除此之外,也因著似是而非的詮釋使得故事裡的人物角色更能被清楚地刻畫,也展現出生氣蓬勃的景象。

5、評論的模式

當評論在歷史性敘述裡也相當普遍的同時,也就表明著,在《儒林外史》中,以評論爲內文的方式是源自於當時一般的說書人。韓南有這樣的解釋:在較早期的方言小說裡,以評論爲內文的模式通常包含「介紹性的陳述」或關於故事的前言、在旁白陳述時的解釋,以及內文中以詩或散文寫下的評論和摘要。打從故事一開始,在故事旁白因著人總是爲了追求名利、地位而冒險,而感到懊悔時,我們就可以明白,作者採用了特定的模式來編寫故事。這樣單刀直入的敘述方式有時需要透過小說裡拘謹的合夥關係、較超然的態度、直接的陳述和旁白所做的解釋共同來維繫。除了第一回和第五十五回,其他的章回都以評論式的對句作結。如「且聽下回分解」,這種以特定片語作結的方式,及詩句體現了即將要發生的事情,都是故事在末了常用的敘事方法。

6、吳敬梓諷刺小說的影響力

黃氏認爲《儒林外史》裡所具備的基本諷刺技巧有直接的修飾效果。正因爲諷刺藝術是實用的,我們更該考慮這些修飾效果所帶來的影響。

首先,客體的表象,也是對於旁白隱含的高估或低估,大大地增加了作品的立即性和可信度。《儒林外史》裡所有的角色,他們直接來到揚子江沖積平原上的城鎮,在茶坊喝茶,在飯店吃飯,在妓院飲酒作樂,以船隻和推車的方式四處移動,吃鴨、豬肉和水餃,作詩,加入家庭的爭吵,看戲等等。總而言之,他們就是過著中國當時一般人所過的平常生活。不需做任何的對比,我們就可以發現,十八世紀的中國讀者所過的生活就如這本小說一樣,相當熟悉;不需要任何跳躍性的思考,就可以將故事裡單調乏味的生活毫不困擾地設置在自身所處的時代裡。這是因爲,根據早期的評論報告,讀過《儒林外史》的人慣於警告他們的朋友不要讀這本小說,因爲如果讀了,就會覺得周遭所有與自身相關的人們,沒有任何一個人是清白的。

第二，故事裡透過具體實情的呈現，比起一般的陳述，更能夠顯現中立的優點，使讀者能針對公然的教訓作出自然的反應，而不只是聽從它所說所想的。毫無疑問地，《儒林外史》裡所具備的各項元素，使得故事能有條不紊的整合。不過，多半都是透過藝術性的勸說。為了要加強作者的訊息，使其能更具有戲劇張力，故事的旁白隱約地操縱了讀者，使作者能在故事中製造假象，卻偷偷地尋找自己想追求的。而故事最終的結論，鬼斧神工地讓讀者和作者本身意見相符。像是以下的這個結論，就是留個讀者作的：沒有任何人，尤其是旁白，未曾說過牛浦郎是一個被名利包裹著的騙子。

第三，小說裡一百零八個奇特的人物中，我們可能邂逅了許多傻瓜笨蛋，因而對他們的殘酷感到憤怒或嘲諷他們的愚昧。藉著這些人物的邂逅，讀者可能會無意識地站在作者的觀點上，接受了作者所做的道德假設。比起那些在小說裡成群結隊無止盡走下去，沒有任何意識的靈魂，作者所做的假設還能給予讀者一種自娛的優越感。即使讀者嘲諷范進在考上科舉時的誇大舉動；即使在土占者嗅著可作為墳墓的泥土，並且將泥土放在嘴裡咀嚼時，讀者正搖頭嘆氣；讀者仍舊是與作者站在同一陣線上，認為名利富貴的追求只會導致憤怒、殘酷的人性和混亂。

最後，關於這三樣影響力——立即性和可信度、探索的幻想，以及道德勸說——能夠結合為第四樣：就是自我檢測、自我警惕的影響力。因為即使讀者在故事裡經歷了許多說服人心的情境，遇到了許多自我發現者口裡所說的道德訊息，以及沉浸在超越經驗的知識和美德中所獲得的愉悅感，讀者很快地會檢測自己是否如同故事裡的角色受到周圍環境的感動、是否曾經說謊來掩飾自己，如牛浦郎所作的那樣？讀者是不是曾經假裝知道自己所不知道的一切，如張靜齋那樣？總之，讀者是否曾經追求功名富貴，損害了自身的人性和智慧？套用閑齋老人在《儒林外史》的引言所說的話，那些在書裡讀到有關傻瓜笨蛋的讀者，無論他們自身的道德觀念為何，都可以在書中找到自己的倒影。最後，我們可以這麼說，《儒林外史》造成了自我反射的影響，能使讀者去除自身的驕傲，也能使他們在阿諛奉承的同時，產生了自我困窘的心態。

第五章　寫實主義和修辭學

黃氏認為為了要檢視《儒林外史》是不是諷刺小說，這個研究提供了一個預設的答案。以諷刺體的作品敘述是有原因的，其理由很簡單：因為在所有的文學形式當中，諷刺體是最具有教誨意義、最不避諱有所修飾，也是文

學形式中最能說服讀者抵惡揚善的方式。即使我們無視於諷刺小說所具備的
道德意識，它不一定無法體現藝術的寫實主義，則我們可以做出這樣的判斷：
「文學中的教訓和藝術其實沒有區別的必要。」

　　《儒林外史》作爲一個諷刺體小說，所關注的是教導。在這個研究裡，
我們有興趣了解的是如何將藝術性的寫實主義在這樣的文學作品中展現。換
句話說，創造這個作品的目的並不是爲了探索，爲了了解寫實底下的美學思
想，主要是爲了透過說服的方式來傳達一個普世的道德價值，隨之而來的是，
作品能包含著寫實的情境，成爲一個最棒的小說藝術。

　　黃氏認爲如果我們循著西方對《儒林外史》的看法走，則問題的答案不
會是都是肯定正面的。以 Karl 爲例，他就堅持吳敬梓在故事中的敘述是有目
的性的。他認爲吳敬梓蓄意將自己的想法加諸在自己所創造的角色裡，使這
些角色充滿了作者本身內在的意識和思維。夏志清也同意，說道：「……藉著
吳敬梓對於中國小說書寫技巧的貢獻，他以少有野心的好奇去挖掘小說的最
後一道防線，並且在存有意識的世界裡持續地鋪陳……是他們的心智情形能
有完整的描寫，作者能擁有空間來描寫永恆、可見的世界，就連他敏感的個
性及隱世的思想，都能變得相當有趣。」Kral 和夏志清都想辦法在《儒林外
史》裡尋找寫實主義的影子，也就是個人內心世界的探索，最後的一道防線。
不過，他們無法找到令人滿意的解答，這是意料之中的事。因爲《儒林外史》
是以修飾爲主要的書寫方式，故事內容具備的意義是隱諱的，它傳遞了一個
普世的訊息，發現了一個並不令人感到開心的事實。另一方面，由於他們對
人物的描寫多半停留在表面，是較爲草率的判斷，因爲作者花了很多工夫來
描寫這些人物角色。

　　在故事中，我們所能察覺到的寫實主義的敘述、對於個人心智仔細的審
查，都是有其目的性，而非僅爲創造而創造。絕大部分的故事情節，作者選
擇不直接評論劇情或人物，這個手段是評論家相當尊崇的。由於中國讀者對
於直接的陳述厭倦，這是因爲展現的手法總是比口說來得有效率。因此，展
現故事的手法的關鍵之處不單單只是美學技巧，還包括修辭的活用。爲了要
透過一個具體的客體來體現傳遞的訊息，作者隱約地掌控了讀者，雖然讓讀
者在故事中自我發現，卻也讓讀者無意識地站在與作者相同的立場，認同作
者的想法。如此一來，作者像是帶著教誨的手套般來處理《儒林外史》裡關
於寫實的部分，以作者企圖教導的欲望引發動機和方向，並且讓作者的教導

更加愉悅、說服人心。

這樣帶有修飾型態的寫實主義是構成吳敬梓書寫藝術裡，最重要的特徵。這種形式的諷刺小說，由於它所針對的道德觀點是相當容易引起爭議的，因此很適合拿來嘲諷及辯論。再加上作者本身擁有探測人性心理的智力及透過寫實性的細膩刻畫傳遞他洞察人心的藝術天賦，更是加深了討論這些觀點的說服力。

當然，這些我們透過如此寫實的描寫刻畫而檢視的夢境，在另一個角度之下，相當地精練、不直接。就好像是作者不願意或不確定自己是否縈繞於某個特定的角色的心裡。在整部小說中，只有一個夢是直接陳述，並以相當清楚的細節來呈現的。這個夢是娉娘的夢，娉娘是周旋於富貴名利之間的交際花。她所做的夢成為了故事裡，修飾寫實主義中最好的例子之一，這是因為她的夢是至今評論家認為最該留意的。

這個有名的事件應證明小說中的寫實主義不僅是在故事缺乏訓誡的時候出現，假若有許多訓誨式的作品失去了藝術裡真正令人滿意的準則時，一般性的訓誡模式就可能會出現，這是創作者由於急於呈現自己的道德訓誡，而設計的故事情節。相對地，吳敬梓對於藝術擁有足夠的耐心和老練的技巧來呈現自身的道德觀，呈現出來的形式是不直接卻有智慧的，其結果對於他的訓導和藝術價值而言都是樂觀的。

第六章　吳敬梓和中國小說

黃氏提出在十八世紀的中國，在吳敬梓寫《儒林外史》時，即使方言小說已經慢慢影響受教育的階層讀者，方言小說仍因為大眾普及化的關係沒有受到太大的重視。由於文學內涵因而處處受到孔子思想的控制，文學成為了一項嚴肅、幾乎神聖的事業，擔負著未來美好的憧憬。即使當時的方言小說在旁白直截了當的道德陳述和情節本身有時是互相矛盾的，但是它也不能被認為是具有道德感的故事型態。直到《儒林外史》的出現，方言小說的基本雛型也不是注意道德的。它是以直接、不諳世故、徹底詳盡的形式，以及轟動、浪漫和滑稽的內容來引起讀者對於讀本的樂趣，並沒有給予讀者任何的壓力或要求。這會使得一般嚴肅的文人對讀本愛不釋手，這些嚴肅的讀者也因而改變了閱讀的方式，他們讀起小說來，變得很放鬆，而閱讀的理由也不單是為了受到知識的啟發，可以僅是簡單的樂趣罷了。

早在吳敬梓之前的兩個世紀，像吳承恩（1500～1582）和馮夢龍（1574

～1646）這樣高知識水準的文人運用了大量的文學造詣來編輯、彙整資料，寫下有名的小說。似乎這種類型的文學書寫，其產生的目的就是爲了要娛樂大眾的，因此，創造這些小說的文人特意地在這類型的創作中融合藝術來達到娛樂的效果。的確，在某些作品裡，輕佻的想法是可以與嚴肅融合在一起的。在馮夢龍集裡的一些故事範例，如〈吳保安棄家贖友〉或〈范巨卿雞黍死生交〉視爲同一種類型的例子。還有明代《金瓶梅》，是以某種程度來檢視在一個複雜的家庭景況底下，對於對抗和操縱的現實。不過，吳敬梓所呈現的，意義更爲深遠，而他的作品也爲傳統立下了基礎。

黃氏指出正如我們所見，吳敬梓的確跟隨著大眾小說的傳統，保留了許多制式化的特性，甚至還仿效了其中的幾個故事情節。而他所策劃的旁白在故事裡也有相當明確的娛樂價值。然而，《儒林外史》是第一部引人注意的訓誨式小說，它維繫保存了孔子思想的理想境界；爲了要讓它持續地提醒、薰陶世人，作者在內容上運用了相當細微深奧的智慧，讓讀者能受到長久的影響。吳敬梓使中國小說從民間閒聊性的話題轉變爲莊嚴的藝術，在本質上也不同於寓教於樂的藝術。也由於歷史紀錄的前車之鑑，我們也能了解，即使中國曾經因爲單單地景仰遵從孔子思想而缺乏宏觀的思維，由於吳敬梓的創新，也使得原本只是拿來娛樂的小說成爲了受人尊敬的文學作品。

此外，黃氏提到當吳敬梓在南方完成《儒林外史》的同時，曹雪芹在中國北方的首都北京的創作：《紅樓夢》則成爲了中國文學史上重要的方言小說。這樣一本經典創作累積了中國文學史上近三千年的文明，其內容包含了中國文學裡所有主要模式的範例及書寫類型。以複雜的情節構成的故事，卻包含了單一的哲學主題，爲了展現出人性存在的幻變，曹雪芹創造了一連串令人頭眼昏花的文學特性，無論將它們編排在哪一種類型中，仍稍嫌不足。在他爲《紅樓夢》所做的評論中，他在作品裡記錄了當他年輕時身穿絲綢、品嘗珍饈時圍繞在他四周的女人，那是他一生裡所擁有的欲望，最後卻讓他嘗到屢次的失敗，對一生感到羞恥及懊悔。這個作品追悼過往的回憶，回想與他相伴的那群帶著傲氣的女人們。作者透過作品提醒讀者，即使這些女子對於男人是無害的娛樂，最終卻也會陷入困境，所以需要常保清醒才好。

就是這樣的理解力使《儒林外史》和《紅樓夢》劃分開來。不過這兩個作品使十八世紀的中國小說雖然有了界線，卻也能振奮人心，使人產生自我意識；也使原本的民間文學藝術與知識份子、貴族有所結合。不過，兩個作

品也能分開來討論：它們個別地發展爲次要的傳統；《儒林外史》擔負著經典文學作品裡小範圍啓發人心的責任，而《紅樓夢》則混合了中國文學及哲學文化，擁有多角度並且較爲廣泛的思考面向。

　　《紅樓夢》雖然沿襲了先前的作品，卻也能引起了無數的想像。但是，作品本身所設定的高標準卻難以達到，次要的傳統也並沒有成長。然而，這樣次要的傳統始於十九世紀的晚清小說，具有相當高的教化意義，像是《儒林外史》，接著開始繁盛、擴散，在 1920 到 1930 年代的現代小說裡，開始出現了社會意識。近年來，這些次要的傳統穿上了馬克思主義，使得原本堅固教化和道德的本質開始搖擺不定，指責帝國主義、階級剝削及先輩所尊崇的孔子思想。

　　這些現象產生的主要原因是由於歷史演變的影響。在 1840 年代的中國，鴉片戰爭使得大規模的外國駐軍入侵中國，屢次地使中國蒙羞，還有國內的叛變及不平，直到最終的改革，中國的作家還不那麼瞭解自身文化的精彩。他們缺乏自信、對維護國家安全的危機感。在這同時，吳敬梓和曹雪芹已經對存在這樣的意識，並且融入創作中。由於先天的資質和後天的培養，使得吳敬梓寫出教育人心的小說，所具備的價值觀傳統保守，是讓人容易理解的內容。而近代的作家的作品也比較傾向教導人的目的，這是因爲這個時代所產生的壓力使文人將筆當作武器來批評社會和政治亂象，這些價值觀則是漸進式的改革。關於吳敬梓和其他作家所創造的小說，無論欲望是否控制著作品的形式，問題仍然存在，因爲名副其實的藝術成就對於故事結構的設計形成障礙。與曹雪芹的作品比較起來，吳敬梓作品的藝術價值的確受到作品隱含的教化意義而窄化了作品的視角。不過，從這個研究看來，《儒林外史》裡所含的教育意義對於作品本身的藝術來說，是如虎添翼的，而非火上澆油。若我們要瞭解吳敬梓這個人，我們也可以透過許多以他爲楷模的後進來瞭解、欣賞吳敬梓，並且經由這樣的過程，擴展我們對人性藝術創造的可能性和認同感。

十三、楊力宇：〈儒林外史〉 [註14]

　　楊氏認爲現在《儒林外史》最常使用的版本是五十五回的版本。第一回和最後一回分別爲開場白和收場白。而中間的第二至五十四回被劃分成三部

〔註14〕Yang,Winston L.Y.,Peter Li,Nathan K. Mao, "The Scholars,"in *Classical Chinese Fiction:A Guide to It`s Study and Appreciation Essays and Bibliographies*（Boston :G.K.Hall Publisher,1978）,pp. 85-93.

份。第二至第三十回是第一部份，主要描寫學者和假學者追求富貴名利的景象。第三十一至第三十七回是第二部份，描寫前往南京的一些學者，他們彼此相遇，在泰伯祠獻上豐盛的犧牲，而這個事件可說是小說最引人注目的部份。第三十七至第五十四回組成了第三部份，也是最後一部分。由於它們是以各式各樣的故事連續編寫而成的，所以看起來有些缺乏組織性，與前面兩部份比起來，在文章的編排上有些不同。一開頭的開場白和最後收尾的收場，作者描寫幾個理想典型的學者，他們具備道德和才智的特質，爲的是要與中間部份的角色有所對比。

　　楊氏提到在小說裡總共有將近兩百個人物角色。當中，有些是理想化的學者、對於世界上所追逐的不屑一顧的清廉官員，但也有騙子或僞君子，他們會以詩人或奇人的外表裝扮自己，來追求世俗的財富。仍有不少人透過科舉考試的方式來尋找財富、地位和名譽。最後，作者又以對名聲有所疑慮的角色穿插，做出巧妙的結合，如波希米亞式的學者、最後變成娼妓的妾和演員。爲了要呈現人物特色，吳敬梓使用了許多技巧，比方直接或間接的敘述、對話和描寫。尤其，他以全知全能敘述者的觀點，深刻入裡的描寫角色。兩個角色——全無用和杜少卿——他們一個是僞裝成居士的騙子，另一個是一個波希米亞式的學者。作者拿他們兩人來闡釋自身老練的個性。這些角色的建立，我們可以由此窺探出吳敬梓多變的形象。

　　這些以上的舉例說明了吳敬梓在藝術上驚人的特質。由於他的老練，他以相當的深度刻劃出一連串繁複的角色，而不單只是單方面的好或壞而已。從這些角色的呈現中，他也揭露出自己的樣子。他擁有許多不同的觀點，而他也讓他的讀者能建立自己的觀點、自己心目中的角色。人們必認同 Oldrich Kral 這個說法：《儒林外史》與中國先前的敘述性小說比較起來，不同之處是故事角色的刻劃。比方說《三國演義》和《鏡花緣》這兩部小說，因爲內容包含了較多的戲劇化的動作，常常過度遮掩了對角色的描寫。

　　楊氏認爲許多熟悉歐洲小說結構的評論家，認爲中國傳統的方言小說的結構缺乏了整體性，尤其是論到《儒林外史》的結構時，會覺得困擾。這個插曲式的結構得歸功於作者缺乏縝密的計畫和整體在邏輯上的設計。然而在最近，林順夫在一篇論及《儒林外史》的文章裡寫道：比起那些結構縝密的西方小說，吳敬梓對作品的整合和秩序上相當地警覺。林順夫認爲東方世界有一種獨特的有機概念影響著中國小說的發展。創造有機概念的外在機制被

自然發生、自行製造的流程取代。而這些具有意義的事件構成的組織，並不
單只是一個隨意的連結而已，它與許多相關的資訊連結，形成廣大無際的網
絡。對中國傳統小說而言，小說組織的方法並非是直線、連續的事件，而是
基於內在的和諧、平衡和一致性。有人發現在大部分的中國小說裡，總是有
著一群人在複雜的事件裡彼此牽扯，因此使得一條條的故事軸線交織成一個
巨大的網絡，這與大部分情節結構緊密結合的西方小說不盡相同。這個現象
或許可以解釋為什麼在大部分的中國小說裡，我們很少發現唯有單一的人物
角色是主角，或者在故事中只有唯一的敘述主軸。總而言之，大部分的中國
小說都在尋找一個方式能夠將角色、事件和行動融洽地結合在一起。《儒林外
史》裡的每個章節，如林順夫所指，作者會輪流地描寫一個特定的角色或一
些角色。不過接著下一回，原本主要的角色可能會迅速地消失在主要的敘述
事件中，從原本的場景中完全消失，我們可以說，小說的敘述觀點是可移動
的，而非限定的。因此，當我們討論《儒林外史》外顯的插曲式結構時，可
以試著考量林順夫對此部小說的看法。

　　此外，楊氏也認為吳敬梓在書寫的成就上相當卓越。他擺脫了一般作家
使用詩歌的傳統手法，寫出了新式小說；他不使用地域性的俗語、不借用慣
用語，或者熟悉反覆的詩詞，而是透過實地的觀察，使用散文、口語、帶有
功能性的字句來描寫人、事、物。除此之外，宗教信仰和迷信的景象，如算
命和道德報應，在他的作品裡也少有出現。《儒林外史》的特色在於作者在角
色上的刻劃、諷刺的藝術成就和敘事技巧。它在中國歷史上有著相當重要的
位置，對於之後的小說發展有著深遠的影響。

十四、羅溥洛：《近代中國的異議份子──儒林外史與清代的社會批評》〔註15〕

　　本書是為了探究中國十八世紀觀察社會和知識並評論寫作的作家──吳
敬梓，他的作品《儒林外史》是中國史上最著名的小說之一。羅氏以歷史的
觀點來閱讀關於吳敬梓在小說中對社會的觀察和批評。在當中，他發現了幾
個特定的主題。因而羅氏針對這些主題來搜尋在吳敬梓前後的中國學者。研
究的結果僅是對中國晚明和初清知識與社會的評論做粗淺的分析。羅氏希望

〔註15〕Ropp,Paul Stanley,*Dissent in Early Modern China:Ju-lin wai-shih and Ch`ing
Social Criticism*（Ann Arbor The University of Michigan Press,1981）.

他所發掘的結果並不只是以歷史觀點來看吳敬梓的社會批判，也要增強近年來其他作品的影響力，燃起我們對於十九世紀前西方勢力來到中國前，中國在社會、經濟和知識變動上的關心和警覺心。

羅氏基於三個理由對《儒林外史》做了以下的詮釋：（一）對明清歷史社會的一般認知；（二）對小說文本常理上的理解閱讀，質詢各點：這個角色、事件、章節……等所象徵的意義？還有，整部作品對於中國社會和知識有什麼象徵的意涵？（三）想透過手邊可得關於《儒林外史》的二手資訊，無論是英文的、中文的或是日文的，予以比較。中國和日本的評論和評論家，也是有他們對於事物的偏見，不過由於他們與小說中的社會背景較爲類似，對羅氏來說，具有相當珍貴的參考價值，可用於概述吳敬梓的諷刺小說和明清社會評論。

本書可以分爲四個主要的部份。一是先對十七到十八世紀中國社會和文化作基本的介紹。由於小說針對的讀者群眾是一般讀者，這一章裡，由於晚明初清的社會有了轉折性的變化，與清代興起的社會評論有關。在之後的章節裡，也會作詳盡的分析。二是詳述吳敬梓的一生和其作品，說明他自己和寫作動機的來源。

第三部份是構成這本書的核心。針對《儒林外史》所作的社會評論，可以分爲三方面，概述了十七和十八世紀知識發展的背景及過程。這三方面分別爲：（一）公職服務和科舉考試；（二）中國社會男女之間不平等的爭端，以及（三）普世信仰和習俗。然而，《儒林外史》中探討的主題，不只有這三方面的社會批判，它們只是最顯著的論述中的其中三個。它們可被視爲晚明初清的社會中，評論家們批判思考的三個方向。

在第四部份中，將重溫《儒林外史》中主要的歷史詮釋，作以評論，並呈現羅氏自己的見解。羅氏依據中國社會及其思潮來透視小說內容，並拿其他在知識思潮上有所貢獻的先輩與吳敬梓比較、分析在吳敬梓眼中，摻有儒道思想的世界觀，並估算其對明清思潮的影響力及價值。最後，在結論的部份，羅氏將討論清代小說的轉變。根據清代早期社會的轉變，小說的內容大量地增加了作者個人的主觀意見。因此，本書的結尾再以起始的論點詳加說明，提供了現代中國的史家更明確重要的見解。因本書部份內容與羅氏在1974年的博士論文內容重複，以下就其他部份來作述要。

第一章 現代中國早期的社會和文化

羅氏指出中國歷史學家們認爲晚明初清的經濟就像是一個迅速的成長和

變動。中國資本主義的萌芽，在他們眼裡看來，遭受了清朝專制君主統治和西方帝國主義的打擊。不過，在西方歷史學家和經濟學者卻強調中國經濟的發展是受到了國家內部的阻撓。

羅氏提到透過科舉制度來徵招朝廷官員，是從唐代起就有的制度，不過明代之前，考試制度仍摻雜著世襲制、薦舉、和一些特殊的專業考試。隨著帝國主義的擴張和貴族世襲制的衰微，使得明代以後，科舉制度變得較為公正客觀，也就是說主要採取筆試的成績。滿族的統治者使明代的考試制度延續，並且抑制了漢民族參政的比率。由於社會繁榮、人口成長、印刷技術的進步、及識字率的增進，在明清兩代時，參與考試的人數戲劇性地激增，使得競爭力上升。為了避免主考官對考生的可能偏頗，考官們必須以客觀的資料來評分，比方記憶力、一般的文學能力，像是寫詩及散文。明清兩代的君王為了掌權，因此他們小心謹慎地處理考試的內容和寫作形式，規定考生要以八股文寫作。

科舉制度在文學上成為了一項相當重要的融合力量，它使得中國的精英份子對中國社會都負有一種使命感，並且對於朝廷君王有著忠誠度。這個制度在許多方面試著要以非官方的裙帶關係運作，統合中國的精英們。並使得朝廷的各個機關能有通暢的運作，並且使朝廷和各個機關的主要負責人，或者是地方上的富貴人家之間能維繫良好的關係。考上的考生與為他們監考的考官之間自動地組成了長遠的師生關係。這些個人性的關係在在滋潤了朝廷的運作，使得每一位成功的考生在朝廷官員和遍佈帝國的中國菁英之間產生了複雜、相互交織的網狀組織。

羅氏認為鑒於清代前期長時間的菁英文化的薰陶及十九至二十世紀社會的遽變，清代前期的菁英文化成為了中國傳統文化最繁榮的末代文化。這個時代的和平和繁榮可能也讓當代的古物研究、書籍和藝術品的收集和古物鑑賞家的數量比其他的年代多了許多。清代前期的學者們擁有了除了自身職業之外的生活理想。他們描寫了一個氣質出眾、優雅精鍊的士紳。他寫詩作畫、閱讀古今中外及宋代的哲學思想、對於經典書寫涉及了許多的領域，並且以高度的智慧和聰慧的書寫內容娛樂他的朋友們；他涉足許多經典文學的題材及世俗中的日常生活來書寫，產生了許多經典的暗示和感動。在清代前期，中國文化是高度發展的，歷史的長度寬度值得讓人花一生的年日來了解。這個理想人物需要足夠的娛樂時間、對於中國的過往也能夠完全的融入、並且拒絕專於任一知識或藝術的領域。

在繪畫上使用保守主義受到了滿族統治者的強力支持，是因為他們希望能夠證明自身對於中國傳統文化的忠誠。大部分的中國人對朝廷這般的鼓勵是積極的反應，可能是因為若不這麼做的話，可能就會遭遇危險，不過更有可能的原因是因為人民真誠地效忠、甚至熱愛他們的藝術傳統。滿族人所定的規矩助長中國文化的保守主義，在積極和消極上都有其發展的方向：滿族人承認中國傳統文化，因此也禁止任何人對傳統的抨擊。而且事實上，滿族其異族的血緣，很自然地接受大部分中國的畫家。經由他們對於自身的文化認同，他們也再一次地確認中國傳統文化。

羅氏提出當滿族的征伐消逝於歷史之中，許多的壓力和矛盾的情緒子然而生，不過新的歷史也正在產生。在十八世紀早期，人口的成長及印刷技術的擴張，使得科舉考試的競爭力提高。雖然滿清王朝的當政者為了擴大自己的勢力，窄化大部分孔子學派的官員的權利，他們仍寄望著一些天賦出眾的官員們，能使他們擁有在政治上絕對的影響力，維繫在社會裡顯著的聲望。這些趨勢使得大部分的中國學者對於科舉考試的矛盾心理日漸加增。因為科舉考試的成功與知識份子自我滿足、增進自我的欲望互相衝突。除此之外，科舉考試的準備過程是無趣乏味的，只是一連串不斷模擬的工作罷了。成功的人會因為競爭的難度提高而感到特別的開心，那些失敗的人則會不斷地沉淪頹廢下去，為了避免追求成功中會遇及的失敗，就會放棄掙扎，或改為嘲諷那些遵從傳統人生路線的人，雖然他們成功了，但所擁有的也只是低下的心志。後者人物所擁有的特性在吳敬梓的生命和作品中扮演了相當重要的部份。

此外，羅氏提到在清代早期，傳統的菁英份子對於女性的地位與現今也不太相同。女性並不允許公開在路上走路，也不能與男性走在一起。不過，逐漸地，社會上卻越來越鼓勵寡婦維持貞潔或隨夫殉節。即使中國早期出現了有一些關於性別書籍的介紹，提到對於女性性慾的開放，不過，在清朝時卻也受到了當時社會的禁止和壓迫。在清朝早期，我們可以看見中國學術界總是緊縮、膽怯的。隨著菁英份子的融合、倫理和形而上的哲學的式微，和文本閱讀、編輯刊物的增加、倫理道德的嚴謹和對外界事物的冷漠態度，杜維明認為這是十八世紀的精英份子產生的明確現象，稱為「象徵性資源的窄化」。由於吳敬梓的小說中，有一部分的敘述對於這社會現象作出負面的回應。因此，有此必要清楚地以中國保守學院風氣，來呈現中國早期的菁英文化。

接著，羅氏提到了中國南方的中心—南京，是清代的商業聚集地之一，

因此興起了不少繁榮的城市，包括杭州、蘇州和揚州，成為了文化活動推行的中心。在這些地方，常有戲劇團隊跟著商人四處旅行表演，當他們在不同的地方遇到不同的群眾時，就會想出新的戲碼表演給觀眾看。清代戲劇的表演型態和觀眾相當的多元。有劇情較短，並以木偶和皮偶為主，在市集廣場的公開場合表演給路過的人們看。也有較長較受歡迎的戲碼，這些戲碼主要是針對歷史和宗教方面的主題，他們主要在都市的劇院、當地節慶及市集或者是較大的商船上表演給民眾欣賞。

如戲劇，小說在中國出現的年代久遠，早於清代。它的閱讀群眾廣布社會各個階層。有名的道德寓言的發源處是佛教故事，主要用意是為了說明並且使佛教的教條廣傳。在宋代時，小故事成了一種主要的藝術形態。由說書人在市集裡四處誦讀這些記錄在書上的寓言故事。這些故事的設計，主要是希望能贏得聽眾的打賞。由於故事中充滿了懸疑的劇情，使得說書人能在劇情高潮迭起時停滯。說書人會趁這個時候索取聽者的打賞，然後再依聽者的要求說出故事的結論。中國的歷史敘事，比其任何的文明來說，可能有較長的傳統文化，也激勵了小說式的歷史。這種形式的歷史敘述會以口語和寫作方式互相修飾，內容包括了帝王、戰爭和陰謀，說明道德主題，並且提供平民百姓中國建國初步發展的情形。小說也常以高知識的學者寫出，他們會用經典的國語寫作，為了是要能使自己和朋友擁有較高水準的娛樂。不過，大體而言，在當時小說並不是一種受人尊敬的藝術，尤其是孔子學派的學者對小說的評價並不太好。這些學者認為小說對社會可能會有不道德的影響力，會擾亂人們的熱情，也會將冒險者或海盜的形象過度浪漫化。

第六章 以歷史觀點看《儒林外史》：故事詮釋和細節的問題

羅氏認為胡適似乎低估了清代科舉考試對於學者和朝廷的影響力。八股文不只是無害的文學消遣，它是君王為確保社會的安定，用來操控人民的手段。它使得文人學者疲於奔命在一些不具威脅性的事務上，並且協助君王抵制非正統思想的發展。事實上，八股文的特殊用途常被評論家們抨擊，因為它的誕生是為了要掩飾清朝君主專政、惡意中傷吳敬梓的惡行。胡適認為，八股文是清代知識發展上的一個錯誤的方向，馬克思主義者對於朝廷將八股文作為操縱社會及政治思想的手段相當地敏感。即使胡適對於八股文隱含的負面目的並沒有被證實，不過他們針對八股文對於社會的影響的確作出了很好的解釋及觀察。

　　根據這些馬克思主義者，吳敬梓揭露了封建社會邪惡的一面，包括了科舉考試制度、廣泛的官方腐敗、封建道德的蕩然無存、社會各個階級的人所存在的羞恥心、及一般人所遭遇的痛苦等等。吳敬梓認為，封建制度的限制包含：（一）頌揚古老相傳的美德，如忠誠、孝道、貞潔和正義。（二）對於人格的敘述並沒有清楚的階級劃分。（三）無法在無條件之下禁止男人納妾。最重要的是，（四）無法真正了解無產階級的潛在力量。吳敬梓淡描了人物的階級劃分，儘管這項舉動為部分馬克思主義者所承認，不過他們譴責那些只針對人道主義思想作出見解的評論者，因為這些想法忽視了階級競爭的重要性。吳敬梓對於世界的觀點是一種反動式的思維。這樣的思維是隱而不顯的，當反動的想法加上了適當的創意手法（寫實主義），就會成為一個出眾的小說作品。

　　羅氏提出在馬克思主義者對《儒林外史》的詮釋裡，產生了許多的具威脅性的挑戰。這些挑戰來自黃宗泰和林順夫近年來的著作。這些學者認為二十世紀大部分的人對於《儒林外史》的觀點都過度地強調吳敬梓非正統的書寫，卻忽略了作者對於保守主義的本質。黃氏認為，了解《儒林外史》的關鍵在於孔子學說裡隱世主義的理想境界：小說中所有的人物角色都以首回出現的人物王冕和最後一回的四位奇人衡度。而且，每個人物（包括吳敬梓的自我形象：杜少卿）在故事中的呈現都意味著理想境界並不實際存在著。黃氏認為第三十七回的泰伯典禮是一幕相當重要的場景，因為相對於「功名富貴」，泰伯所代表的意義是「讓」的美德。這些祭祀的儀式和音樂都是為了紀念泰伯，並且保存孔子所流傳下來的美德，如「謙讓」。因為功名富貴的想法普遍地滲透人心，因此學者只有兩種選擇，一種是完全地隱世，亦或是成為讓社會腐爛的因子。黃氏認為，在吳敬梓的小說中，有種對社會的批判，是仰賴他自身的隱世思想和對追求功名富貴的譴責而驅動著的。

　　羅氏認為林順夫的評論與黃宗泰所強調的部份有些出入。他也認為吳敬梓是遵守孔子學說的保守份子。他認為，融合小說的主要原則是「禮」，或者也可引申為一種較為廣泛的儀式。吳敬梓在小說裡描寫的財富、地位和名利，就像是古時充滿儀式的理想生活一樣不切實際，因為舊時已不復存在。林順夫的研究指出，儀式的運用是為了要組織整理作品，將個別的小故事連為互有關聯性的一體，使小說的結構完整。雖然泰伯禮儀對於保存孔子思想的理想社會並沒有發揮絕對的效用，不過，林順夫基本上同意黃氏的評論，認為這些儀式背後所蘊含的理想固然保守，也提供了吳敬梓對於道德判斷的參考指標。

　　黃氏和林順夫提供了有用的制衡力量來補全這個過度純粹的看法。吳敬梓在中國傳統知識所下的工夫深厚，這是毫無疑問的。不過，重要的是要記住，由於十八世紀的中國產生了特殊的社會批判，使得多種靈感的來源因應而生。在《儒林外史》裡，作者展現了一種現代學術圈忽視已久的氛圍，就是個人主義。羅氏指出在吳敬梓的作品裡，我們可以看見個人風格隱約地在小說裡出現，他對社會的批判和世界觀也帶有道教的色彩。

　　吳敬梓和十六世紀個人主義及人道主義之間的關係，所牽涉的主題範圍較大。我們應該強調的是吳敬梓是不是也擁有著像王艮（1483～1540）和李贄（1522～1602）具備的正向特質？他也在小說裡展現出這兩個人物角色的某個關鍵的限制條件，甚至超出了他們所能達到的界限。

　　在許多方面，吳敬梓的正向思維裡，努力地想要成為像王艮那樣的好人。島田虔次認為王艮在小說裡所扮演的角色反映出吳敬梓的內心世界。他擁有絕對的主觀性，是他完美自由的基礎，也是他願意將別人從深淵中解救出來的外顯欲望。吳敬梓在小說裡描寫了王艮建立學校的過程以及發揚自我理想的成功，甚至被 de Bary 當作是一個「大動作」，不過，吳敬梓卻是簡要地帶過這一段落的敘述。

　　羅氏認為吳敬梓對於明清兩代的思潮背景的影響是，他將明代倖存下來的思想與清代台州學校裡的個人主義和人道主義合併。除此之外，還有一個重點是，吳敬梓揭露了這些趨勢式微的實情。事實上，吳敬梓正在兩個選擇中搖擺不定，一是在第十六世紀王陽明的跟隨者，他們崇尚個人思想、熱愛自由的理想境界。另一則是在十七世紀時，對於王陽明的思維顯得較謹慎嚴苛、存有道德批判的政治意識形態的評論家們。到最後，他並沒有辦法確實地了解到當中任一團體的理想境界。他擁有顧炎武熱愛閱讀研究的習性，及全心專注於揭露社會病態的心志。雖然台州學校的開發的理由是行使社會功能，並且創造一種新的正面價值觀來達到自我滿足的境界，不過吳敬梓仍阻止了其發生。但是，他也與李贄一樣地強調自我娛樂和自我滿足的重要。

　　不論這些社會評論者的界限到哪，他們所呈現的，僅是對十八世紀的中國社會現象的一種反應，並不是造成改革的潛在因素。依據他們的標準判斷，他們不能算是保守派。觀看中國傳統底下的隱士，他們展現出歸隱田園的消極心態來抵制當時他們不能接受的事物。再觀察清代的歷代君王，他們擔憂社會的動亂會影響政權的運作，因此對百姓施行了前所未見的集權專政。這

些史實說明，雖然這些評論家們對於社會風氣的改變缺乏具體的計畫，不過，他們的存在已經是夠令人驚奇的了。

羅氏提到細讀清代晚期前的思潮之後發現，在西方衝擊東方之前，中國的學者對於社會及政治議題的討論並沒有任何的缺乏。我們在第三到第五章討論當代科舉考試的舉行、對女權的壓抑、超自然現象的迷信。吳敬梓及其他許多評論家在西方思潮進入中國之後，也有了覺醒。而這些評論家缺乏的，是以有效率的行動來實踐他們的想法。這些缺乏並不是偶然的，大部分要歸咎於清代君王對於知識份子的不信任以及壓迫，這是因為有股反對勢力在知識份子之中萌芽，為要干涉朝廷政治。為此殉道者，不計其數（如東林學院出身的學生李贄和金聖嘆）。這些殉道事件提醒著知識份子，他們需要謹言慎行，因為就連小小的評論，都可能會使他們的生命遭遇危險。相對的，有許多知識份子為了保命，為了能夠獲得物質和精神上的富足，便乖乖的跟朝廷合作，失去了身為一個知識份子的職志。因此，吳敬梓和其他評論家在觀察社會之下所發現的問題仍保持原地不動，沒有什麼太大的改變。到十九世紀晚期到二十世紀晚期時，革命家才開始一步步地處理社會及政治的亂象。

第七章　《儒林外史》、中國早期現代化的社會變遷、及社會批判的興起

羅氏提出這個研究企圖要證實的是，明末清初的社會發展出一種新的社會批判價值，無論其評論的角度、張力、頻率及形式都是煥然一新的：明末時，在台州學校有一群王陽明的追隨者；明末時方言小說受到大眾的歡迎；黃宗羲抨擊帝王專政的評論；社會寫實小說《金瓶梅》的問世；蒲松齡、吳敬梓及李汝珍等作家開始撰寫以社會諷刺為主題的作品；作品《紅樓夢》令人覺得深刻的悲觀思想及散發出的美學力量；許多關於科舉考試的評論；女性之於男性的附屬關係；普世的信仰和習俗；菁英份子的勢利眼和濫用權力的現象，以上各樣趨勢的集合，使中國學術思潮往前邁進了新的一步。其中特別重要的是，相對於西方勢力的影響，這些趨勢都是獨立於它之外的。這個現象指出，社會批判的領域裡，早在十九世紀的西方帝國主義和中國王朝衰微之際，中國社會已經產生了許多關鍵性的改變。與此同等重要的是，這些發展都是現今中國在社會及學術思潮史上所要探討的主題，可謂之前兆。

在明末清初時，有一股強大的衝擊力量活躍地發酵，影響著中國女性地位的轉變。清朝前期，有許多的徵兆顯示出，在以菁英為主的孔學文化裡，

女性的地位逐漸地下滑。隨著晚明政治和社會的遽變，傳統保守的學者們亟及想要重建階級劃分的神聖性，因而也過度強調女性地位的低下。不過，社會上也產生了不一樣的聲音：學術圈內對於寡婦殉節有所爭論、吳敬梓公開贊成男女同行的自由、袁枚收女學生，出版女性詩人的作品；這些行動對於以倫理觀點和性尺度過於嚴謹的評論家和攙有虛偽成分的程朱學派而言，都是一種反對的浪潮。在俞正燮的論文裡，記錄了許多歷史的先例，諸如反對纏腳、反對納妾和寡婦殉節等，這些先例對於清代女性地位下滑的現象是極為有力的抵制手段。

羅氏提到清朝初期對於女性在社會上扮演的角色，產生了諸多的批判和衝擊。女性思潮透過了女性識字率的上昇及女性自主自由的開放，尤其對於都市娛樂圈內的女性的影響特別大。在南京、杭州、蘇州和揚州等城市，比起程朱學派保守風氣的恐怖氣氛，在社會上身分較為低下的吟唱女子和寫詩的妓女，他們被屏除在儒家傳統思想之外，對於與男性公開地相處，處之泰然。女性的戲子、街頭賣唱的女性、妓女，他們若以孔子思想來制定階級的劃分，他們被分類到社會最底下的階級，常常陪伴著仕途不如意的文人或富商吃飯喝酒。儘管這些女性在當時社會裡的地位低下，不過，比起許多以孔子為尊的女性楷模，他們獲得更多的自由和經濟獨立。但是保守風氣對於這些新的趨勢加以打壓，強調女性「無才便是德」、寡婦的守節、年輕女性的裹小腳、女性婚前的諸多限制，如結婚前不與男性會面等等的社會禮儀。對於這些保守傳統的社會風氣，小說家吳敬梓和李汝珍刻畫女性時，都以正向的形象，將她們描寫為活潑、獨立、聰慧、為自己的人生下決定的新時代女性。

羅氏認為《儒林外史》是針對當代的社會現實的描寫而完成的作品。《紅樓夢》和《浮生六記》比起《儒林外史》較有個人特色，因為它們額外地專注於一些平凡人物的生活。雖然說中國的馬克思主義者將《紅樓夢》作為攻擊封建文化思想的利器，企圖引起西方讀者的注意，不過卻失敗了。作品內部深入孔子思想，也深入了人們每日生活所專注的事物上，深刻描寫其對社會的悲觀看法。這是曹雪芹對於當代孔子思想的破滅所引發的深刻的感想，透過描寫都市裡中產階級的人們，來表達他對人生的另一種新詮釋，突顯出故事中人物角色的個人特性。在這個作品裡頭，作者熱中於個人隱私生活的詮釋、以豐富的意象和敘述詳細地刻畫出來（在《浮生六記》中也是這樣的），為中國小說的歷史寫下了一項重要的新創舉。

最後羅氏提到社會批判的風氣以及小說的興起，尤其是《儒林外史》的誕生，除了說明傳統小說秩序分裂的開始，對於即將浮出檯面的中國文化，更是一個胚胎，一個新生命的開始。吳敬梓在小說裡強調個人主義、人道主義、平權主義，在尚未革命的時候，只是微不足道的想法。但是，這些非主流的思想卻對往後重振中國思潮有著重要的影響力。吳敬梓攻擊當時迂腐的學術組織，因為他們的訴求過於不切實際；除此之外，無論是普世的宗教習俗、女性在社會上的附屬地位、不流動的社會階級內部的不公正，吳敬梓都加以抨擊，也成為未來二十世紀的中國現代化的先驅，而這些主題，也成為了未來現代化討論的主要課題。這些趨勢的形成，有相當大的部份是沿襲於西方勢力的影響。不過，即使許多的西方人認為當時的中國陷入了泥沼中，毫無競爭力，只是等待西方勢力的啟發和解放，這些趨勢在中國的開花說明了中國並不是一頭自我滿足、蒙著頭睡覺的巨人。相反地，有些中國人時時地保持清醒並努力地以自己的方式解決當時的社會問題。在其他方面，《儒林外史》和其展現的趨勢揮發了一種酵素，使中國的社會和思潮，相較於西方對十八世紀中國的眼光，充滿了生命力！

如 David Nivison 提出的看法，對抗科舉制度是一般的孔子思維底下的產物，從第九世紀的韓愈到十九世紀的康有為，就是這類的人物。不過，根據吳敬梓在小說裡的敘述，他將對孔子思想的抗議以新的方向來討論。除了舊式的孔子理想境界以外，也結合了都市文化和大眾文化的新趨勢。在新舊兩者的合作之下，吳敬梓開闢了新的文學天地，無論在文學或是政治上，他都建立了一種新式的反抗制度，也就是以社會和政治為題材的諷刺文學。相較於過往的議論形式，諷刺文學的創新使得挑戰現況的方式又向前躍進一步。在他的諷刺哲學裡，吳敬梓能夠挖掘社會深處的問題，並且將它們攤開來討論。這種形式之巧妙的運用，是過去的作家沒有使用過的。透過《儒林外史》的呈現，諷刺書寫在中國的地位因而躍到前所未見的高度，並且以一種力量持續地維持著。這種力量的來源是由於社會環境的影響，使得諷刺文學得以發生。吳敬梓對於社會的觀察及揭露的精神持續地傳承到下一個世代；他的作品對於社會持續不斷的普及和影響，無論是在內容或是形式上，都充足地證明吳敬梓和二十世紀中國的關聯性。他的影響就像是一個連鎖效應，持續地影響到後代。

十五、Bauer：《創造性的曖昧：儒林外史與湯姆・瓊斯中的諷刺描繪》〔註16〕

　　本論文爲 Bauer 的博士論文，Bauer 針對《儒林外史》與《湯姆・瓊斯》這兩部東西方諷刺文學的巨著來作探討比較。菲爾丁的小說《湯姆・瓊斯》的主角在十八世紀英格蘭的風流冒險，已成爲西方同類型小說發展的基石。此小說成功地結合偉大的流浪故事，並穿插富含古典概念的文學批判，即便兩百年後的今日，《湯姆・瓊斯》仍持有豐富的娛樂價值。

　　《湯姆・瓊斯》同時結合了愛情故事與偉大冒險，是一部能引起滿堂笑聲的幽默作品，也是一部推崇同時批判文化傳統的小說。由頭至尾，《湯姆・瓊斯》無疑是一部諷刺作品，它善於以敏銳目光檢視世界，揭露讀者和書中角色的弱點。在同期的文學史，距《湯姆・瓊斯》數千里遠的中國，也有本小說被心懷不滿的知識份子所創造，這位作者懷抱著學術成就的夢想，但他所居的社會政治結構卻似乎置於錯誤的灰堆中，這個作家是吳敬梓，他的名著就是《儒林外史》。在 1740 年間，吳敬梓運用千年來的敘事傳統，結合了角色分析和一連串鬆散的軼聞，完成了敘事小說。今日，《儒林外史》被視爲中國一流的諷刺小說。

　　《儒林外史》的社會批判非常有力，它融合辛辣的幽默感，以及對人性的理解與同情，無疑是一部完美的作品。吳敬梓的這本小說，近於他死亡日期 1754 年前完稿，後人認定之後十五年間並未出版。在相同的 1769 年，也正爲名著《湯姆・瓊斯》的作者亨利・菲爾丁的逝世十五週年紀念。此研究的主題即爲《儒林外史》和《湯姆・瓊斯》中的諷刺形象。Bauer 聚焦於單一議題——德行，探討在這些諷刺作品裡，人們如何定義品德？要如何才算是過著有德的生活？以及德行是如何被約定俗成的？

　　這項研究的本質是要進行「比較」。Bauer 的目標是比較其相似和相異處，例如兩者是如何描繪德性，以及如何闡述故事的。《湯姆・瓊斯》和《儒林外史》同時藉由處理個人與社會制度的衝突事件，來探討德性的意義。就《湯姆・瓊斯》來說，這些制度主要爲宗教、經濟、和學術。而對《儒林外史》而言，這些制度包含學術、哲學和政治。有了對制度層面的敏感度，我們可

〔註16〕 Bauer, Daniel Joseph, "*Creative Ambiguity : Satirical Portraiture in the "Ju-lin wai-shih" and "Tom Jones"*," Ph. D. dissertation（University of Wisconsion-Madsion, 1988）.

以更加理解品德是如何被雙方文本強調和抨擊。

Bauer 認為假如《湯姆‧瓊斯》和《儒林外史》的兩處世界可互相銜接，是源自他們共享的諸多諷刺性質。諷刺體裁是有趣的混雜體，它包含了幽默與攻訐，笑聲與奚落，尖銳的社會分析以及精心設計、微妙微肖的性格描繪。諷刺體裁特別適合以想像式的手法，深度關切社會廣泛的德性議題，也涵蓋了讀者的私人生活範圍。它不忘提供感性和娛樂，也譴責以及讚譽某些行為，諷刺作為一種文學藝術，以其角色可做為我們的行為表率。我們在諷刺文體中遇見的許多性格被塑造成典範，經過精心設計，具有深度的撩撥性。如非如此，這些作品的角色將喪失他們的中心靈魂。以下就本論文的四個章節來作述要。

第一章　王冕、匡超人以及杜少卿——對比人物

Bauer 認為《儒林外史》費心地將王冕擺在首章，而在結尾將我們的注意力帶回粗略勾勒、較為原始的四位奇人們。敘事者精巧的框架出《儒林外史》的前言和結尾，這是作者有意安置角色來娛樂讀者，也讓人意識到品德的重要問題。

Bauer 認為王冕受夠了公務生活。在被庶務煩擾之後，他毅然拒絕參與被中國視為正統的官僚生活，那是一般傳統禮教加諸在有才德人身上的束縛。即便他被一位仁德兼備的王儲所徵召，他退隱的決心也沒有改變，此舉也因母親的遺言而亦加堅定，很難否認王冕為了培育個人才能醞釀良久。然而，很難觀察到他的「全人」養成過程，此過程僅在虞博士和奇人們身上可見。即便王冕的品德觀念是純正且值得讚賞的，但某方面來說，他這號人物是最沒有生命力的。他的呆滯性起因於他的重要抉擇。他的人格塑像在《儒林外史》第一章的結尾處顯得凍結，甚至可以說呈石化狀態。的確，他拒絕參與公眾生活以及他的風骨，讓讀者產生了難以磨滅的印象。

最後 Bauer 認為王冕這個人，出身農村，致力於自我養成，並且秉持堅毅的決心，要捍衛個人的完整性。這些特質總體來說，都呈現了一個異常難仿製的冰冷模型。而假使品德，在生活中或文學中，是值得模仿，並且假使《儒林外史》和《湯姆‧瓊斯》的世界雙雙提供了廣泛的人格特質，可供我們來做人身以及智識上的省思。很有趣地，頗具撩撥性的事實不只在於王冕的形象中，也在虞博士和奇人們身上。

第二章　虞博士、王冕和奇人們──多重曖昧性

在本章中，藉由文中虞博士的形象，Bauer 接續《儒林外史》中對德行的探討，以不同面向解析虞博士。Bauer 繼續使用對比法來檢視王冕與虞博士的道德觀相異處。王冕的德性建立在他天生的才質、他對母親的孝順、以及他對理想的奉獻。相較之下，描繪虞博士肖像中的線條，則是勾勒出他個人的道德觀以及自身的寬容等具體行為。

此章的第二部份研究《儒林外史》中第五十五回著名的奇人。呼應當代大評論家夏志清對故事的評語，Bauer 著重在奇人們如何開啟德行問題。他的觀點在於奇人蓋寬的特異處，他不應該被歸入那些具獨立思考，謎樣的奇人行列中。

此章的第三部份也是最後一部份，著重於虞博士的德行問題，牽涉到書中第四十九回一個重要但容易被輕忽的一幕。在先前，虞博士指出一個要點：命運決定了個別知識份子對社會的貢獻。但回顧一些他具體實現德行的善舉，Bauer 質疑他的這項主張。

此章的結尾將究第四十九回中的一幕，此幕引發了關於「人造」或「真實」等兩個極端的爭議。Bauer 探討《儒林外史》在十七、十八世紀，忠實突顯出中國知識份子的真實困境。藉由與中國文本的交叉比對，第三章將會聚焦於《湯姆·瓊斯》中的人物描繪。首先，我們要先了解《湯姆·瓊斯》和《儒林外史》中一些共享的基礎。第一個有趣的基石是關於「模範」的定義，舉例來說，在《儒林外史》中所謂的「正面」模範，在《湯姆·瓊斯》中粗略地被定位為「負面」的。第二個基準是時間的運用。第三個基準是每位人物形象的獨特曖昧性，此為兩個文本的主要橋梁。《儒林外史》終究會被視為德性的研究，其「人造」（artificiality）的論述將取代真實性的探討。另一方面，《湯姆·瓊斯》則可能同樣成為「表象（appearance）論述」中的德性研究，而非關注其真實性。兩本小說都提出了一個問題：何謂有德的人？兩本小說都提供了強烈的答案，雙雙以自己的風格創造了具啟發性的曖昧模式。

關於明清社會有效率地剝削知識份子的才能，這個問題本質上是同時哲學和現實的。這個問題不同於傳統關於德智合一的道德觀。王冕和第五十五回裡的奇人們堅信如果他們獻身於公眾事務，他們將會犧牲掉他們的品德，所以他們一個個拒絕出任。虞博士願意冒這個險，但似乎只限於他的任期，他花大半輩子為追求高等職位，《儒林外史》揭露他的現實操守與他的學術成

就是分離的。

Bauer 提出假如《儒林外史》中大量描繪的官僚人員，是實際上大多數明清知識份子的典型，那麼在公家機關裡，同時追求品德和成就是有困難的。和王冕與奇人們同為重要角色，虞博士事實上是一個「特異份子」。他跨越傳統的束縛，聲明一個更高等善的價值。他成功作為一個德行的肖像人物，並非因其時代與次文化，對於執政文人的價值結構，而是恰恰是在此之外。在結尾他成為他忠心服侍的世界裡，極具諷刺的一筆。

第三章　《湯姆·瓊斯》中的對比肖像

Bauer 接續先前章節的比較方法，來討論《湯姆·瓊斯》中一些具撩撥性的諷刺形象。Bauer 著重於本章後部鄉紳歐沃西（Allworthy），以其論述與其他關鍵角色的相似與相異處。

此章的旨趣在於那對著名的搭檔：哲學家史窐爾（Square）和牧師沃肯（Thwackum）。他們的形象值得高度讚揚，因其清楚地展示了作者的功力，它不只塑造出了口耳相傳的典型和模範，也充份地發揮了對話、戲劇事件和即時環境產生的繪畫效果，這些元素並置的可能性。

此章的第一半部直接處理史窐爾和牧師沃肯兩人的故事。Bauer 在他們的形象中探討品德問題，順便談及當哲學家史窐爾躲在莫莉（Molly Seagrim's）的浴室時，被逮到的尷尬時刻。由指出一個事件，Bauer 著重於品德問題，例如《儒林外史》中第三十七回的泰伯祠大祭，和小說中的關鍵人物齊聚一堂的事件：放鷂鴣事件。

Bauer 揭露出鄉紳歐沃西，對品德議題上沉默不語的古怪行為。其中，鄉紳威斯騰以丑角的形態說出智慧之語，《湯姆·瓊斯》緊接而至的辯論是書中的輝煌時刻，它探討著品德問題，不過沒有確實地找到答案，倒是最終發現了一些非預料中的真理。

放鷂鴣事件還有隨後的辯論，有效地建構出史窐爾和牧師沃肯的形象，假使我們沒有注意到第十八回第四部份中書信體的並置，我們對小說中剩餘部份的探討將不完全。關於史窐爾和沃肯寫給鄉紳歐沃西（Allworthy）的信，信中的言論使我們對這兩個角色的道德觀有所關注。

此章後半部相對來說較為雜亂，主要是講述湯姆自己，帶著鄉紳歐沃西的冷淡經驗，去追尋德行的人間遊歷。如我們所見，湯姆代表著成長的歷程。他的德行，代表成熟的生命力，和逐漸揭露的生命價值，如同他恩人的名字

所示，是值得尊敬的。這些人物中，《湯姆・瓊斯》的讀者可見到「成爲」有德的人可能比「擁有」或「獲得」德性更爲重要。

在此章的結尾，Bauer 探討鄉紳歐沃西和虞博士這兩位有趣的模範人物，他們的人物像是煩擾的，甚至可說是令人不安的。英式鄉紳的描繪，在《湯姆・瓊斯》的結尾處，是以傳統式聚焦於聚會活動的高潮結束。所有品德的論述，最終歸結於湯姆的行爲，以其揭示出美德的眞義。分析有關鄉紳歐沃西的某一場景，其中顯現了與《儒林外史》中虞博士的相似處。在應試時，關於虞博士捉到作弊者的一景，可看出他對道德的看法。是行爲，而非辯才，說明了這個教訓。在這裡我們面臨到，《儒林外史》的世界中關於品德的爭辯。在《湯姆・瓊斯》中，鄉紳歐沃西似乎不是缺乏善意，而是缺乏洞察力。在《儒林外史》富含寓意的一幕裡，虞博士面對指控坦承他的品德和智慧是不可靠的。

第四章　諷刺理論和具啟發性的曖昧

在《近代敘事理論》（*Recent Theories of Narrative*）中，馬汀（Wallace Martin）以獵人追捕獵物爲喻，來說明追尋可行的敘事理論的過程。馬汀指出，獵人依照想要的獵物，會設計出不一樣的陷阱。假設我們想要的獵物是「嚴謹的敘事理論」，那麼我們就會發現這個過程無疑會是：以創造和使用理論的人來說，理論是揭示的、誤導的、縮減的、或者是增益的，都依據如何在第一時間想像它。

《湯姆・瓊斯》和《儒林外史》中的諷刺人物畫研究，並不著重在單一敘事理論。Bauer 所關注的點不在於重建這些小說，推測單一文學單位的意義，或爲了整合主題以及作者使用的符號，而去搜尋在文學傘翼下的意義。而是，Bauer 的目標是研究並遴選一些章節人物，來理解他們與文本的關聯。以此增加讀者對故事中一些諷刺元素的鑑賞。Bauer 希望藉由討論一些諷刺技巧，來揭示書中吳敬梓和菲爾丁所攻訐的一些目標，以此了解他們攻訐病態社會的才能，使我們意識到他們作爲諷刺小說家的貢獻。

用馬汀的說法來說，身爲評論家的 Bauer 也處於某種狩獵狀態。Bauer 的獵物就是不好理解的「諷刺」體裁。特別是故事中某些角色的人物畫如何被描繪，來達成諷刺目標。在此研究的最後部份，Bauer 進入諷刺體裁中更深沉的領域，要來處理他先前擱置的片段，以及仍需再詳加討論的部份。因爲之前的章節著重在不同作品中個人肖像的描繪，沒有足夠的空間來深入挖掘有

關諷刺的諸多理論，或是其他高度有趣的元素，例如隱身在諷刺筆法之後的人格特質，或是諷刺體裁中的「語調」問題，以及一些關於讀者如何領略諷刺效果的主張。

在這一章裡，Bauer 藉由回顧眾多諷刺理論並應用於《儒林外史》和《湯姆‧瓊斯》中的關鍵角色，重述此研究的許多要旨。他再次重申他的論點，關於十八世紀小說中的諷刺形象，通常是蓄意曖昧難明的。此處所有典範人物的模稜兩可，是具「啟發式的曖昧」，促使我們讀者提出一些嚴肅問題來探討美德的意義。

Bauer 已經在整份研究討論過，此兩本小說在描繪品德上大獲成功，作者一生的辛勞是很有價值的。但是這個目標並不容易被知識份子理解，也不易被人們所認同。比較方法學著重在一些角色上，已顯示德行問題是非常私人問題的。用制度來整治「品德」的努力是徹底諷刺的。在《湯姆‧瓊斯》中，人們設想制度能體現德性，如同哲學家史窒爾和牧師沃肯所呈現的。這本小說結尾證明只靠宗教或學術不能保證德行的成長或存留。有一個驚人的角色在《湯姆‧瓊斯》中反轉，長期被認為缺乏美德的湯姆，最後成為他扶養人鄉紳歐沃西的品德指導者。

湯姆是《湯姆‧瓊斯》中明顯的模範，但我們發覺他與《儒林外史》中的模範典型：王冕、奇人或虞博士相當不同。在《儒林外史》裡，架構出此長篇故事，開章的王冕和尾聲的奇人，是美德的極端典型。王冕拒絕被官府所用，他不願自己在他視為邪惡的官僚體制下變得腐敗。相反地，他選擇的人生是成為一個自立自學的隱士畫家。

同樣地，尾章的奇人也是嚴拒邪惡的典型。他們因為獨立，不流於傳統視考試升等為成功，而顯得貞潔。至少王太和季遐年兩人，有著令人難以接受的硬脾氣和自我中心。Bauer 懷疑作者特意要嘲諷他們的反社會行為，以及他們無能發掘生命更有創造性的一隅。

這份研究的比較本質，引領我們檢視儒者虞博士架勢十足的「啟發式曖昧」。人們如何能過有德的生活？《儒林外史》中指出人要活得有德只能避免公家職務，因為考試和政治的成就只承諾了人們的個體價值。其中，虞博士無疑規避這個主張。他奉獻他的一生在中國的皇家考試系統中。虞博士是匡超人的反例，這位仁兄緊接在虞博士之後出現，對於那些傾向為自我完整而退隱的人來說，他是位有說服力的挑戰型人物。虞博士選擇在第三十七章泰

伯祠大祭裡擔任主祭，強化了他的曖昧形象，很明顯地，他是《儒林外史》中，唯一最接近真英雄的人物。

　　Bauer 在本論文中英小說的研究，皆提供了一些觀點來對社會有所批判。兩者各自結合了一些標準手法，像是並置關鍵場景、誇大人物特質、操弄敘事時間，以及偶而出現一些明顯設計過的對白。小說也各自以精心處理作者和讀者間的距離聞名。品德成為個人的生命目標，也在此成為諷刺故事中熱衷的話題，因其富含具啟發性的曖昧感。

十六、Berry：〈儒林外史〉〔註17〕

　　本文為 Berry 對《儒林外史》的介紹。Berry 提到《儒林外史》一書大致於 1750 年完成、1768 年和 1779 年前首度出版、1803 年則以增訂版再度出版——對於科舉考試的制度是一項重大打擊，因此許多評論家對小說作了修改簡化。實際上，若以喜劇的角度來看，這部小說陳述了許多社會黑暗面，並以諷刺的口吻來書寫；除了強調公家機關內部運作的黑暗面之外，歧視女性，以及從宗教沿襲而來的迷信態度，除了無效果以外，惱人也落於俗套，是一點也不人性化的慣例。

　　Berry 認為《儒林外史》藉由考試制度來說明其死板的學習方式：死記硬背、不具議論口吻的思考方式、既定不變的書寫形式、虛偽錯誤的學習方式，更別說任人為親、貪贓枉法、偏袒不公正、不忠、卑鄙，對於家庭和公眾事務也持著難以消失的強大野心。因此，在吳敬梓的眼中，國家這些未來的領導者，他們陷入了追求進士的慾望牢籠中，完全出不來；企圖透過考試得到最高榮譽，能在朝廷裡漁翁得利，獲得名譽、地位和財富。

　　Berry 提到《儒林外史》細心地辨識兩種可指謫的「學者」。有些會為了獲得成功而犧牲道德和知識，一頭熱地往科舉考試裡栽，因為這是唯一前往仕宦的途徑。有些人則認為，這樣的考試對於他們自己是一種恥辱，因而退隱，為去追求更高尚的生活，像是寫詩、出書。但這麼做的目的，實際上卻是要誇耀自己的特色，引起大眾的眼光。這些虛偽自私的假學者，比起第一種人來說，較令吳敬梓感到不悅。他對他們的嚴屬批評喚起了我們對 Thomas

---

〔註17〕Berry,Margaret, "The Scholars,"in *The Chinese Classic Novels:An Annotated Bibliography of Chiefly English-language Studies*（New York:Garland Publishing Inc.,1988）,pp.191-213.

Carlyle（1795～1881）的記憶：對於不正當手段賺取金錢、對藝術一知半解的無知墮落的貴族，Thomas Carlyle 否定了他們天生成為社會領袖的能力。

Berry 接著提到吳敬梓運用了他的作品譴責這些不人道的慣例，比方說：納妾、寡婦再嫁、殉節的高度情操、「女子無才便是德」概念的灌輸、女性的權利次於男性，以及女性不可拋頭露面……等等。令人印象深刻的是王玉輝的故事。他那死了丈夫的女兒，後來聽從了他的鼓勵，餓死了她自己。但王玉輝最後也承認了，他確實不必因為如此而失去自己的女兒呀！

在吳敬梓的生命裡，他和他妻子的關係相當特殊。他們不僅僅是結褵，彼此相愛，對吳敬梓來說，妻子是他的摯友、諮詢者，甚至也是吳敬梓和他好友們，得到歡樂的來源。

Berry 以為吳敬梓在小說裡其中要諷刺的主題是任何不自然的迷信，尤其是令人厭煩又不健康的習俗慣例。當人們越將宗教作為約束自己的方式時，他們對於吳敬梓的說詞也越來越厭惡。他也藉此機會來譴責天象學、算命和土卦占卜，以及和鬼靈打交道等等的行為。

Berry 接著指出吳敬梓諷刺的另一個主題在小說裡以非常細微的方式呈現，讀者甚至難以注意到，不過這種詮釋的方法在說故事人之中，卻是相當有名的修飾手法。他以誇張的手法來嘲弄故事中的角色，與他同時代的文學大家曹雪芹，也是使用同樣的方式寫出大作《紅樓夢》。他們倆人以短篇小說的形式來寫成小說，因此形式符合大眾的需求，也使得讀小說的風氣在社會上漸趨盛行。

Berry 指出在孔子思潮的基礎上，許多學者眼裡所觀看的世界，是一個以人為中心的世界。透過正義、樂於學習、記憶古時美德和宇宙和諧的儀式所孕育出的人與人形成的巨大網絡，孔子思潮自我保存和自我監督的本質因而獲得實現。由於人性自我依賴的原則和仰賴人力恢復孔子理想境界的原則日益衰微，甚至被廢止時，典禮儀式的進行為它們作了重新的確認。

最後 Berry 提出許多評論家認為這個作品只是一些故事的集合，因而否認了《儒林外史》在藝術設計上的偉大成就。吳敬梓為回應這個控訴，以小說內容做為他辯護的工具，以漸近的方式一步步敞開類似情況的畫軸，發現受到權勢腐敗威脅的社會。

儘管有些說書人還留著傳統說書的形式，如故事一開頭的對偶句、故事結束時的四行詩，以及一些既定俗成的字句，《儒林外史》廢止了這些處於過

渡時期的歌謠和詩句，因為它們迥異於先前的小說。據推測，《儒林外史》大概是第一部以全知全能的敘事形態撰寫的小說。作者屏除以作者自身的觀點敘述，而是以戲劇化的結構，如對話、行為，以及透過角色的說明，來揭露他們的人格特質。在語言的使用上，幾乎都是使用最口語的方言和俗話、避免產生修辭的抽離和紫色段落所造成的格格不入、以及先前由於宗教術語而強加在小說文學上的技術而造成的厭惡感。

十七、Rolston：《理論與實踐：小說批評與儒林外史的書寫》〔註18〕

本文為 Rolston 的博士論文，Rolston 在文中以十個章節來探討小說評論及《儒林外史》的書寫由於研究上的需要本文僅摘述與《儒林外史》相關的部分。

第一章是以《儒林外史》中最早版本閑齋老人的序介紹故事的主題和結構。此序提及傳統中國小說的寫法與較早寫成的小說和當代主流的評論家的詮釋相呼應，這實有相競之意味。在作者的自傳略述裡頭，作者也介紹他的個性和出生背景與他寫的小說有所關連。所以，Rolston 選擇了這本原創有五十六個章節的小說作為他研究的內容是有所考量的，也是為了觀察第二十世紀評論家所對這本小說作的詮釋。

第二章和第三章則對傳統中國小說評論有了簡要的歷史敘述，其主要著重於不同形式的詮釋對小說的影響。第一部份，內容詳細描寫最具有影響力的評論家，金聖嘆（1608～1661），及他努力研究於他萬中選一的小說作品——《水滸傳》。而他的努力給予後代學者從頭到尾始終如一的形象。第二，這些章節呈現了他所評論的如何地成為了後代評論學者的典範。

在第四章，在同為中國傳統小說的背景之下，作者對這兩本小說《水滸傳》、《儒林外史》的背景作了一個概略性的討論及比較。

在中國，小說書寫所記錄的時間和發展過程對於中國歷史的書寫具有相當程度的影響力。在第五、六章裡，Rolston 舉出一些例子並且作簡要的故事敘述：像是幾個有名的歷史著作裡所擁有的小說的一般概念、及《儒林外史》等，以凸顯其重要性，小說和故事的關係則在之後的章節裡深究。這顯示出詳盡的歷史事實刻畫成文字，卻逐漸因為早期的一些趨勢慢慢失去原意，最後成為了虛

〔註18〕Rolston, David Lee, "*Theory and Practice:Fiction Fiction Criticism and the Writing of the Ju-lin wai-shih* ," Ph.D.dissertation（University of Chicago,1988）.

實參半的局面，這情形導致小說逐漸從要求事實的文學場域中解放了。

在第七章裡，從最早小說注重情節到現在小說如《儒林外史》將重心擺在角色上的轉變，是本章主題。Rolston 致力組織及觀察這些大量在這些小說裡頭出現的人物，本章的論點在於，Rolston 認爲中國傳統小說的禮俗習慣的中心在於這些角色的道德評斷。

在第八章裡，Rolston 討論中國小說從早期小說到《儒林外史》的進化過程，是以既定的特徵爲依據，這些特徵包括：一個虛擬的說故事者爲敘事者、評論、敘述和呈現和諧地融合在一起的風格。《儒林外史》的詮釋裡些許地受到這些特徵刻畫較早期的小說裡的一些趨勢，使其影響達到頂點，並且受到小說評論家的擁護。第九章說明如何地從《儒林外史》的結構裡得到一種既定感觀的整合，而不需運用任何主要角色或主導整個故事的事件。傳統美學小說藉著文章結構的一些技巧鼓勵讀者能設計小說，使它們成爲有組織的實體。他們能理解這種有組織的實體是忽略歷史事實而存在，而不是經由長時間的洗禮形成的。這篇論文的中心主旨說明善用隱喻的吳敬梓對一般傳統閱讀中文小說的讀者和評論歷史和長篇小說的評論家的重要性。最後一章檢視這本小說是如何連結讀者和作者成爲了一種對話，而不是完全地浸淫在《儒林外史》中完整建構的角色世界中。

這篇論文是過去傳統評論家在《儒林外史》上所做的研究裡再做延展而不是以《儒林外史》爲底再做其他的研究。Rolston 並沒有認定這些評論家對於詮釋小說具有多麼值得可信賴的指標，或者，更尤甚者，他們能對於《儒林外史》的詮釋是否值得信賴。然而，這些評論家對於這個作品的評論確實在讀者如何閱讀、如何在現代化前的中國裡將小說裡的想法化爲一種概念上，可稱爲具有價值的學術參考資料。這些評論家確實地宣稱他們注意文章的結構、對故事角色的個性描述、和小說中人物所使用的語言，但這些評論資料卻大量、冗長、易激怒人。一般在中國傳統小說中看到，作者通常都是沉默的，他們確保他們的作品中甚少出現能夠一眼看出教化意義，而是透過他們所虛構的人物角色來宣告世人。不過，問題在於中國傳統小說評論家能否在不拋棄他們的評斷或重重的綁縛下，能洞察這些小說素材、善用它們，給予世人勸世良言。

1、吳敬梓：《儒林外史》的作者

吳敬梓曾是幾本傳記文學的主題，甚至在 1985 年有人拍攝一部以他在南

京的生活為背景的電視劇。因為他的小說裡有他自己的眞實故事，很多傳記作家已習慣用在他們所了解的作家人生中的一些事件來寫傳記。這個部份，Rolston 並沒有任何的意圖去呈現其他傳記作家所敘述的吳敬梓，他是要討論吳敬梓本人和他的一些個人特質相關的傳記資料，這對於 Rolston 之後對於他的作品的討論有相當大的影響。Rolston 也試圖從吳敬梓的人生在過去十年受到學術界的注意及興論思考幾個新的問題。

2、不失原意的新詮釋方法

Rolston 想要在這篇論文中達成的目標是《儒林外史》如何與明清中國傳統的小說書寫契合。在談論《儒林外史》中的任何一篇文章和傳統間的互動總是非常複雜。

小說中有些基本元素被傳送，有些則被拒絕；舊元素被限定，新的則被移植到別的地方。Rolston 的前提是在這些因素還沒被去蕪存菁之前，建立一個眞實的原創性和完成獨特的作品是困難的。

一個作者使用事先存在的書籍所建立的慣例組織有效的敘述結構，如小說，以期傳遞訊息給期待中的讀者，讓讀者能夠瞭解這個設計情節所具備的意義。基於許多不同的原因，作者已排除較直接的形式來表現自我的可能性。這項任務是否成功並無法做任何的保證，但是根據這情形之下的邏輯推論，讀者對於書中慣例的瞭解，他們的態度比起作家本身，或許較能有效地進步。即使當代作家屬於同一文化系統下的產物，成功地清楚描繪文章的細節以建構作家的書寫水平仍是一項艱鉅的任務。然而，當好幾個世紀和很多例子把我們和《儒林外史》的世界劃分開來時，這個例子其實遠超過它表面上所展現的意義。不過，即使這項任務的本質使得完全的成功被摒除在外、缺乏所需的個人特質增加了困難度，若這個一般性策略是穩當可靠的，我們或許能將這個策略加入我們對《儒林外史》的認知，並能增加我們在中國傳統小說裡一般概念的知識。

在這裡可以對傳統中國小說的類型做一些初步的評論。正如同任何其他的傳統一樣，在現代化前的中國，小說書寫的傳統離龐大堅固的組織還有一段距離。任何藝術性的問題至少有兩個解決辦法，其一解決辦法即使在一個特定的作品裡具有負面意涵，或許在其他的作品裡它反而成為好的解決之道。比方說，在同一本小說裡作者處理上百個角色的偏好反覆不斷地出現在《水滸傳》、《紅樓夢》這些中國傳統小說，而作者對於處理人物的偏好也成

爲《儒林外史》的重要特性之一。我們可以在中國歷史著作中找到一些例子的來源，比如說《史記》的任何一處，或以我們所挑選的例子中，看見它帶來了實際的結果所引出的觀點。在明朝衰微之際，有些小說家決定不跟從傳統，他們用較少量的角色創作短篇作品。這一類型的小說作品有：《好逑傳》（The Fortunate Union），它是第一本完整地翻譯成歐洲語系的小說。它在西方找到擁護者，可能是因爲它跟這個時期的歐洲小說有相似之處，而且比起其他長度較長也有較多問題的作品，它讀起來比較好消化（從西方觀點對這本小說的了解來說）。同樣地，《西遊記》和《西遊補》，它們在小說中書寫寓言的篇幅較多，沿襲傳統的強度較大。而《紅樓夢》似乎沒有任有組織性地投入在《儒林外史》的文字本身和閱讀，但是我們仍不能忽略中國在小說傳統上所作的任何一種可供理解的敘述型態。

　　在《儒林外史》中，因爲讀者慣用道德倫理評論角色的價值，作者似乎想要設計劇情，讓讀者對書中角色能有正負雙面的評判標準。負面的標準可以依據小說中的角色對於攀附權貴的程度。對於這些功名富貴絲毫沒有動心的角色，作者賦予他們一種忠誠的價值，這是正面形象的象徵，如孝道。然而，在不是以上所提到的場合裡，在眞實的情形之下，我們緊急時會因爲這些正向的想法而有了正向的行動。同樣地，不管用任何明確的模式斷定這些角色的道德標準時，這都不比讀者自己與故事中的任何一個角色比較來得重要。當有需要將自我發掘的過程戲劇化時，表達得仔細微妙變成一種需求，此時，原本比較單一情節就會變得複雜。這個過程並不需要敘事者開啓任何顯而易見的通道。鼓勵將小說內文表面及內涵的意義劃分清楚的書寫形式中，也不需要循序漸近地通往要到達的方向。批評和閱讀下的傳統歷史背景所產生的這些因素，是 Rolston 在這篇論文裡的許多地方所要提到的：我們要如何挖掘這些發展過程？

3、《儒林外史》和方言文學

　　《聊齋誌異》是一個常見的成功案例，它向方言小說借了一些發展中的產物。這個發展幫助寫作者蒲松齡（1640～1715）在文言小說裡達到藝術性的頂點。就像是生物的異體授精一般，《儒林外史》原本也應該能有像《聊齋誌異》所有的文學藝術成就。依據吳敬梓創造新思緒的概念，方言小說的書寫形式能透過他的創新注入經典散文書寫的美學特質和技巧。經典散文和唐朝小說的書寫形式的關係密切，但程晉芳評論這兩種書寫形式並不是大規模

的剽竊。「唐朝小說」是「方言小說」或「平民小說」的另一種委婉說法嗎？沒有任何方式可以解決這個名詞所遭遇的困境，並給予這個名詞一個正確的詮釋。

我們曾提過這個研究大部分所要記錄的是與《儒林外史》有關的文言資料。吳敬梓對於文學及手寫的紀錄資料的喜好並不侷限於文言文裡，這對於瞭解《水滸傳》和《儒林外史》之間的關聯性是有幫助的。

4、在《儒林外史》中類似《水滸傳》的特徵

我們將黃小田放在這個主題來引用。他是一個傳統評論學者，他曾特別強調《水滸傳》和《儒林外史》的關係。然而，他對這兩本小說的關聯性所提出的想法有點侷限。他在他所評論的《儒林外史》在第三十八——三十九回的地方放入有關《水滸傳》的參考資料。這兩個篇章所彰顯的戲劇效果與《水滸傳》的內文部分有異曲同工之妙。比方說，在第三十八回的地方，當郭孝子前往荒野時，他連兩次遇到老虎。在這之前的敘述中，我們已經知道郭孝子有些武功，但是他從老虎中脫困並不是因為他驍勇善戰，而是出於意外。小說中這個際遇的描述，郭孝子稱：「現在我受夠了。」這使我們想到《水滸傳》的第二十三回武松在景陽岡上打虎，但黃小田強調這兩本小說中描述主角遇到老虎的差異之處。黃小田在《水滸傳》裡看見武松打虎時佔上風之勢。關於首次與老虎的邂逅，黃小田說：

> 「在郭孝子與老虎相遇的這段敘述中，不管他是不是有武功，他沒有辦法打贏老虎，這成為通俗的戲劇情境。一個人跟老虎的單打獨鬥是不可能的。即使《水滸傳》花了很多的努力試圖描述這種情境，它還有很多機會突破情理之外所有的限制。」

黃小田對《儒林外史》裡與老虎對戰的情境做了類似的評論。他聲稱《儒林外史》裡也能夠放入像《水滸傳》裡頭相同的武功對戰，但是《儒林外史》選擇用較為真實的方式來敘述故事。

5、星 星

在《儒林外史》中具有與《水滸傳》相關最令人注目的參考資料發生在相當早期的《水滸傳》舊版本的第一章裡頭（有一部份的序言在金聖嘆所注的版本裡）。洪信，他以驕傲的姿態堅稱放在洞口的石柱是他挪開的，而救了裡頭一百零八條不幸的靈魂。不久之後，「一股黑色的霧氣直衝天頂然後分開，分成了上百道光束往不同的方向飛去。」在《儒林外史》裡，新科舉制

度建立的消息被王冕知道了後，他認為學者們會因而忘記諸如寫作、實踐、服務和退休隱居的傳統美德，他注意到貫索星群已經開始入侵文星（文昌）。一陣奇怪的風吹起，嚇壞了王冕和他的同伴。「有超過一百個小星星在天上，然後全都往天空東南方的角落飛去。」王冕評斷道：「天上憐憫我們，並且命令這群具有靈氣的星星降世為人來協助維持文昌君穩固傳統的風氣。但是不幸的是，我們並沒有遇見他們。」

　　在《儒林外史》裡，有很多化身為人的神，可能是文昌君或其他神所差派下凡的，透過星星殞落的異象下凡到人間，但絕不如虞育德的出生那麼地清楚明確。胡屠夫聲稱那些通過科舉考試的書生都是文昌星轉世下凡的，因為他發現范進是如何地與平凡人不同，有著如此崇高的地位。當胡屠夫的女婿真的中舉之後，鄰居們都要胡屠夫打他那瘋了的女婿，希望他可以清醒過來。胡屠夫聲明范進高中是因為他真的是天上的星宿，所以不能打。後來，他看著他這雙曾經打過范進的手，這雙手保持手心向上、不能翻轉，然後胡屠夫自言自語地說：「你真的不應該打這個從天上下凡來的星。現在神會報應我。」當然，胡屠夫實在不必在意這些無稽之信。這個例子就像是湯家六弟提到他的兩個哥哥（他們全都名落孫山），也都是從天上下凡來的星星。然而，這番陳述是我們一般人成見，這也與一般人所說的「閃亮的星星」一樣，是為了要炫耀他們的名聲，是一般常見的自負之言。齊星亭，它接近孔子廟，位於吳敬梓最鍾愛的城市「南京」附近，離他的家不遠的地方，這棟建築物在明朝末期時就矗立在這裡，這個亭子的名稱是源於這個字「星」字面上的意思。

　　在《儒林外史》裡，作者描述這些墜落的星星往同一個方向「東南方」前進。這個事件似乎與大部分主要的角色都來自中國的東南方（主要如江蘇省和浙江省）這個事實有關，而大部分故事的發生地點也集中在這裡。在《水滸傳》裡，作者形容這些星星往四面八方飛行，這部份證明了小說裡有兩個主要的地理位置：西方（陝西）和東方（山東）。在第七十一回裡，一塊寫了一排排的名字的牌匾從天空的西北方落下。在中國神話中，東南方一個重要的方位。當共工氏撞斷了支撐天與地間的柱子後，天往西北方向傾斜，而地則往東南方傾斜。在《紅樓夢》的序言也有提到這個神話。這個故事幫助《紅樓夢》發展出一般小說慣於往東南方（先是蘇州，然後南京），為了避免西北方的城市受到可能的惡勢力侵襲，人們在那個方位上建立了佛寺確保安全。

6、匯集《儒林外史》和《水滸傳》內文類似的部份

Rolston 提出一個看法是，《儒林外史》和《水滸傳》的關係密切，它們之間的關係從某個方面來說，就像是詹姆士・喬伊斯（James Joyce）所寫的《尤里西斯》（*Ulysses*）和荷馬（Homer）所寫的《奧德塞》（*Odyssey*）。T. S.艾略特認為喬伊斯初步地控制住兩個並行的不同時空，一個是古代，另一個則是現代，這是喬伊斯書寫這本小說所使用的架構。艾略特認為喬伊斯書寫小說的方式就像這樣：「喬伊斯只是控制、命令和賦與當代的荒蕪不受管理一個意義。」雖然《儒林外史》和《尤里西斯》當中，前者敘述的時間長達上百年，而後者只是僅僅一天罷了，不過，它們的相似之處在於，它們熱切地想要展現對多元社會所擁有的一個寬廣而深遠的藍圖。這兩本書使人們提出來的問題主要是作者們如何處理他們故事的素材。從兩者的表面看來，處理《尤里西斯》的手法似乎較《儒林外史》容易，因為故事裡花了大多數的時間寫 Leopold Bloom，但如果我們不曉得它與荷馬史詩的關係，我們就無法得知《尤里西斯》的故事結構。再來，荷馬史詩和《尤里西斯》的關聯性在哪？喬伊斯有將古代和現代的世界做對比嗎？或者他嘗試復原荷馬史詩的原型（強調展現書寫特色）？

Harry Levin 合理地提出這樣的看法：喬伊斯和詹姆士之間的關聯性在於他們有相似之處，可是他們又是兩條不曾相遇的平行線。當荷馬史詩的象徵裡包含了我們熟悉的文學戲碼時，相似之處暗暗地透露他們像是分離，而不是會合。強力的相互影響要在這樣的條件之下：必須要超越對比、表演理論所能詮釋的。這個條件確實造成了某種拉扯，因為在古老的過去和每一天的現在之間並沒有什麼清楚、制式的連結，以致於作者會花多一點的時間思考書中的異同處，來彌補故事裡他們認為有失軼的缺口。假如一個人確實放棄判別異同處而決定將現代和荷馬時代詮釋為單純的背景事物——這個背景扮演著混亂、變動頻繁的「現在」，仍有可供辨識的既定優勢——如此一來，這個條件儘可能在小說的一開頭適用。

為了概述《水滸傳》和《儒林外史》之間的關聯性，Rolston 認為作者以《水滸傳》最基本層面的例子為基準來幫助他自己組織不同的資料。《水滸傳》的內容包含部分清朝小說家和讀者的語彙。此外，《水滸傳》的輪廓在《儒林外史》裡扮演的角色也為讀者鋪了閱讀的道路，為了要作對比，讀者勢必要先後讀這兩本書。

7、《史記》和《儒林外史》

吳敬梓曾讀過以《史記》和《漢書》為依據的書：《史漢記》，這證實了吳敬梓他對於《史記》的內容很有興趣。在《儒林外史》的本文裡雖然並沒有任何地方引用《史記》或作者名，但是他選擇以《儒林外史》作為他小說的名稱可能是參考《史記》裡的〈儒林列傳〉。〈儒林列傳〉是史記的第 121 卷，也是第一篇集合式的自傳體。在《史記》中，〈卷三十一・吳泰伯世家第一〉是第一卷以人物為主要紀錄觀點的書卷，且吳泰伯是統合吳國各郡縣的創始者。這使得歷史人物在《儒林外史》裡有舉足輕重的象徵意涵。還有很多轉瞬消失的人物因為被記錄在《史記》裡而著名的。據 Rolston 所了解，只有一篇文章論及《史記》和《儒林外史》之間的關聯性。在那篇文章裡，《儒林外史》維繫諷刺文學的傳統，這使作者追溯《史記》裡與其有關的內容。但他也聲明《史記》使《儒林外史》在內容形式上受惠不少。吳敬梓使用標準的自傳體來書寫《儒林外史》的第一回，不過其他的章節與《史記》裡的自傳集有相似之處，這是在他挑出流亡的將領集結而成的自傳後，特別提出的看法。

8、《儒林外史》和《史記》的相似之處

在司馬遷（135～87B.C.）所著的《史記》中，有一連串相同模式的自傳體篇章，多半都是描述有關暗殺事件或流亡的將領們的史事，《儒林外史》裡也出現過類似的書寫模式。最明顯的例子是在《儒林外史》第五十五回裡，就用了類似的模式架構出四個市井小民的簡歷，而第五個人物「虞老」則依據這個形式成了文章裡的附傳。這些我們稱為短篇的自傳，多半都是一些軼聞，作者寫他們是為了單純地展現他們的人格特質，突顯出這是「生命的歷史」，而並非像《史記》裡頭將不同人的生平疊成自傳集。《儒林外史》裡的短篇自傳體，特徵在於沒有特定的始末就如在《史記》中其他地方出現在自述型自傳和〈伯夷叔齊列傳〉中的個人陳述。司馬遷認為，史官他們記錄並且保存傳遞一些值得記錄的當代人物，供後人仿效或警戒，此一舉動是身為一個史官的權責。而史官的名字也透過他們記錄的傳遞讓後人知曉。在《紅樓夢》中，敘述者透過一個會說話的石頭告訴讀者促使他寫這個故事的動機，也保留了在曹雪芹的生命裡，那些他所認識的才女們的所作所為。在《儒林外史》裡，作者並沒有詳盡地表露這個動機，不過，小說內容卻有份量相當多的自傳式書寫。後來也證實了在這本書中裡很多「正向」角色都是以作者的朋友為範本而寫成的。不過，書裡有小說家現實生活的縮影，其實也不無

道理。吳敬梓喜愛添加先輩所使用的敘述體在他的文章裡，讓人聯想到史官們也常把傳統的「剪下、貼上」的書寫形式放在他們的文章裡，比如司馬遷。擁護司馬遷的人聲稱即使《史記》的內容有部分是引用經典作品裡的句子，甚至是全部引用，不過，司馬遷能夠將引用的原句做小幅度的修剪並且以自己的觀點做完整的補述。Rolston 確信，吳敬梓也企圖在他的小說裡加入完美無誤的資料，但是，在這一方面，後人對他的評價有好有壞。

9、近看〈儒林列傳〉

〈儒林列傳〉的主要問題在於，若我們假設在帝國時期，這些遵循孔學的讀書人都適任，則在上位者要如何統管這些讀書人來管理各縣呢？在這個故事裡，上位者試圖建立一套系統來管理，可是這套系統最後失敗了，失敗的原因在於大臣們推廣的動機和在下位者對皇上批准的認知。〈儒林列傳〉和之後的文官考試制度有很強的關聯性。劉咸炘說在王朝時代挑選人才最主要的方式是考試制度，「選舉制」，是〈儒林列傳〉的變形。許多人認為這個考試制度是通往成功的階梯，這是〈儒林列傳〉裡作者要討論的其中一個重點。傳統評論學者評《儒林外史》時，主要是針對考試制度的弊端，這也是〈儒林列傳〉提出的問題。清朝學者楊紹文說〈儒林列傳〉裡的社會在這個制度下，那些飽讀經典的學者會被薦舉，但是道德品行卻不列入挑選官員的條件。除此之外，人們會想考試的原因也是因為功名利祿。即使人們建立教育機構，人們只是想要獲得如何考好試的方法，並沒有真的遵循孔學的儒者在這些機構裡指正這個考試制度的根本錯誤。公孫弘殲滅了那些對他造成威脅的人，而漢朝滅亡於沒有一位真的儒者去影響、改變社會。楊紹文做了結論：

> 當商湯建立這些典章制度時，在先前的統治者他們所建立的制度已
> 經遺失了。而當公孫弘做做遵從孔學的學者時，先前統治者的教導
> 已經遺失了。

這不是一個沒有典章制度的世界，在這個世界裡，如果沒有像《儒林外史》裡那樣對世界有正向影響力的人物的話，要如何以自身的行為去影響這個世界呢？這個評論機制不就類似於在《儒林外史》裡在第一章裡王先生所建立的新式考試機制嗎？

10、歷史和小說的互動：在《儒林外史》的政治合法性

吳敬梓的小說包含了些許對任何帝王直接地評論，最接近的例子莫過於在第五十六回裡描述萬歷王朝的呈現手法。朝廷須負起自然災害對各地造成

的危害。舉例來說，在考試中的欺騙行為，主要是在較基層引起的事件，而非在高級機構，在《金瓶梅》裡，在宮殿裡舉行的第一級考試所設的不尋常的規定，就屬於較高級的考試，監視這種考試的權責是屬乎朝廷的。再舉一個例子，在清華園裡審核女性考生的國家考試，也是朝廷管理審查的。

作者試圖在《儒林外史》裡製造了成祖和建文的衝突，傳遞了一個訊息給讀者：以其聯想明朝的忠誠主義。這麼做的理由是最細微地去處理成祖這個角色去影射雍正（1722～1735）皇帝，傳統說法認爲雍正皇帝企圖要篡位。在成祖之前的階段象徵整個明朝，之後政權轉移後的景象則象徵清朝篡位統治中國。

關注政治合法性在《儒林外史》裡似乎表露無疑。它企圖透過以下這些問題表明自己：我們眞的有權力群起造反嗎？我們要無條件忠誠嗎？不像史家朱熹或大部分單純只是說服的小說家，吳敬梓似乎並不像是透過這些故事中問題傳遞具有因果關係的政治訊息來引起讀者質疑更多的問題。

11、在《儒林外史》裡王冕的例子

一般說來，吳敬梓在內文裡使用歷史的人物作爲表達簡要的副角（像是嘉慶王和萬歷王）或是只是稍微在故事裡提到（比如說王守仁）。不過，第一章是例外。主角王冕還有其他副角（朱元璋和危素），他們在正統史書裡都是有交代背景的歷史人物。這裡有幾個自傳提到王冕的出生源於明星，而且很多關於王冕詳盡的敘述都不甚同意，尤其是有關王冕的死因（1359），還有到底王冕何時參與官職。他在世的最後幾年活在元朝內部黨派之爭裡。最初紀錄王冕的死因蒙上了重建黨派的色彩。王冕首要的自傳出自於宋濂（1310～1381）手中，他是朱元璋手下當中最出色的文諫官之一。宋濂說朱元璋頒予王冕出任中央官員的紀錄，而王冕是病死的。不確定的是，宋濂是否聲言王冕已接受了這個職位或是已經就任多年。吳敬梓主要憑據的王冕生平事蹟，但是，朱彝尊（1629～1709）卻認爲宋濂說裡，王冕的確接受了官職，因爲在他所敘述的王冕生平裡說道：

> 因爲宋濂描述王冕的生平事蹟顯現出每個人都稱王冕爲中央官員，
> 但是到底王冕什麼時候被認爲紀錄的中央官員呢？

在《儒林外史》的第一回裡，第三句到最後一句主要是修飾朱彝尊所評論的，以及宋濂在初步所刪除掉的部份。如果這些眞是將歷史人物放到小說變成中心主角的問題所在，在吳敬梓處理王冕這個角色時，他似乎想要避免

掉這些問題。基本上,他成功地重塑了王冕這個角色,以至於王冕成了本書中的主要指導的基準:孝順、獨立、學識廣博卻不賣弄、而且堅持自己的原則不熱中追求功名富貴。即使有些讀者,像張文虎,他堅持去觀察吳敬梓筆下的王冕和歷史中的王冕。即使張文虎認為吳敬梓有著因為藝術創作的緣故而做了幅度的修改,我們也應該記住即使王冕在書裡是一個很重要的角色,他的名字除了在第一章以外都沒有再出現了。而他的名字再也沒有在故事的其他地方出現過了,即使他的名字從沒離開過讀者的心中。簡而言之,似乎吳敬梓已經成功地說明他成為一個小說家的權力來重讀歷史資料,並達到他想達到的效果。

十八、柯瑋妮:〈十八世紀小說中的惡漢:菲爾丁、斯摩萊特與吳敬梓的比較觀點〉〔註19〕

　　柯氏在本文中認為惡漢形式小說在英國文學中扮演非常重要的角色,在此同時,吳敬梓的生命在同一平面的不同位置持續進行著。《儒林外史》描摹十八世紀的中國社會,記錄著豐富的社會流動,是一部令人涕泣,全觀中國社會的小說。若以菲爾丁與之比較,吳敬梓創造出來的小說人物,每個獨立的個體都代表著世界上不同類型的表徵。在他所處的社群—鄉紳階級—他挖掘出他們的習性和人格特質。觀察文本第五十五回的內容長度,吳敬梓這番敘述的野心可比西方十八世紀惡漢小說的英國小說家亨利·菲爾丁及托比爾斯·斯摩萊特他們的深度及視野。

　　吳敬梓創造了長篇寓言集,由閱讀的讀者親自來從中獲得教訓。雖然從他的視角所觀察的世界,他以漫畫式幽默的方式表現在小說裡,但他以這些人物所要說明的是現世的人對於孔孟思想的習得過於無知及泛濫:科舉考試、以菁英為準的社會習俗和態度,尤其是學者們在朝廷中的官僚慣例。以匡超人這個浪人般的人物角色為例,吳敬梓以單一一個人物的故事做為寓言,是中國清代一般現象的縮影,隱約表達了社會上道德敗壞的瀰漫。

　　吳敬梓對於書寫的精湛技術使得《儒林外史》成為一個出眾的作品,除此之外,對於歷史也有很大的貢獻。他的作品讓二十世紀西方讀者的靈魂亟

〔註19〕Crothers, Dilley Whitney, "The Picaresque in Eighteenth-Century Fiction:A Comparative View of Henry Fielding,Tobias Smollet,and Wu Ching-Tzu," *Shih Hsin University Journal*（1990）, pp.43-69.

欲抓住十八世紀中國充滿誘惑、挫折及複雜的氛圍。從這個作品中，讀者獲得清晰生動的圖像，合法或非法、正式或非正式，亦或是不同社會階層的樣態，吳敬梓都讓讀者透過文字參透。

柯氏提出《儒林外史》的結構對於小說文壇反覆構成了諸多值得討論的問題。然而，這部小說的基本元素，包含混雜的韻律、廣泛全貌描寫的人物角色、故事劇情內部的不安定，由好運和厄運循環的革命，以及中心人物「浪人」，如惡棍或流氓，都具備了成為惡漢小說的重要特性。

現代惡漢小說的形式在文藝復興時期的西班牙浮現其雛形，作品有《托梅斯的導盲犬》（*Lazarillo de Tormes*, 1554）、馬特歐・阿雷曼（Mateo Alemán）的《古斯曼・德阿爾法拉切的生平》（*Guzman de Alfarache*, 1599～1604），以及Quevedo的《布斯貢的一生事蹟》（*La Vida del Buscon,* 1626）。這些作品有一個很容易辨識出的共同公式，使它們與同一時期的文學潮流劃分開來。相較於傳統的愛情小說，西班牙的惡漢小說裡重視於細瑣事物的描摹，專注於個別人格不同的表現手法，並且提供整體社會一個寬廣的全景。惡漢小說的基本情節架構，可謂是一段長程旅行；故事中的主角面臨厄運的突擊和騙子捉弄，與不同的人事物產生連結，無止境地被阻撓而後繼續。Robert Scholes稱這種類型的文學為「惡漢模式」，無論是天真無知、還是機敏狡詐的惡棍，都視其為坐擁浪人流浪的「最濃縮」的範本。他將浪人基本上的處境定義為一個一點也不光采的主角，比我們一般人來得要差，身處在渾沌的世界裡，也不知道什麼時候會結束這趟的旅程。換言之，西班牙惡漢的軼事主要是針對卑微人的一生撰寫的，以旅程的形式來呈現，通常會以一個道德立場備受質疑的人物作為主角。

柯氏認為惡漢小說的基本結構是具有段落的劇情，情節通常不會一貫到底。就像是一個旅行，會有許多意想不到的邂逅及互相牽扯的偶發事件。在小說中，一連串雜亂無章的事件突擊這個英雄，並沒有停止過。人物角色的出現和消失並沒有任何的理由，讀者甚至會忘記了這個角色的存在。小說中的規矩沒有什麼對錯，並不會羈絆事物、角色，亦或是情節之間，而使得小說的結構整體上相當和諧。惡漢小說的情節僅僅記錄了許多片段的故事罷了，而這種情節結構易於套用及解釋《儒林外史》。

惡漢小說的基本設置最特別的是迅速的韻律行為。在《儒林外史》中非常明顯便可看出此結構，如角色的嫁娶後隨即死亡；迅速地獲得財寶，而後

又迅速地家徒四壁。這些事件發生的時間相當地短暫，其所象徵的也正是現實生活混亂的步調。這接連掃射的機關槍是《儒林外史》說明事件的特色，即便是文字語言，都可展現其端倪：段落通常以「這事就這麼發生了……」或「接著……」而惡漢小說的節奏與故事情節有密不可分的關聯性，這種特性易於觀察。比方說，Roderick Random 在青少年時期至他接近而立之年間所經歷的一切，並不可能等於一個人一生中所經歷到的。

柯氏提出司摩萊特（Tobias Smollett）的《藍登傳》（*The Adventures of Roderick Randon*）的故事節奏就好像《儒林外史》一樣，不穩定、無常。在《儒林外史》裡，匡超人的家忽然間被大火吞噬，為他不順遂的人生新增了新的困境。在《藍登傳》裡，斯摩萊特模擬了法國流浪漢小說《吉爾拜爾斯》（Gil Bias,1715）這部小說中混亂的節奏；傳中的主角 Roderick Random 就像是 Gil Bias 一樣，持續不斷地遇到了許多人物角色：Beau Jackson，Thomson，Strap 和 Bowling……等。安排這些人與主角的邂逅對於情節的發展並沒有什麼關係，這些事件的發生似乎是偶然的。Roderick 在倫敦離開了他的夥伴 Strap，在多年之後的法國再與 Strap 重逢。他向他的贊助者 Bowling 將軍在蘇格蘭道別，不過在法國又再度遇見將軍。同樣地，匡超人在西湖與馬純上道別了之後，在浙江湖州兩人再度相遇。不過這些聚會並沒有明顯的規則，都只是偶然的發生罷了。

若要做更進一步的分析，可以檢測菲爾丁的小說中所含的浪人元素，也可以拿其與吳敬梓的作品作對照。亨利‧菲爾丁（1707～1754），他的作品可謂是現代英文小說的先驅。他也期待著珍‧奧斯丁、夏綠蒂及艾蜜莉‧布朗尼能創作出許多更成熟的作品。菲爾丁形容自己的作品和其他以書信體形式寫出來的當代作品不盡相同，是一種以散文書寫的滑稽史詩。《儒林外史》也因此被歸類於此。比方說，比起同性質的幽默喜劇，菲爾丁認為他的作品有著易於了解的視角，延展性也比較強，可供包含較多的事件內容以及人物角色，《儒林外史》也是如此。因此，這兩個作品沒有被歸類為浪漫愛情喜劇，而是以菲爾丁自創的詞「滑稽史詩」，反而更為恰當。

柯氏提到菲爾丁和吳敬梓的作品中都有一種強烈的正義感。菲爾丁研讀法律幾年之後，在 1748 年，他被派任維繫西敏市的和平。在那裡，他奮力與法律執行者們對抗，因為當下的法律受到了人為的操控而腐敗，執法人貪贓枉法。在《儒林外史》的第十六到二十回中，吳敬梓概述潘三和匡超人貪贓枉法的罪行，這與吳敬梓所關心的主題相關。F. H. Duddon 為菲爾丁寫傳，詳細描寫菲

爾丁的使命：爲那些專於法律的人員開關整合的新標準。Duddon 提到，菲爾丁在他一生中簽署了許多對日後影響很大的法條和法案，比方說「廢止公開絞刑的提案」、「爲窮人提供有效率的補助案」。即使吳敬梓從來沒有正式上過法律系，讀過正統的律法，他對專業執法人員的嘲諷，說明了他對當時社會腐敗的了解及嚴厲譴責。他以性格扭曲的嚴貢生來說明當時的情形：嚴貢生雖然提倡要支持維護法律的公正，實際上卻非法沒收他人的財產，捲款潛逃。

托比爾斯・喬治・斯摩萊特（Tobias George Smollett,1721～1771）是與吳敬梓同時期並存的當代小說家，被評論者歸於惡漢小說家，斯摩萊特的生平某些部分與吳敬梓相似。在他大學畢業之後，他成爲外科手術的見習生，在他的生平編年史上，手邊總是少了錢，從未有富有的時刻，他始終未因在醫院實習的工作獲得任何的收入。1747 年，他寫了《藍登傳》（*The Adventures of Roderick Random*），是他一生中唯一延續至今的成功之光。值得提及的點是，斯摩萊特完成了《吉爾拜爾斯》（*Gil Bias*）的翻譯本。《吉爾拜爾斯》是一本來自法國的惡漢小說，在 1749 年完成，內容是關於《唐璜》（*Don Juan*）和拉伯雷（Rablais）。英文幽默小說的發展受外來文學的影響深遠，而這本小說是一例。而《吉爾拜爾斯》譯本的完成則證明了惡漢小說對斯摩萊特著作的影響力。

《藍登傳》是斯摩萊特的第一部小說，被評論家們認爲其受到薩勒日（Alain-Rene Lesage）的作品《吉爾拜爾斯》（1715）很大的影響。小說的序言與菲爾丁對於自身藝術的陳述類似，陳述斯摩萊特寫作的動機：爲要激起人民義憤填膺的情緒，對抗世界邪惡的力量。換言之，斯摩萊特寫作的目標，比起曾一度爲勁敵的菲爾丁而言，是較爲悲憤，且思考也較爲尖銳。斯摩萊特對於爭議的激情和對於社會貧窮及殘酷現實的描寫爲他帶來不少輿論的壓力。不過，他所希望的批判是能夠以激烈的諷刺手法來反諷世界的現況，這使得他與吳敬梓的風格相近。

在《儒林外史》裡，吳敬梓是如何處理惡漢主題的，從匡超人的觀點來檢視，是最佳的證明。這個角色是在小說裡故事延展性最佳的單一人物。除此之外，這個角色也的確符合小說名稱《儒林外史》，因爲匡超人正是「儒林」中的一人。吳敬梓提供了故事中的文人前往仕途的不同方式，雖然他們都受到了孔子思想的洗禮，不過其目的卻是爲了飛黃騰達。吳敬梓在小說中介紹了許多不同類型的學者，他們對於道德操守和其完整性有著不同的標準，並讓讀者自行對於小說中的人物做道德判斷。作者在其環境中設了許多雄心壯

志的年輕人容易掉入的圈套，他們爲了追求成功，而落入了科舉考試的捆綁，而匡超人就是掉入陷阱的其中一人。

柯氏認爲從作品中，吳敬梓一直維持著他身爲惡漢小說家的質地。《儒林外史》裡含有許多與惡漢小說寫作模式相同的元素，如英國十八世紀小說家托比爾斯・斯摩萊特、亨利・菲爾丁的小說。舉例來說，其小說的形成就是以十八世紀生命的廣大帆布爲背景，而裡面的主角必須透過旅行、遭遇重重疊疊的關卡。《儒林外史》也是一樣，沒有確切的規則來安排故事，以插曲式的方式安排小說情節，一層疊過一層。小說裡包含人們對經濟的不穩定感，預表著人的一生的命運伴隨著令人頭眼昏花的選擇。除此之外，小說有著快速的節奏感，象徵著不穩定及稍縱即逝之氛圍。最後，小說中的許多角色，如周進、范進和匡超人，他們都被視爲所謂的「惡漢」或者是滑稽英雄，因爲他們與社會的互動使他們原本天眞無知的性格最終卻道德淪喪了。

一般來說，惡漢小說家既關心自己諷刺的主題，也關心社會議題。雖然作者筆下十八世紀的全景是廣泛無際，他也必須添加一些虛構的元素。透過惡漢流浪的情節設置，如此一來，吳敬梓便將依開始的范進、周進，以及小說之後出現的潘三、匡超人及嚴貢生連結在一起。我們在閱讀《儒林外史》時，若也一道對菲爾丁和斯摩萊特的小說產生了解，則能擴展對於小說形式全面性的瞭解，也能夠使我們更加理解吳敬梓和其所創造的世界。

十九、Roddy：《儒林外史和在清代小說裡的文人畫像》〔註20〕

Roddy 在這篇論文中所要討論的是在清代小說《儒林外史》中，描寫當代文人在社會上的地位與知識的影響。清朝對於知識的崇拜帶來了流行，尤其是在乾隆嘉慶年間，因爲考據學派（1736～1819）的崛起，社會出現了考據檢視的風氣。他們認爲程朱理學對後來文人們有重大的影響及改變。當時特別的改變在於，強調理性思維的風氣取代了倫理或哲學思維，人們因而重新考量文人對社會的責任及利益關係，並檢視他們在社會階級中擁有的權力地位。這些現象及後續的發展與一些理論性文章相關，主要是涉及有關學術、文學創作及繪畫等相關的主題。

從理解文人而產生了新的領悟，我們發現不僅僅在《儒林外史》中尋找

〔註20〕Roddy,Stephen,"*Ru-lin wai-shih and the Representation of Literati in Qing Fiction* ," Ph.D.dissertation（University of Princeton ,1990）.

到清晰生動的圖像，也在清朝中葉的長篇小說裡找到類似的作品。在這種類型的小說裡，文人不但是諷刺的主要對象，也是烏托邦世界裡的主角，建構並修正新社會規範、成為智慧的新指標。

《儒林外史》裡諷刺手段高度地描繪及敘述，透過掌控文學藝術及八股文的考試來探究文人的弱點，尤其是後者的影響大於前者。在結構上，作品裡所呈現出來的諷刺手法給予讀者對八股文的另一種想法及態度。Roddy 認為八股文是以原本的文學作品為仿效的對象，所以我們也可以稱之為 parody（改編過的詩文）。

其他三本清代中葉的小說《野叟曝言》、《綠野仙蹤》、《鏡花緣》，內容主要是處理文人所關心的，如服務社會、自我教育和學習的題材。當社會大眾都支持孔子思維的時候，文人必須透過社會規範尋求自我滿足，文人因為身處於這樣追求名利的社會模式，使得他們本身具備的道德和政治意識衰微。而這些小說對於世人所慣於追求的俗世價值觀或成就有所批判，並以新的觀點滲入作品中來修正行為。

Roddy 認為經由證明，《儒林外史》可被視為明清小說裡，以描寫真人真事為特色的最佳典範，這是學者們長久以來一致認可的。最近，中國的評論家開始比對傳統散文書寫的類型與其特定區域的關聯性，多半稱之為地域性發展的文學。以地域為界線發展出來的文學史能夠震撼西方的讀者，這是令人驚訝的。這些地域性的小說確實也擁有著與明代編年史呼應的史實，而不只是為了避免違反當代固有的潮流而作表面工夫。然而，卻有很少的研究報告指出這些關聯性。

我們能從這本小說中看到歷史的及主題性的兩種視角，但卻不易將這兩者作為融合或平衡系統的參考值。這兩種視角由於被外在書寫的設計手法邊緣化，沒有太大的關聯性，因此不易被人所理解。我們並不需要堅持絕對的協調，但小心的檢查後，我們卻能發現某種一致性。字裡行間似乎隱藏著某種設計，將小說裡看起來似乎不相關的小故事連結起來。

Roddy 並不只是以這篇論文的視野將一個評論的慣用語轉換成受限於文化的例子，然後使其完全地契合某個完全不同的情境中。在中國的美學作品中，我們似乎可以發覺到一些模糊的對比，而成為了 Derrida 的辯論裡最基本的前提：口說勝過了書寫的文字，及關於是否享有權利的人們與其地位高低。或許對這個典範最重要的是在許多美學作品中，我們可以發現到內容到形式

的從屬關係就與「文」、「史」合併的二元論的關係相似。

　　這個範本在視覺藝術中找到另外一個例子。視覺藝術是蘊含肢體動作的架構，並且將美學研究的客體從非美學的部份中挪除。一般說來，這些範本通常哪裡都可見得，都是用來裝飾的，作品就因而完成了。不過，Derrida 指出這個範例與作品內部矛盾的結合。為了避免自己受到注視，事實上，它卻也自己補足了作品裡不足的地方。這種概念在《儒林外史》中已經呈現了相當明瞭的暗示。或許故事的內部結構有所缺乏，使得讀者難以理解構成故事的元素，因而需要特殊的分析及專注力。

　　決定敘述體架構特徵的首要條件是確認這些特徵短暫存在的元素。對於所有的敘述文來說，確認敘述文結構性的功能及敘述文的真實性最冒險的是描寫人短暫的經驗。再者，任何一個人都會期待，無論是在東方或是西方，都能夠在時間的長河中探索難以解決的矛盾和疑問。這樣的盼望會使得敘述文學的作家的影響日益增長。中國方言小說的歷史似乎表明了這個主張，使得小說在十七和十八世紀中，以深奧複雜的方式來呈現。持續發展的過程中，使時間和空間之間不連續的斷面也增加了自我覺醒的特性，在參閱了歷史性和主題性的資料之後，也使得作品擁有隱含典故的敘述。這些明顯的參考資料經過一連串的演進，使《儒林外史》的內容充滿了邏輯美學。不過，從各種角度看來，作家們一絲不苟地以歷史為主題性的故事似乎成為清代中葉小說創作一種蔓延的潮流。

　　Roddy 指出西方大部分翻譯《儒林外史》的譯者將「儒林」翻譯為 scholars、mandarins、literati，或相關的詞彙。二十世紀前看《儒林外史》的讀者，最起碼對那些沉浸在經典文學的讀者而言，「儒林」（從字面上的意思是「孕育學者之所」，「林」有茂盛之意。）跟其他的字詞比起來，所傳遞的意思較為完整。毫無疑問地，王朝的歷史幾乎包括了以「儒林傳」為題的自傳體。而這些自傳體所包含的主題通常也提及了在學術界裡使經典流傳的學者。吳敬梓選擇以《儒林外史》作為小說的名稱或許僅是為了凸顯其嘲諷的意味，因為在小說中只有少許的角色在學術界上有驚人的成就。另一方面，他也在記錄這些學者們的成就之外，也專門針對司馬遷的〈儒林列傳〉作出間接的闡述，並專注於描寫在學者和天朝之間的關係。許多的讀者認為，《史記》毫不含糊地顯示其對學者在道德上和智慧上的影響力。這些學者為了奉獻朝廷，而多方致力於經典閱讀，也顯示出吳王對其栽培的用心。《儒林外史》裡的學者形

象總是無所不用其極地想要獲得社會地位，並希望能長久地保持下去。這種形象或許也是受到了司馬遷的影響；司馬遷在《史記》裡說明國家對考試制度的支持，並對此制度明顯提出抗議，成爲了《儒林外史》的範本。在《儒林外史》裡，所描寫的人物生平也持續地以國家所贊助的政策和學術地位爲焦點。因此，故事中的任何一處都可能以較寬廣的視角描寫社會的現實面、輾轉地說明小說標題與知識份子之間的關係。

　　文人經驗成爲了清代小說最主要的題材，尤其是在乾隆和嘉慶王在位期間最盛。這些類型的小說大部分處理神話的素材，或者是尋找方法將陷入困境而沒有獲得認同的人才以模擬形式套入小說中。當作者譴責考試制度及其所產生的惡時，大部分的小說似乎再次地確認社會性、政治性、及傳統形式（如忠實）底下對承諾的重要性。除此之外，從社會的核心擴展到人爲經驗的多重面向中，每個人之間也彼此有所約束。比起其他的當代小說，我們可以體認到《儒林外史》裡頭，作者更加地窄化文人所追求的事物。考試制度和其他與之交錯縱橫的一切充斥於小說第五十五回。作者以幽默的方式描寫八股文也使讀者更容易閱讀及瞭解。這個作品尤其專注於文人獲得社會認同的經驗描寫。無論透過何種方式，讀者都能透過作者的詩作瞭解功名富貴的追求是文人獲得認同的最終目標。如閑齋老人在序言裡說的，要分辨一個人是理想主義者或是僅是自吹自擂，是不是高尚、極力追求自我的人，可以經由他們對於功名富貴的欲求來決定。雖然作者小說裡較爲積極的人物，在修飾他們的一生時，並沒有用高尚的道德教訓來證明什麼，反而用了簡單明瞭的方式：文人對科舉考試的態度來表示。爲了要瞭解小說所暗藏的諷刺意味，探索小說敘述裡文人獲得並提昇他們地位的方法，似乎是最基本的途徑。

　　Roddy 提出以小說的藝術面來考究，主要的問題是，小說中對文人描述所產生的諷刺強度，並不如故事結構本身的因果關係來得強。小說的呈現在某一平面上與明代的興衰呼應著。小說的開頭和結束都指向明代的科舉考試，分別透過了人物王冕和旁白，成爲了我們認識文人爲何墮落的來源。不過，即使小說主要是提供了許多例子，讓人們了解，有許多的人爲了追求名利富貴，最後卻身敗名裂。這種結局是可以預想得到的，不過作者在作品內並沒有非常露骨地說明他寫作的用意。所以，有些讀者讀完了也仍舊感覺不到作者所要呈現的主題。爲了要了解文人如何透過科舉考試失去了他們對道德與知識的崇高，我們必須要先分析小說的結構內部的組織，也就是要解開作品

形式背後隱藏的秘密。一旦我們已經決定了作品結構所呈現的諷刺主題，我們也能接著更明確地討論作者在最後一回裡說明了文人的弱點就是在於他們極力追求社會的權勢地位。

二十、Rolston：〈儒林外史的臥閑草堂刻本〉〔註21〕

Rolston 認爲 1803 年臥閑草堂刻本是《儒林外史》現存最早刻本。不像《紅樓夢》，該小說日後出版的現存手抄本，事實上是已校正後的刻本，此一刻本的序言在 1736 年有一位署名閑齋老人所寫。這部小說的此一刻本共有五十六章，但其中有六章的評論是未署名，其評論內容爲一句或二句到數個段落不等。此一刻本是未加句讀的，標點之類大都是由評論者所自行添加，對讀者而言，由某些角色在字裡行間不著痕跡的評論，在文章內容有多種涵義時，可視爲由完整句子形成的某些篇章。

Rolston 認爲 1736 年由閑齋老人所寫的序言仍是個問題，雖然只有極少數的證據支持此一說法，但一般認爲 1736 年是小說發展最好但不是最早的時期，該小說最早的介紹是雜亂無章的，實質上小說的完成工作是到 1749 年才完成。1736 年對作者吳敬梓來說是一個分水嶺，早些年他被推荐參加八股文考試，此試驗是爲了讓皇帝選出人才而設計的，但往往有天份的人考不上八股文取士。就像 1736 年，吳敬梓好不容易到京城應試，卻因爲生病而無法參加，從那時開始他似乎放棄爲民喉舌與爲官的興致。多數學者對於此本小說主體產生的時間發出質疑，他們認爲作者的成長和人生觀的改變需要時間，並且從吳敬梓小說創作的模式來看，有太多插曲是不可能在 1736 年發生的。

序是一種感知作品的片段，它是一般小說架構及主題簡略的概要，屬於本國全文（full-length）小說的傳統設計，而吳敬梓的序是傾向讓人去思考。作者故意將某些事例的日期往前追溯以避開政治上的反響，但似乎少了有力的證據支持這樣的一種推測。

關於前一章的評論，在第三十回的最後提及作品是在 1785 年出版的事實被確定取代爲 1782 的評論，是因爲吳敬梓曾經看過全書的風貌。評論家觀察序與章節評論的內容間找到相似的口氣及形態，進而推測二者均出自同一人

〔註21〕 Rolston,David Lee, "The Wo-hsien ts`ao-t`ang Commentary on the Ju-lin wai-shih（The Scholars）," in *How to Read Chinese Novel*（Princeton University Press,1990）,pp.244-294

之手，但也有某些學家認為吳敬梓作序而書中的評論由好友所寫，在缺乏齊一水準不同章節的評論長度及某些章節的缺漏，讓編者金聖嘆很混亂。金聖嘆是 1874 版本編輯者，他不僅將缺漏的六篇章節補齊，也將他覺得太簡短的評論重新潤飾，並非所有額外加入的評論都會被翻譯在下方。

　　《儒林外史》最早被注意到的是五十五回的版本。程晉芳大部分的影響來自於吳敬梓的傳記，有爭議的部份是 55 這個大約的數字被程晉芳拿來使用，而其他的作者抄襲他。大家都知道此本小說早期的刻本是五十六回（除了清賢堂的六十回版本之外）。

　　金和和吳敬梓的後幾代有婚姻關係，他也和吳敬梓的好友金兆燕有親戚關係。金和當官的時候（1772～1779）發現只有是揚州原刻是五十五回，因此他主張《儒林外史》的第一本刻本是金兆燕出版的。雖然在他著手於這些想法時，書後的跋有幾個事實上的錯誤，也完全缺乏確切的證據（這幾乎完全依據他母親的證辭，而且是在小說最早的現行本發行後超過 55 年才第一次被記下，而吳敬梓也死了百年了）這一世紀的編者還是依照他的建議，將第 56 回刪除，並將第 56 回最後的抒情詩移到第 55 回的最後。諷刺的是，現在的金和的證詞遠比由印行者印在書後根據他要求沒有任何變動的跋還來得可信。在大刀闊斧地調整主體刪除的步驟前，似乎必須產生更多的證據。這種想法當然是個最新的決定，第五十六回將以附件的形式附在最新版的中國翻印小說。

　　Rolston 指出現今的目的在於臥閑草堂的評論者足夠說明第五十六回是存在的，而英文譯本暗指出，讀者以學者戴乃迭及楊憲益翻譯的小說為藍本，楊憲益沒有翻譯第五十六回，其理由為標準版本並不包含第五十六回。我們無法由已知的知識妥善地翻成英文，但是如下所附內容的概要，可當成翻譯此章節評論的注意事項，因為大量多變的章節評論大多關於附加上去章節的結果及細節，許多此類型的參考資料並未被加以注解，想知道細節的讀者，會被正文中某些特殊的章節評論吸引目光，基於這一般法則，每一回的評論反應出章節本身呈現出描述主題的層級。

二十一、Wu, Swihart De-an：《中國小說形式的演進》〔註22〕

　　這篇論文是 Wu 氏的博士論文，要對於十六世紀到現代這段期間的中國小

〔註22〕Wu, Swihart De-an, "*The Evolution of Chinese Novel Form,* " Ph.D.dissertation（University of Princeton ,1990）.

說的發展作研究。「演進」，這個字對於中國閱讀小說的讀者來說，是相當熟悉的字眼。當達爾文演化論在二十世紀早期受到中國的廣泛接受時，五四學潮一代的學者就將「演進」、「演化」看作是一種研究中國小說的方法。中國學術界受到此一演化理論的影響，也視中國小說的歷史為演化的一個過程。舉例來說，第一部寫中國小說史是魯迅的《中國小說史略》，就是受到這個影響所撰寫的書籍。在胡適和鄭振鐸對《水滸傳》所作的相關研究上，我們便可以曉得小說的行程就是一個演化的過程，這項研究的發現對於小說的發展是很重大的影響。因此，這是 Wu 氏在這一章中主要探究的主題。當五四學者使用演化理論的方式來研究中國小說的發展時，學者們有時會不自覺地運用與王朝史相近的紀錄形式來書寫小說，這是因為中國小說的發展與王朝興衰密切相關。像魯迅的《中國小說史略》就是一個例子。

　　Wu 氏認為中國小說的發展是前後相互影響的。也就是說，某種類型的小說必有其原型。為了要調查自原型變化成新樣貌的過程，Wu 氏直接針對不同小說形式的相互影響作為這篇論述的主題。再接下來的二至五章，Wu 氏將透過一連串延續性的研究來揭開中國小說形式的演化過程。在第二章，Wu 氏將針對《水滸傳》來檢視中國章回小說的形成、結構形成的原則，因為《水滸傳》的誕生為了之後章回小說的發展建立了一個好的典範。在第三章，則對十八世紀才完成的《儒林外史》裡的結構形成的原則作更進一步的檢視研究。第四章則廣泛地審視、評鑑清代晚期的小說。

　　基本上中國小說的形式從十六世紀到二十世紀早期都是以章回小說的形式出現。不過，這種形式在五四運動期間開始不符合時代潮流，而現代小說的形式則慢慢地萌芽形成中。因此，在最後一章裡，茅盾（1896～1981）對於新式中國小說的結構作論述和實驗而產生了許多新的作品，尤其是作品《子夜》。這些研究的目的是為了要了解現代小說形成的原因，以及西方和傳統章回小說之間的關聯性。「結構」常被中國傳統小說評論家作為評論的方向之一，為的是要挖掘小說中構成要素之間的關聯性。這些構成要素不能與小說內容分開，因為這些構成要素是使作品完全的重要元素。因此，「結構」可以同等於「形式」，意味著小說本身是與結構完全結合著的。

　　在本文中 Wu 氏以五個章節來探討中國小說在形式上的演進，本述要僅摘述與《儒林外史》相關的章節部分來做探討。

第三章　《儒林外史》的內外形式

1、先前已對《儒林外史》的結構做出了評論觀點

為了要了解在《儒林外史》裡獨特的融合模式，我們必須要考慮到作者當時著作的美學品味。為了這個目的，我們應該將研究重點放在其作品在美學上的成就。如評本臥閑草堂認為《儒林外史》內部結構是敘述美學的主要結構。

在臥閑草堂中相信，吳敬梓是有意識地在修整作品的輪廓，認為吳敬梓已經在下筆前便對小說作了全盤的計畫。臥閑草堂並沒有定義《儒林外史》的結構。不過，在評論中以兩個譬喻來暗示小說有一種獨特的形象：在第一個對揚子江的譬喻強調了以 Fuqian Yuan 為起點向兩方的流水剛好形成對稱的圖形，如以下這個圖。

而小說結構的設計正符合了如圖所顯示的意境：中段為故事的高潮，而前後兩部分也佔有一定的重量。第二個譬喻描述了一個階段性的過程：某人爬泰山。他從山底下啟程，然後慢慢地達到了山頂。這段比喻象徵了旁白敘述到泰伯祠之前的過程。這個比喻的使用就好比是音樂中標明漸強的音符，等到達了目的地之後，音符到達了最高、強度最強的位置，就跟爬上了山頂一樣。這個比喻也相近於第一個比喻。因此，臥閑草堂認為《儒林外史》中有著對稱的結構，使得故事的高潮不在結尾而是在故事的中間。依據臥閑草堂對於小說結構的美學研究，Wu 氏相信相對及對稱的原則對小說結構來說必定佔了很重要的地位，這是因為這兩項原則早在《詩經》和《易經》裡出現過了。

Wu 氏認為《儒林外史》的作者深受中國敘述體裁的傳統。因此敘事結構是依據集合紀傳體，就像《史記》和《水滸傳》一樣。而在下面的幾個部份，吳氏證明集合紀傳體也是《儒林外史》的基本結構。不同的是，這些角色的故事根據某種概念作有等級的劃分，使之成為對稱的結構。

2、以《史記》和《水滸傳》的結構作為《儒林外史》的範本

《水滸傳》的結構設計受到了司馬遷《史記》的影響。Wu 氏認為吳敬梓也意識到了長篇敘述文的傳統。當他以《水滸傳》為範本，延續了其結構設

計時，也同樣從《史記》中得到了一些敘述性的技巧。吳敬梓對於《史記》的熱愛可以從他對《史記》所作的研究和未完成的《史漢記》可以得知。而《儒林外史》這個名稱則是根據《史記》的第 121 章〈儒林列傳〉而成的。

連臥閑草堂，第一部《儒林外史》的評本也認為《儒林外史》和《史記》內部所使用的書寫技巧相當類似。在臥閑草堂首章中指出：「小說作者將《史記》及《漢書》中的創意技巧運用到《儒林外史》中。」評論中也多次提到《儒林外史》中的許多技巧源於《史記》。對小說第二回的評論則是：「小說裡提到的角色，如老黃、老李和老古，由於他們雀躍地談論著自己，因此他們就好像存在著一樣，不過實際上他們是不存在的。如果不能深刻地認識《史記》的書寫技巧，就無法了解這項設計。」

在第三十五回裡，臥閑草堂對莊征君事件的詳述可以比擬《史記》第七章的鴻門宴。評論在小說第三十六回裡，關於描述虞博士的傳記書寫形式。此書寫形式與《史記》的〈夏本紀〉相當類似。而在最後的評論裡，說道：這一長卷的書以一首詩來做結，這跟司馬遷收尾《史記》的方式類似。

「傳」這個字的概念最先運用到章回小說的文學評論，而最早是由評《水滸傳》的評論家金聖嘆帶入的。他將這個《史記》裡的概念運用到《水滸傳》，因此他也使用了「本傳」來評論《水滸傳》。由於金聖嘆開啟先例，之後中國傳統小說的評論家也將這些概念運用到自己的評論裡，如毛宗崗、張竹波、脂硯齋。臥閑草堂對《儒林外史》的評論在分析角色上佔有很多的分量。他也使用「傳」、「本傳」在評論中。比方說：「穿著寬鬆的長袍，戴著高帽，對著源自北方的黃河嘆氣——這就是王冕（1287～1359）傳記裡的寫照，不過卻沒有確實刻畫王冕的表情或行動。」臥閑草堂在這裡指出傳記中的王冕與《儒林外史》裡的他，前者是依據事實，後者則基於小說創作而有出入。在第二十四回，評道：「這回論道牛浦及鮑文卿的生平故事。」這個評語並不代表故事的主題更換了，而是故事結構上的轉變。

Wu 氏提到《儒林外史》中的第一回是敘述楷模人物王冕，也是整部小說中的楷模故事。臥閑草堂認為這是一個前記（prologue）。「前記」是源於金聖嘆對《水滸傳》的首回作評論時而產生的名詞。不同的是，《儒林外史》是以王冕生平作為揭開故事的序幕，這並不是源於《水滸傳》，而是源於《史記》，這是因為《史記》在〈本紀〉、〈世家〉、〈列傳〉等不同等級分類的範疇裡的首卷，都會以一個模範人物的傳記作為開始。例如，在「世家」裡，

就以「泰伯世家」作爲整部歷史的首卷（第 31 卷）。本卷的目的也是爲了介紹吳國，因爲泰伯是吳國的創始者。不過以泰伯作爲〈世家〉整部的引導人物，其意義及時間可能過於深遠了。因爲，泰伯是周王朝最長的子孫，不過，他卻拒絕登基，而到了南方的土地建立吳國。除了泰伯之外，〈世家〉內其他人物的生平不是爲了利益就是生存而陷入永無終止的掙扎中。因此，泰伯這個人物角色在〈世家〉中是一個理想的指標，是其他人物無法望其項背的。其他的如〈列傳〉中首卷——伯夷叔齊列傳（第六十一卷），還有〈本紀〉中首卷——五帝本紀（第一卷），人物介紹的前後都與泰伯世家的因素相同。這些角色他們展現了最恭謙的行爲以及不爲利益權勢所動的心。因此，我們可以推測司馬遷偏愛這些追尋先祖的人物。因此，他將這些人放在每部一開頭介紹，作爲本部的主題及架構。從以上的敘述，我們可以發現《儒林外史》的首回結構設計與《史記》相當類似。除此之外，在敘述技巧上，則與《水滸傳》有相似之處。不過比起《水滸傳》，《儒林外史》使用的敘述技巧更是高深。

3、《儒林外史》的內在和外在形式

（1）傳記形式的《儒林外史》

《儒林外史》的首章是模範學者王冕的傳記。自從傳記手法成爲基本的結構模型後，它便成了小說結構的重要元素。《儒林外史》裡每個人物的傳記都由小小的細節完成的，而每個人都與其他人之間有某種程度的關聯性，而構成了特定的社會關係。因此，我們可以說，在《儒林外史》中的每個人物生平都不是獨立的，個人自我風格的因子並不緊密，就像《史記》的人物描寫一樣。不過，吳敬梓仍然將這些截然不同的角色組織起來，成爲一個完整的故事。而《水滸傳》的敘述程序以第七十二回爲分水嶺；七十二回之前，一百零八條好漢一個一個地被聚集起來，直到第七十二回集大成；七十二回之後便不再使用傳記式書寫手法了。相反地，《儒林外史》裡集合的紀傳體並沒有被融合爲單一的敘述過程，而是將人物角色遭遇的故事按照社會階級來排列。

（2）《儒林外史》的內部形式

根據 Lukas 的說法，小說的內部形式是一個探索自我的旅程。然而，《儒林外史》的內部樣態卻不是透過描寫一個個體的旅行而構成的。小說外部集合的實體使得小說的內在與 Lukas 所論及的小說不盡相同。即使《儒林外史》

是一部集合紀傳體，不過角色與角色之間卻互相影響，並以相同的方向移動。除此之外，吳敬梓並沒有在小說裡的任何事件之間作多餘的解釋，這些事件全都是拿來顯露這些角色的人格特質。高友工認為，這些事件所扮演的角色是傳遞訊息、透露寓言背後眞正的意涵，而不是單純的行爲。因此，應該以整體的結構組織來了解這部小說，而不只是專注於特定的角色或情節。那麼要如何了解小說整體的結構組織呢？我們便需要了解中心主旨爲何。

　　小說最後的情節裡，有一部分的角色無可避免地被擊潰了。但相對地，也有一部分以追尋財富爲目標的人成功了。互爲平行線上的兩群人在整部小說中形成互補。除此之外，我們也能在這樣的結構設計中找到額外的平行線。比方說，在良好出眾的人物傳記中，也會安排一些平庸及劣等的角色，以維持故事內部的平衡。再者，平庸的角色，如馬純上和虞華軒在劣等的角色中就會明顯突出。還有一項特色是，前半出場過的角色，其後代會在後半出場。比方說，陳和甫在第七回出現過，在第十回消失了。而他的兒子以「陳和甫的兒子」出現在第五十四回。王惠在小說的第二回和第八回中扮演重要的角色，不過他的兒子郭孝子則是在第三十七回之後出現。老與少的對比的故事結構有一種承先啓後的連貫作用，並使得結構完整並且對稱。

　　透過以上的分析，我們可以看見作者是如何有層次地堆砌他的磚頭（紀傳體元素）的。這樣的排列並不是一項簡單、機械式的整理，而是臥閑草堂以揚子江的樣態爲比喻一樣。

4、置換與轉折—《儒林外史》文本結構的設計

　　Wu 氏認為《儒林外史》的作者以集合傳記體爲寫作框架，運用了許多文本設計來發揮敘事張力，整部小說的經脈之處全被連接起來。當中最重要的是「置換」和「轉折」的原則。

　　置換有兩種方法：直接和間接的轉移。若是直接的方式，作者通常讓那些退場和即將出場的角色之間存有某種特殊的關聯性。若是間接的方式，置換的方式則需要透過輔助的角色。在置換的過程之中，《儒林外史》裡的敘述是平順沒有間斷的，這項書寫技巧比起在《水滸傳》中來得優異。雖然在《水滸傳》裡也有使用這項技巧，尤其是在小說的前半部，不過敘述因爲被旁白中途間斷而顯得有些破碎。

　　《儒林外史》的作者使用了連續性的敘事元素來評論敘事質地的張力。這些元素包含了特別動機、主題和人物角色。前兩項並沒有在《儒林外史》

裡強調過，不過在《水滸傳》裡有。

5、透過空間和時間的統整

吳敬梓也整理了時間和空間的模式，讓小說內外能夠一致和諧，因為在小說中所描述的是一個複雜的人性社會。我們能看見《儒林外史》的結構設計非常地深奧。因此，《儒林外史》對於章回小說的發展可說是劃下了一個重要的里程碑。

第四章　在跨世紀的同時，章回小說的改變──晚清小說及《儒林外史》的結構之比較

1、開場白和結尾的形式

Wu 氏認為依據傳統章回小說的模式，大部分的晚清小說都會在文本的首章設下開場白作為說明。而 prologue，在中文裡，是開場白的意思。這開場白通常會與小說主體分開，但是卻提供了一個主題性或哲學性的架構，讓小說中的角色或事件能被讀者審視，並且了解故事背後的意涵。

不過，晚清小說與《儒林外史》不同的是，晚清小說並沒有以一個典範作為開場。即使晚清小說家澄清他們有傳承《儒林外史》的傳統，實際上，他們的小說裡卻展現出西方小說裡使用的技巧，為的是要修飾傳統。因此，我們可以說開場白的進步可說是晚清小說與《儒林外史》不同的地方。

承上，晚清小說在開場白的結構有兩項重要的突破。首先是以第一人稱的敘事口吻來開場。章回小說的傳統通常都以第三人稱的敘事口吻來說明開場白的意義，較為客觀。比方說，《儒林外史》的開場白就始於一首詩。接在這首詩之後的，是以第三人稱口吻解釋詩的意涵。之後接著以較客觀的立場來描寫王冕。作者所敘述的事件都是經過萬中選一的，並不隨意記錄。不過到了晚清，客觀的第三人稱的敘事觀點已被第一人稱取代。

晚清小說在開場白設計的第二項改變是運用了西方偵探小說的技巧。在吳沃堯（1866～1910）的著作《九命奇冤》的開幕場景是小說情節中的最高潮。不過一般來說，故事的高潮都是在整個小說的中段或後段，並不會在開場的地方。

雖然在小說演變史上很難找到提倡改變小說結尾的主持者，不過關於小說結尾的創新實際上正在醞釀著。最明顯的例子就是結束於故事最高潮時。這與傳統章回小說需經過一定的醞釀期之後作結不盡相同。而小說結尾的新

設計也顯示出晚清小說家對於結束故事的手法，願意付出更多的時間和心力，以便能從實驗中獲得更多的創新。

2、多種角色、多樣事件和集合傳記體之間的關係

在晚清的小說中，常會有許多角色和事件合而爲一的敘事結構，這與傳統章回小說所使用的集合傳記體有很大的差別，以此易於識別。晚清小說《海上花列傳》的作者韓邦慶（1859～1894）說：「我認爲我寫這部作品的手法是以《儒林外史》的手法爲基準再加以修飾的。」作者以「列傳」這個詞作爲他小說的名稱顯示出他以集合傳記體來組織他的小說。在小說的前言裡，作者更解釋小說主要針對的是所有角色的故事，並且以三個藥典來說明他在小說中如何整合這些人物的生平。他認爲小說裡應該要超過一百個角色，其個人特質不能有所重疊；每個角色在整個敘事的過程中並須出現多次；每個角色的故事需要有其結語，並且不能有所省略。而以上的這些創新手段已在《儒林外史》中出現過了。

3、《儒林外史》與晚清小說使用自傳體元素的個別差異

Wu 氏認爲吳敬梓將自傳裡的元素加入《儒林外史》中。這些自傳體元素包含的不僅是自身的經驗之外，還有就是他對角色所投入的情緒和感情、觀點及想法。並且他也將他的信念投入他所嚮往的角色之中，如王冕、泰伯、四位奇人。吳敬梓在小說開頭及結尾都以抒情的形式來表達自身的人生哲學。他在作品中建構了一個象徵性的敘事結構。以一個模擬的場景，以及許多象徵性的角色來表達他的人生哲學。

特別的是，《儒林外史》和晚清小說的結構有兩個主要的分界處。首先，在晚清小說中並沒有任何理想性的人物角色。晚清小說家喜愛以同質性高的角色來建構小說。這些角色通常都是負面類型的角色。第二，晚清小說與《儒林外史》不同的地方在於，它不再透過象徵性的結構揭露作者的感覺和想法。晚清小說家反而將自身的形象直接地顯露在小說裡。

晚清小說裡，這個屬於作者自身形象的角色會直接加入這群負面角色之中，而他便是小說中主要觀看、傾聽、參與、親眼目擊及評論其他人物及事件的主角。因此，作者必須直接地透過小說來表達其對這些負面人物及事件的想法及感覺。這種方式所產生的評論對社會的謾罵及當代的政治過於直接主觀，並不像《儒林外史》有內涵、是含蓄的。

二十二、Wu,Xiaozhou：《西方和中國文學類型的理論和批評：菲爾丁、吳敬梓、錢鐘書、伊夫林・渥夫和法國作家普魯斯特的比較研究》〔註23〕

　　Wu 氏提出在二十世紀的西方，文學類別劃分的系統研究在文學理論中並不是重要的一環，直到近年來，才慢慢地興盛。近年來，系統學在許多比較學者、文學學者、歷史學家、評論家，以及理論家當中獲得了許多的幫助，這是因為他們意識到，類別劃分的研究絕對是一塊值得探究的豐沃土壤。

　　與西方比較起來，文學類別的劃分在現在的中國可說是還未有任何的起色。假設在中國文學理論的範疇裡有文學類別的研究，那麼，在這些研究裡，甚少是出自於一個寬廣的認知，比方說，並未採取「比較」的方式來研究文學類別等等。即使近幾十年來，西方出現了相當多比較文學類別的研究報告，但是，這些研究報告針對的全都是西方文學。由於西方和中國在文學類別的系統分類理論和批評上的研究，仍有很大的缺口。吳氏藉由東西方在系統分類理論和評論的研究，作一個比較性的簡要回顧，多少可以彌補一些缺口，並且以東西方之間在文學上的關聯性為出發點，針對特定的類別——禮俗小說——呈現具體的研究及討論。

　　Wu 氏提到在現代英文裡有許多的字都具有分類文學作品的意義，如：類型（genre）、種類（kind）、物種（species）、典型（type）、形式（form）、模式（mode）和普遍性（universal）等等，這些字之間可以互通有無。不過，正因為如此，也造成了一些使用上的混亂。當不同的評論家使用這些分類時，這些字的意義也就有所更改。這個稀鬆平常卻又不負責任的習慣，無可避免地造成了巨大又不必要的混淆。為了要避免混淆的情形，我們將統一以「類型（genre）」稱之。如此一來，便可以有效地囊括所有跟「類型」相似的概念，如（主要的）類型或種類和附屬類型、模式或普遍形式。

　　然而，在現在的中國，只有三種或四種用來分類的術語：文體、題材、樣式和體制。第一個詞有時也代表「樣式（style）」，而第二和第三個詞一般來說是可以交替使用，最後的「體制」通常蘊涵著「形式（form）」的意味。中國在文學分類的研究上與西方不同，並不會受到術語學的混淆。其造成的大

〔註23〕Wu,Xiaozhou, *"Western and Chinese Literary Genre Theory and Criticism: Acomparative Study（Fielding, Wu Jingzi, Qian Zhongshu,Waugh, Proust, France）,"* Ph. D. dissertation（University of Emory, 1990）.

部分原因在於中國現今在文學類別的分類在文學界是被輕忽的。爲了方便研究的緣故，我們使用同等於英文單詞 genre 的中文詞彙「文體」或「題材」在研究報告中。

本文的首要兩章是本論文的第一部份。透過歷史紀錄的調查，Wu 氏整理出西方和中國在文學類別的系統分類理論和批評上的比較。除了要找出兩者的相似處之外，吳氏也要找出兩者之間一些細微的差別。

回顧歷史，西方和中國在文學類別的系統分類理論和批評裡，都有著兩項主要傳統。首先是專注於個人性的類別和類別的主要概念，接著就是文學整體上的大略分類。在浪漫主義時代之前，西方文類理論受到了前者的影響，不過在十八世紀以後，後者逐漸取代前者。實際上，第二個傳統（也就是後者）的影響力越來越猖獗，因此許多人誤以爲它是操縱著西方文學類別的系統分類理論的唯一傳統。相反地，中國卻不是這麼一回事。前者總是扮演專權控管的角色，而後者則淪爲次等傳統，這是因爲後者總是經常窒礙難行。

在第一章裡，Wu 氏以比較性的觀點針對第一個傳統作評論式的瀏覽。這種作法可以簡便地囊括從古典時期到現今的文學，並強調文類理論和修辭學之間的相互關係，以及強調如文類的本質、功能、演化、法律、彈性、調和和階級……等關鍵性的概念。透過這些瀏覽，儘管在東西方之間似乎存在許多不同之處，我們將試著偵測出兩者經常忽略掉的主要相似之處。同時，我們也會根據一般類別的概念和調查結果後的理論來提供一些經過醞釀的觀察結果和意見。

第二章則是與文類的次主流傳統有關。這個傳統主要針對於文學整體的一般性分類。在這一章裡，我們將會檢測出西方在文學上的三大分類方法——二階、三階和四階系統，以及與其相較的中國從古典時期至今的分類方式。

這個論文的第二部份（第三章和第四章）是以特定的文類——禮俗小說——做出兩篇比較性的研究。先是對亨利·菲爾丁的《湯姆·瓊斯》和吳敬梓的《儒林外史》裡的小說原則作所謂的「平面研究」來互相比較。這一章的主要內容並沒有受到類別的直接或間接的限制。《湯姆·瓊斯》和《儒林外史》是屬於兩個不同的文類。不過，由於它們都擁有自己的文學脈絡及其傳承，因此有了共同的屬性，雖然無法確定他們的類別，不過已經足以將它們劃分在相似的類別之中。之所以無法確定的原因，是因爲在其他各國文學被檢視之前，文類劃分的現象在文學理論中並不普遍。

　　而第二個研究（也就是第四章）是一個影響研究。Wu 氏以錢鍾書的《圍城》與許多的西方小說書寫原則作比較，西方作品如亨利・菲爾丁的《湯姆・瓊斯》、伊夫林・渥夫的《一掬塵土》和馬塞爾・普魯斯特的《追憶似水年華》。Wu 氏推翻《圍城》是諷刺小說的說法。它是一部禮俗小說，這是因爲一般說來，作者錢鍾書受到了西方禮俗小說家的影響很大，尤其是 Wu 氏在此提到的這幾個小說家。錢鍾書是一個小說家，也是一個學者。他曾在 1930 年代的歐洲求學，之後精通歐陸所有的主要語言。Wu 氏檢視這些小說家是如何地對錢鍾書有了決定性的影響。不過，在我們強調西方文學勢力影響錢鍾書作品的同時，我們也不可忽視這個事實：錢鍾書對於中國文學廣泛並深刻的學術成就，因爲對他來說，中國文學是深植於心的文化。因此，他繼承了中國文學許多豐富的遺產，如詩和小說，並且有技巧地將兩者與在西方的所學相互融合在他的作品之中。以下就與本論文研究相關的第三章作述要。

第三章　將《湯姆・瓊斯》和《儒林外史》歸類於「禮俗小說」：文類的平面研究

　　Wu 氏提出《儒林外史》並不是主要描寫學者和僞學者的諷刺小說，除了這些內容之外，作者也廣泛地描述全貌作爲操控小說內容的主線。諷刺手法的使用讓整個作品的主題明顯，所以作者才將它拿來作爲一種寫作技巧原則，而非一種文類。當我們認知到小說的主軸是禮俗的重要而非單純諷刺時，我們會發現作品的另一個屬性。這個屬性與許多禮俗小說作品內包含的元素有許多的相似之處，尤其是菲爾丁的《湯姆・瓊斯》。評論家和學者們發現到，探究《儒林外史》的整體，它可以說是一部滑稽喜劇，或者說，它具有喜劇那種會令人放鬆的書寫模式。但不像《湯姆・瓊斯》，它擁有一個清晰的道德目的，探討的主題也很嚴肅。從以上兩點看來，因此《儒林外史》所屬的類型是混合式的。

　　Wu 氏認爲由於《儒林外史》在描寫禮俗時非常地寫實，可謂是中國經典小說。因它內容涉及的是屬於常見之事，因此能分別被文學圈和評論圈認可、接受。《儒林外史》之所以與《湯姆・瓊斯》類似，也是因爲兩者在內容上皆看似有些不連貫，以插曲式的方式來安排內容，即使它們繼承兩個截然不同的文學脈絡：前者屬於惡漢小說，後者則屬於傳統說書人的形式。它們對於絕對的設計和結構的統合也沒有什麼特定的想法。不過，這個「插曲」式的特質反在吳敬梓和菲爾丁的作品個別提供讀者當代社會一個廣泛清晰的全貌。

此外，Wu 氏提出另一項他們兩位作家相似的重點在於，兩位作家引用了許多史書裡的資訊。吳敬梓的小說《儒林外史》清楚地說明作品相當緊貼《史記》傳統，或者是《漢書》，它們是「正史」，也是《儒林外史》起源之地。不過，「外史」的字面上也表示著它只是虛構的歷史故事，讓我們對於學者和假學者能有更多的瞭解，並不是眞的歷史。

如同其他同等重要的當代英文作品，吳敬梓在《儒林外史》裡使用了許多的技巧，這些技巧是他在早年寫劇時所累積的工夫。這項特質我們能從小說裡許多聰慧的對話中看出。就跟菲爾丁一樣，吳敬梓也是第一等的作家，他擅長寫諷刺體裁的作品，作品裡也可見他豐富的幽默感和智慧。但他不僅是一個讓讀者發笑的喜劇作家而已，他也是一個從笑聲中教導人道德思想的作家。

最後，吳敬梓在描寫人物時，跟菲爾丁很類似，他們都會將二或至多的禮俗慣例加諸於他們所要描寫的同一階級的人們或同個團體上，爲的是要呈現出一個眞實的生活場景。除此之外，吳敬梓除了放了許多學者的角色在作品中，還有許多社會上形形色色的人物角色，如：小店店長、衙門差役、地方知縣、鹽商、軍官、戲子、藝妓、妓院老鴇、妓女、媒婆、國術師、僕人、丫鬟、騙子……等等，構成了一個令人讚嘆的圖像迴廊。

Wu 氏認爲雖然這兩部小說有許多的相似之處，《儒林外史》和《湯姆・瓊斯》有一點主要的不同之處，那就是它缺少了在西方禮俗小說裡經常出現的浪漫愛情主題。在《湯姆・瓊斯》中，除了英雄 Tore 與英雌 Sophia 相愛以外，還有 Tom、Molly、Mr. Waters 和 Lady Bellaston 四人之間，以及 Nightingale 和 Nancy、Mr. Fitzpatrick 和 Mrs. Fitzpatrick 等人之間錯綜複雜的情愛糾葛。由於小說裡出現情愛的描寫，我們也能觀察其多愁善感的特色。然而，雖然《儒林外史》裡敘述了婚姻、結婚儀式、媒妁之言、拉皮條、賣淫等行爲，卻沒有提及任何關於情感的話題，更別說是情愛糾葛。

中國文學對羅曼史中的「才子佳人」有著深厚的傳統，無論是長篇小說或短篇小說都有類似的主題，如《金瓶梅》、《肉蒲團》、和《紅樓夢》，然而，吳敬梓卻完全沒有使用這一類的主題。

Wu 氏提出《儒林外史》和《湯姆・瓊斯》共有的屬性足以將它們歸類在同一個類型裡——禮俗小說。這個結論也回應了一開始的問題：「假如《湯姆・瓊斯》是一部禮俗小說的話，我們能將《儒林外史》比照《湯姆・瓊斯》歸

於禮俗小說嗎？」我們的研究討論無涉及文類的影響，無論是雙方面或單方面的、直接或間接的，這兩部文學作品都個別創造出不同的文學思想，它們皆保留著自身的文學傳統。不過同時，雖然它們並沒有完全相同，但因它們擁有許多共同的屬性，因此也足以將它們劃分為相似的文類。

　　但是，有哪些因素構成了這個有趣的文學現象呢？這個問題是在這一章的一開始所提出的倒數第二個問題。我們針對這個問題的看法是，這個文學現象產生的理由既屬乎文學，但又脫離文學。關於脫離文學這部份，在早期現代歐洲的社會經濟風氣之下，現代西方小說文類的雛型漸趨明顯，並且受到了大眾的歡迎、確保了地方的安全，這與早期現代中國的情形不謀而合，因為這時的中國小說文類也正慢慢地成熟。在 Ian Watt 所寫的《小說的興起》（The Rise of the Novel）中，對十六到十八世紀的歐洲及英國在社會經濟的構成要素上有著敏銳的觀察，雖然在理論上有些謬誤，但仍是重要的文獻，比方說當時的「都市化」、「商業化」、「工業革命」、「教育發展」，以及「印刷術」……等等。這些構成要素除了鞏固布爾喬亞的文化以外，也應為小說的興起負起責任。同樣地，中國在十六到十八世紀時的社會景象，如 Watt 在書中所描寫的：「快速都市化、銀幣統一經濟、海上探險時期所增加的貿易活動，以及印刷工坊迅疾地大量設立。」也與西方相去不遠。即使這些觀察是依據小說整體作的研究，不過它們對於我們在此所研究的這兩部十八世紀誕生的小說也是適用的。第二項構成小說外觀的要素是作者本身的生平背景。當我們將他們的共同點擺到一旁時，我們可以發現，實際上，他們兩人之間有許多相似之處。他們都出生在富有的士紳家族，但之後卻遭遇家道中落。因為富裕，從小就受到了完整的教育，使他們對於社會階級的劃分和禮儀教育都非常熟知。再者，他們經常在世界各地旅行，在旅行中遇見了各式各樣的人，也使得他們能觀察其不同，比方如在高位與在低位、富有與貧窮的差異。

　　菲爾丁是以劇作家的身份開始他的文學生涯的，而吳敬梓在他早期的文學創作裡，也寫了相當多的劇本。這些嘗試給予他們機會練習、欣賞戲劇。在當時，戲劇僅是次要文學，是屬於一般大眾的娛樂，它常以日常生活為主題，貼近一般民眾，也因此為他們在小說的創作上奠定了基礎。兩位小說家皆有著極為嚴格的道德水準，會對人性的脆弱和缺陷作批判，但也對不幸的人深感同情。兩位作家有相近的特點：在他們的作品裡都傳遞著強烈的道德訊息，不僅含有諷刺的口吻，也帶有同情憐憫的意味。

　　Wu 氏認為菲爾丁和吳敬梓的作品以其豐富的文學傳統和淵源為根基，因而個別使得《湯姆·瓊斯》和《儒林外史》成為了著名的禮俗小說。我們在先前也提過，他們融合古往今來的諸多文學傳統，並以此成功地完成了新的作品。對菲爾丁來說，他善用傳統和不同文類的寫作技巧，寫出了不一樣的文學作品。他所運用的文類包含：史詩、惡漢小說、浪漫小說、歷史、史書、諷刺、禮俗喜劇……等等。

　　吳敬梓也懂得掌握他可以運用的文類，包含文學和非文學類：說書、歷史、史書、歷史愛情故事、諷刺、方言小說、戲劇……等等，並且將這些文類有技巧地整合，而寫出了《儒林外史》這部散文體的敘事小說。他們若沒有好好地挑選這些傳統、沒有妥善地利用的話，即便他們的出生背景及環境再好，他們也無法創作出新的散文小說。也正是這個理由，我們在討論小說外觀時更需要好好考慮文學和其他影響的重要因素。若僅是單靠文學這個要件，這兩部小說是無法誕生的。

　　最後，Wu 氏討論之前提出的最後一個問題：「這個文學現象的重要性為何？」我們從以上的討論中已經證實了，若沒有屬性的影響、雙向的互動或單向的主動、直接或間接的，即使兩部小說是截然不同的文學作品，但因為它們擁有足夠的屬性特徵，因此可以歸類於相似的文類。然而，這並不表示我們可以將這個現象普遍運用到其他國際文學作品之中。這個現象仍有其地域性，必然存著不完全。直到國際上所有的文學作品在文類上的劃分能有一個完整的平面研究，這個現象才有可能普遍運行。

　　除此之外，依據禮俗小說的發展或演進，菲爾丁新的書寫模式於是成為許多後進的範本。他們以非爾丁為基礎，模擬、加以改良，後來也成為了受人注目的禮俗小說，如托比爾斯·斯摩萊特（Tobias Smollet,1721～1771）、芬尼·伯尼（Fanny Burney,1752～1840）、珍·奧斯汀（Jane Austen,1775～1817）、威廉·薩克萊（William Thackeray,1811～1863）、狄更斯（Charles Dickens,1812～1870），以及其他同類型的作家。不過吳敬梓與這些作家們不同。他所作的是創造出一種新類型的散文小說，即使能被後進模擬，但是無論在故事主題或技巧的使用上，並沒有任何人能夠超過他。

　　在 John L. Bishop 所寫的《中國小說的一些限制》（Some Limitations of Chinese Fiction），儘管東西方的寫實小說有許多的共同點，Wu 氏針對兩者在發展過程上的差異，做了簡潔有力的比較。他指出：

西方小說盡早從譴責放蕩中釋放出來，而將自己限制在世俗的統治底下。因在有限的範圍裡，也能夠在選定的方向之後探索可能的道路，因此也能有所前進。另一方面，中國小說則不間斷地捍衛自身存在的權利。由於受到了過時資訊和典型的傳統文化阻礙，中國小說無法坦承地面對自身要前往的方向，以緩慢的速度、斷斷續續的步伐往著同一個方向──寫實主義──前進。一直到十九世紀末，西方書寫模式才漸漸地影響中國。〔註24〕

　　大體上，關於寫實小說的研究觀察可以適當地運用在禮俗小說的發展上，因為禮俗小說也是寫實小說的其中一類。

　　雖然《湯姆‧瓊斯》和《儒林外史》都是獨立創作的作品，兩者之間並沒有直接或間接性的影響，它們擁有自身的文學傳統及淵源，不過它們仍有著共同的屬性特徵，因而可歸類於相似的文類。不過，依據 Bishop 的看法，兩者被歸於禮俗小說的理由並不相同。不相同之處在於，《湯姆‧瓊斯》並非偶然發生的連續事件，而《儒林外史》則是以運氣和斷斷續續的現象構成的。然而，從另一個角度來看，《儒林外史》並沒有受到西方的影響，它仍能以其新的書寫模式來影響禮俗小說，在緩慢的潮流變更裡，發展出更多更好的同類作品，即使過程所花的時間較西方來的緩慢。實際上，直到西方禮俗小說在二十世紀開始發揮其強大、無可避免的影響之後，中國對禮俗小說才開始有了固定的觀察。

第三節　《儒林外史》研究在美國研究述要（三）

二十三、Huang, Martin Weizong：《中國抒情體和清代文人小說之間的兩難》〔註25〕

　　在十七和十八世紀前，中國傳統的意識形態中有許多基本的假設（尤其是與宇宙論相關的假設），這些假設，由於當代政治和社會的快速變遷，而產生了許多無形的輿論及壓力。也因著這些假設並不能對當時的現象做任何的

〔註24〕Bishop,John L., "Some Limitions of Chinese Fiction,"*Far Eastern Quarterly* 15/2（Feb.1956），pp. 246-247.

〔註25〕Huang, Martin Weizong, "*The Dilemma of Chinese Lyricism and the Qing Literati Novel*, " Ph.D. dissertation（University of Washington ,1991）.

解釋及證明，因此也產生了許多的問題。在這篇論文中所談論的中國抒情文主要作為文人意識的實現，而它所面對的困境在於，其所產生的「世界大同」的理想和實際上人類社會之間的不和諧所產生的摩擦。在中國晚期的帝國王朝裡，這個困境所產生的不同面向對於文人而言，對他們多變的社會地位是一個相當重要的成分。

抒情文在這《紅樓夢》及《儒林外史》兩本小說中出現了許多不同的型態。而 Huang 氏所要討論的論述是為了減緩文人們由於不和諧及衝突所造成的社會現象逐漸地增加所造成的焦慮，因而設計的思想策略。當許多傳統的意識形態無法解釋當代社會現象時，新的策略因應而生。不過這個困境突顯出最重要的地方在於，小說裡關於對話的敘述中有種壓迫人的文化包袱，這個包袱對於日薄西山的文明而言，是一種特別的徵狀，就像是十八世紀間傳統中國的文明一樣。

然而，這項研究並不是要細究中國抒情體，而是要對其所產生的困境做進一步的探索，看其是否在《紅樓夢》及《儒林外史》中發揮了戲劇化或「小說化」的影響力。

這項研究的另一個目標是將這兩本小說裡某些新的、已浮現的特徵區別出來。雖然這個目標並不是專對抒情文來研究的，但也非完全沒有關係。從晚明起，一般的事件描寫過程中，這些特徵強化加深了傳統小說的文學性，並且在十八世紀達到了巔峰。這些特徵對於特定的歷史事件來說具有特定的意義，也使得中國傳統小說具有時代性的意義。

《儒林外史》，從字面上的意義看來，是處理人和世界的小說。因此論文結構都會在這兩個要素中打轉。一開始的兩個章節會開啟後者，而最後的三個章節會對前者做補述。為了要使《紅樓夢》和《儒林外史》更能表露出抒情體所處的困境，在第一章中 Huang 氏提供了理論和歷史並存的框架來探究。基於歷史的考量，將中國抒情文的本質視為一個文人的意識形態，也是一種對內在的衝突。這外對內的衝突，正是欲望所造成的結果——人們追求和諧，但是環境的現實並不允許。正因為這個事實，在傳統的中國裡，文學及高知識份子之間的互動一直是不間斷地被討論著；這個討論也使我們能探尋傳統小說的演進過程，並且了解到文人在社會中所扮演的角色是如何漸漸地成為傳遞文學的器具，使得文人作家想要拿來當作寫作的題材。在這個演進過程中，作家們用各種書寫形式來證明文人的價值觀有千百種，而這些書寫形式

也漸漸地表露出作家們對這些價值觀的主觀看法。

在第二章，Huang 氏則是要調查出抒情文在《紅樓夢》和《儒林外史》如何包含人性存在的意義。這一章針對於兩部小說裡庭園的形象及象徵。這些自給自足的庭園，所象徵的是空間性的修飾手法，這與中國抒情詩非常相近（尤其是絕句或律詩）。許多不同包含的策略，如小說的開端、相近的部份、庭園的誕生，這些抒情的策略都是作者控制小說的手法。這些庭園將被慎重地審視探究。最終，它們對於超然的人生觀僅是一種失敗的嘗試。

在第三章裡，Huang 氏討論自我及表達自我的議題。在中國傳統的抒情文裡，儘管自我表達常以超然的形式來表示，不過，它仍是一個中心思想。這個討論，我們所要針對的是文化包袱的重量如何地影響人們如何自我表達。因此，第三章可分為四部份：對於怪癖的狂熱、自我的虛構及偽裝、自我表達對抗形式上的傳統，以及小說裡抒情詩所扮演的角色。

第四章 Huang 氏則針對了《紅樓夢》提出了幾個疑問：《紅樓夢》的作者是如何透過不同人物的描寫為自己發聲？在某些情形之下，作者自身的憂慮是如何穿過這些女性角色表達出來的？這些問題成為了往後女性主義理論提出的起點之一，不過，這並不是作者本來的用意。這些女性角色的運用主要是要看看長久以來所建立的傳統女性形象以中國抒情文的傳統為框架，所表現出男性的憂慮產生了的問題，因為許多傳統抒情的敘述逐漸失去了說服力。

第五章 Huang 氏則對這兩本十八世紀的小說提出一個現象：自傳體的風行——在這個年代裡，小說作品裡的一種新風貌。這個新的潮流以 Huang 氏所以為的一種混合式的自傳體理論來檢視，是以自我表現和自我呈現（以傳記式的方式呈現自傳）作為區別，差異極小。這項檢驗也依據中國傳統抒情詩中獨特自傳形式的原則來檢視這些詩中的元素是如何以敘述散文體的形式化身為小說。

第六章是這篇論文的結論部份。主要是簡要地比較這兩本小說，並說明它們在西方成為「抒情小說」的原因。以先前幾章所討論的部份中，我們可以發現這兩本小說中有相同的特徵，這些特徵在西方的抒情小說裡也出現過，如超然、視覺經驗、空間性的修辭等等。Huang 氏也簡要地討論明清兩代的中國和十八世紀、十九世紀的歐洲，其兩者的知識背景之間可能的關聯性，因為十八及十九世紀的歐洲可能間接影響了東西雙方抒情文體的崛起，成為了傳統。然而，這項觀察仍然受到質疑，必須要有更多的證據來證明其正確性。

Huang 氏這篇博士論文分為六章，由於研究上的相關性及需要，以下針對第二章及第五章作述要。

第二章　《紅樓夢》和《儒林外史》在庭園與抒情形式的形象與象徵

在《儒林外史》中，庭園所佔的重要性並不多，但也產生了功能：它們首先呈現了一個自給自足的世界，但後來，讀者發現了故事中這個自給自足的世界正在受到破壞。比方說，隱士者王冕──在第一章時就出場了──強調這個世界中隱士的缺乏，並合乎作者所要談論的主題。然而，這個典範在故事裡卻無法自給自足。在最開頭的第一章裡，讀者們就能明白，田園社會裡自給自足的現象已經隱約地受到了質疑。

然而，這些極端抒情、似回歸自然的文字段落（這個段落被作者記錄下來，並作為他最欣賞的散文形式。）忽然間與另一個截然不同的場景並存著：「就在那時，他看見遠方有一個人他擔著兩個籃子、拿著一瓶酒……跟在他後面的，有三個戴著方帽的學者。」「接著他們坐下來聊著關於魏先生的事情：他最近是如何變得那麼有權勢且富有，甚至連帝王都要敬他三分。」這兩個不同的場景就這麼被連在一起，無論是旁白、故事中的角色都沒有對這兩個看似無關的場景做任何的解釋，留給讀者來思考兩者並存的意義為何。流於通俗的行為闖入了原本自然、理想化的世界或許可對世人作為一個提醒：這樣理想的世界中，其外顯的自給自足總是在自我欺騙。在《儒林外史》中，隱士主義通常都與庭園有所結合，成為了一種社會的裝飾品，而並不是真誠的「抒情」或「自我表達」。也就是說，原本私下自給自足的用意已經轉變為沾沾自喜的公開炫耀，最後也被證實，那只是一種自我欺騙罷了。簡而言之，在小說裡，庭園和相關的抒情氣氛已經變成了一種社會公認、具有某種意識形態的指標物，文人需藉此來表揚自己，並且使自己符合社會的標準。

Huang 氏認為在我們討論故事結構的細部中，將庭園作為容器的策略對於《儒林外史》的作者而言，是一種比喻，用來涵蓋小說的意義的。小說裡的許多角色和事件，它們通常都沒有較嚴謹的關聯性，因而影響了小說情節的發展。我們甚至可以說在小說中，當許多不同卻互有關聯的事物小心謹慎地被抑制發展時，小說敘述所重視的焦點是持續不斷地在變換。在一般的小說裡，故事情節是仰賴讀者的期望高低所作的呈現。在本小說中，有許多不同的角色以相當快的速度「進入故事內」，然後又「出去故事外」，以致於讀者

通常無法跟上故事情節的發展。

閱讀像《儒林外史》這種小說的觀感經驗通常是「空間性的」。讀者通常被讀本強迫，要對他所讀的東西做出反應，並且要將這些看起來沒有什麼關聯性的角色和事件透過空間來連結，並理解其意義。每個角色或事件個別所包含的意義最終都成為了理解整個故事的小小拼圖，缺一不可。這種經驗就像一個人走在中國庭園裡的迂迴小徑一樣。即使理智告訴我們，一個全景能使我們仔細地享受到整個庭園的美貌，這樣的景色卻常被窗戶、大門遮蔽了。

當他的視野總是受限於一個小小空間裡、並且不容易觀賞到整個庭園的全景時，他根本就不能理解他所身處之處為何。不過，全景卻只有「心眼」能看見，也就是說，當我們在一個地方的不同區域遊玩時，唯有我們留心觀察，也才能理解全貌的真相及其美貌。遊庭園或讀一本小說就像是欣賞一幅畫軸，畫上的空間結構和細節並須等到這幅畫軸被完全地打開後的那一瞬間，才能了解其結構的用意。對整體的理解是在對所有空間的組合有所了解後而獲得的，這與直線性的閱讀之間有種明顯的矛盾，因為直線性的閱讀需要花更多的時間來進行。當我們在第一章中所作的觀察裡，可以看見這樣的矛盾的造成與中國抒情書寫的張力有關。

Huang 氏提出此種張力以抒情文的方式展現為的是突顯故事中的全景，使得故事具有邏輯性而且容易了解。不過，這種張力卻又因為表現出混亂的寫實面貌而企圖去阻止其完整呈現，這個現象是抒情文所遭遇的困境之一。這種現象在《紅樓夢》和《儒林外史》都有出現過。

第五章　在《儒林外史》和《紅樓夢》中有關自傳體形式的規則

Huang 氏指出《儒林外史》較少以自傳式的書寫來展現自己。其原因部份在於以獨特的離心結構書寫，因此並沒有任何單一的主角長時間地在故事中獨挑大樑。如此一來，杜少卿，一個可以詮釋作者本身的人物角色，在小說中出現的時間並沒有很長。不過，這本小說裡所描述的卻多半與作者本身相關。正因為我們了解吳敬梓的生平多於故事中的角色，因而我們能確認一件事——對於吳敬梓直接的描寫和個人的生命經驗在小說裡是受到限制的。至少故事的表面上，都是由除了作者本身的其他人作為故事的主角。這些角色可能是作者所熟識的人或只是因為寫作而創造出來的角色。

吳敬梓一個渴望出仕的讀書人轉變為一個與其分離的「外邦人」，從一個崇尚孔學的理想主義者轉變為一個陷入絕望的小說家。吳敬梓認為他的生命充滿

了愚昧和魯莽的舉動，因而寫成了這部充滿歉意悔恨的小說。書寫這部小說的
過程對他來說就是一個贖罪的旅程。如果我們能接受一部自傳體就是一個靈魂
旅行的計畫，那麼《儒林外史》就是這樣的一部小說。藉由讀自傳的方式來讀
這部小說（不過實際上，中國傳統的小說是以紀傳體形式的自傳寫成的。），透
過作者筆下的再建造，及他自身從科舉制度中的經歷得來對社會仔細的觀察，
讀者可以從小說中看見一個多變的吳敬梓。以不同的角度來觀察，小說中的敘
述修辭以及看似客觀的傳記形式能使作者與作品間維持一個安全的距離，使作
者能在回顧自己的過往時，不需要直接地承受那些過去。與《紅樓夢》比起來，
自我呈現的技巧對《儒林外史》裡的自傳體的敘述更加重要。

在明代衰微後，由於思考模式的轉變，才使得自傳式的形式移植到小說裡。
程朱學派追求自我培育的理想是自傳體與小說合併的推動力，而人們漸漸不喜
歡讀純自傳也是原因之一。吳敬梓在小說中詮釋追尋的過程，也正在考驗著那
個時代人們對於「失去」的承受力。曹雪芹所創造的人物——賈寶玉——他是
一個自由自在又對事物毫不在意的人，也反映了作者本身對於「虛空」的態度。
Huang 氏認為在這兩部作品中，我們都能夠發現作者在小說裡都添加了一些關
於自身的看法及態度，使其富有「自傳體」的敘述型態。這樣小說和自傳結合
的作品，缺乏了對於明代程朱學派的自我認同及傳統的道德準則。小說中的彈
性和多樣性也使得自我矛盾的各個面向獲得紓解，而不僅僅像自傳那樣理論死
板。再者，在清代小說中，含有自傳意味的小說如《紅樓夢》和《儒林外史》
反倒給予中國文化更多的空間來反思。作者透過小說來呈現自我，透過許多的
「他者」來達成自我呈現。在這個被視為中國傳統小說式微的十八世紀，我們
實在不能認為根據上下文來判斷的自我是多麼難以了解。

Huang 氏提到自傳形式的書寫移植到小說中也使得方言小說迅速的發
展。人們所關心的事情已不再是單一的公共事務，更是能自發性地去發現自
身的問題、關心自己，這是「自傳小說」的功勞。有個值得注意的觀點是，
西方的自傳體在小說崛起前扮演了相當重要的角色，然而在東方，不僅小說
和自傳體的崛起都是無形中產生的，自傳體對於小說發展的影響也幾乎被漠
視，要一直到十八世紀時，自傳體的全盛期才結束，小說漸漸崛起。

吳敬梓對於自傳體的需求相當的大，以至於他必須要褪去一個傳記作家
的面具來直接吸引讀者。這是因為他將小說如自我呈現的論述來閱讀，而非
自我再現。然而，儘管如此，一旦他踏出了身為一個旁白或傳記作家所能接

受的庇護，他就必須即刻終止他的小說，這是因為自我呈現或單刀直入的自傳體在當時的社會還不能被接受。也就是說，自傳體需要以紀傳體的形式來呈現（自我呈現需要以自我再現來表示）。吳敬梓陷入了這個困境，他需要更直接的自傳式書寫來宣洩自己的心情。然而，個人性的書寫卻受限於紀傳體的傳統。抒情詩原本也是傳統自傳式書寫的媒介，但是，它們也由於過於狹隘、不彈性而難以處理自傳體較為複雜的書寫目的。

在《紅樓夢》裡，許多內容以詩句的形式透露出簡短但重要的訊息。這些訊息不得不蜷曲在詩中，否則它們將會變成字義明瞭的散文。這是當代的敘事傳統所無法諒解的。因此，自傳式的書寫只能以詩的形式呈現，這是因為詩是以簡短的字句和隱諱的修辭來陳述，可以避免直接的敘述最終被視為造謠中傷的字句。

另一方面，吳敬梓和曹雪芹都以自傳小說體的書寫形式來呈現自我。這種手法的成功也證實了傳統抒情詩作為媒介所產生的限制。由於十八世紀的文人的生命歷程越來越錯綜複雜，也使得自傳式書寫的需求越來越大，為的是希望能表達出真正的心聲，這是傳統抒情詩無法比擬的。

二十四、Zhou, Zuyan：〈陰陽兩極調和：儒林外史中吳敬梓的性別概念的關鍵〉〔註26〕

吳敬梓致力於中國末代對學者文人諷刺性的刻劃描寫。在文學研究裡，評論的重心多半針對男性角色，因他們在小說裡扮演著舉足輕重的人物角色，影響故事發展甚巨。這篇論文某種程度忽視了女性在這部小說裡的影響力，並且致力於介紹小說裡的性別觀點，為要檢視吳敬梓《儒林外史》中的男女關係。

Zhou 氏認為在中國人的想法裡，傳統上，男女之間的關係依照陰陽的劃分來定義。這在吳敬梓寫這部諷刺小說時相當地有名。相對於男性的「陽」，女性被歸為「陰」，以便將兩種性別作區別。若這種中國形而上的模式和當代的女性思潮有關，我們能瞭解到陰和女性、邊緣化之間的象徵意義；瞭解陽和男性、中心化之間的關係。

〔註26〕 Zhou, Zuyan, "Yin Yang Bipolar Complementary：A Key to Wu Jingzi`s Gender Conception in the Scholar, "*Journal of the Chinese Languages,Teachers Association vol29,No1*（1994），pp.344-357.

吳敬梓在一生中與女性的平權和對於「陰」這種具有詩意的認知有一定的關係，使得他對於陰陽互補有著強烈的警覺，並且隱隱地支持這個說法，因為它對於吳敬梓在著作裡所揭露的人類世界具有相當重要的地位。

在《儒林外史》的世界中，男性角色大部分是由學者、官員、名士、有名的奇人和出眾的學者組成。而女性角色則主要以妾、妓女、媒婆和學者們的家人成員所組成的。因此，無論在家庭或在社會中，男性皆居中心位置，而女性則被歸於邊緣。這個在兩性之間構成的階級關係相當明顯，不過，卻沒有任何的根據說明在當時有人將它詮釋為贊成女性主義的作品。以下 Zhou 氏就《儒林外史》中關於陰陽兩極中幾個重要的論點來說明。

超越俗世：陰陽兩極的道德象徵

第一個出現的女性角色是在故事的一開頭——王冕的母親。他是這部小說中少許是直接基於史書撰寫的角色。在這個開場白裡，值得注意的部份是作者提到了功名富貴（成功、名利、財富和地位），在社會上，它們逐漸成為小說的主題。

在《儒林外史》中有一些積極的女性角色。他們的卓越實際上可說是將一些優質的學者身上的優點套在女性身上運用的，就好比王冕的母親。他的襯托強化了王冕對於孔子隱士思想的專一。不過在吳敬梓這一部社會諷刺小說裡或多或少都以一種嘲諷態度呈現男女之間的互動和身份認同、中心和邊緣、陰與陽。

迷戀名利：陰陽兩極的狂熱

吳敬梓在呈現清代社會時，他以諷刺帶刺的口吻深刻地寫出人性對於功名富貴窮追不捨到了病態的著迷，難以擺脫。儘管女性在社會上位居邊緣地位，追求功名富貴並成功的機會也比男性受到更多的限制，不過他們也無法免於這種病態的舉動。在吳敬梓所創造的滑稽世界中，女性對於世俗名利的回應竟與男性的反應如此地類似，讓人不禁匪夷所思，女性對於名利之狂熱，對於男性而言，他們不僅是陰影而已嗎？

我們追蹤了女性角色在男性學者心理的陰影，以及在不同的性別地位中，可供辨識的學者的行為模式，說明了在吳敬梓的小說世界裡，男性和女性、雄性和雌性、中心和邊緣、陽和陰，雖是彼此分開但卻又彼此相關的：一方反射到鏡子上，然後回應到另一方，就像是月亮一樣，是「陰」的典型象徵，它透過太陽的反射得到了光線，而太陽就是「陽」的象徵，揭示了人

類世界一個更飽滿的視野。

假冒：陰陽兩極的策略

評論家探討過這個現象：在吳敬梓的所創造的世界中，男性角色在追求名利的過程中，時常會使用「冒充」、「假裝」的手段得到他們想要的。對他們來說，這些手段是有效的策略。比方說，匡超人因為在科舉裡代替人考試因而發了一筆財。張鐵臂則化身為一個英勇的劍客，因而獲得了五百銀元。杜少卿因為一視同仁地對窮人施予救濟，因為樂善好施而贏得了名聲。杜慎卿因納妾而喜，是為傳宗接代而為，並非好女色，以便以他「明星」的標記來增加他的奇特性。

在《儒林外史》的世界中，每個角色，無論是男是女、是中心抑或邊緣，他們皆企圖要超越他人，並覺得有遮蔽自己真實面貌的需要。結果，假冒成為一種陰陽兩極的策略。當大部分的學者將假冒當作是通往名利的大道時，大部分的女性或女性角色，就算在社會上，他們是邊緣化的人物，他們也與男性一樣，擁有更直接、更物質取向的目標。他們希望能攫取財富、遺產、庇護他們的人，或者是一個理想的丈夫。不過，若從一般的觀點看來，在人們對於功名富貴的追求中，無論是陰或陽，假冒的功能對他們來說，本質上都是完全一樣的。

自我塑造：陰陽兩極的策略

在《儒林外史》中，人性為了某些個人特色而發展、創造出一種受到文化影響的自我形象。這種自我形象的發展及創造是一項接近假冒的生活策略，是非常大眾化的。在明清期間，科舉考試要高中的機率非常小。文人、官員們若只是參照傳統的成功策略，在社會上出頭天的日子是遙遙無期。因為被官圈驅逐在外，再加上無法在為人民服務中獲得大眾的認同感，許多中國學者致力於成為「明星」。他們將「明星」看作是大眾認同他們身分的一種方式、也成為了人們尊敬的人物。

在小說裡，男性和女性之間性別的顛倒散發出一種新的「陰陽」互動性。在我們以下的討論中，有三個角色的性別身份與他們彼此間的互動相關：陳木南之於他的贊助者是陰之於陽。根據算命先生的陳述，聘娘是「陽」，不過陳木南之於他是陽之於陰。因此，在規劃所有角色的身份認同時，陰陽兩極是採取共存，互為依存的原理。在此，Zhou 氏也再一次以太陽和月亮之間的關係作比喻，因為這個比喻對於闡述陰陽之間的互動關係是相當有效的。

強勢女性超越柔弱男性：滑稽的陰陽顛倒

除了行為模式以外，要針對不同性別的角色作評斷也可以基於他們之間的互動及對比。在吳敬梓的虛擬世界中，若要使兩性並置，產生諷刺意味及對比的人格特質，最佳的呈現方式莫過於柔弱的丈夫和固執任性的妻子之間的婚姻關係，尤其是魯小姐和蘧駪夫、王太太和鮑廷璽之間的關係。這種經推翻過的婚姻模式中，原先居高的男性角色變成了懼內的丈夫、無用的人；傳統保守、遵守規矩的妻子則被有強烈自我意識的女性取代。Wu, Yenna 在十七世紀的中國文學中發現了這個事實，而這也使得原本婚姻的階層上下錯置，擴大了原先的標準。基於他擁有贊同女性主義發展的先見，當兩性相互對比時，Ropp 也在那些堅持己見的女性角色中看見了角色的強度和他們超越男性的優越感。

陰陽兩極的互補：吳敬梓對性別概念的關鍵要素

以上的分析證明了在《儒林外史》裡，大多數的女性角色成為男性陰影的功能，不過有些積極的女性例外。這些積極的女性反映了崇高學者的形象，他們也同時貶低了相關男性角色的人格特質。這些積極的例子除了與男性消極的形象相互映襯以外，也說明了女性的能力不比男性差。不論是男女之間的價值標準、雄雌之間的生活策略，以及中心與邊緣之間的道德條件，本質上都是相同的。陰陽兩極的互補是主導整個虛構世界的原則。

最後，Zhou 氏認為《儒林外史》這部小說所強調呈現的是以廣泛的社會範疇來描寫學者的生活。女性角色在這部小說裡，不論是以何種形式描寫，如他們的自負、愚昧、反覆無常和抱負皆將男性的心性反映到女性的心理狀態，因而能較完整地描寫學者們的生活，並強化了小說裡的嘲諷的氛圍。另一方面，一般人公認《儒林外史》這部作品是吳敬梓自身時代的投射，他將自身時代所面臨到的社會現實栩栩如生地投射到作品之中。因為傳統中國的天象學是將世界分為陰陽兩極，這唯二的分法，是為了捕捉人類社會大體上的全貌。因此，在吳敬梓的作品中，陰陽兩極的互補功用是為了要創造一個完整的社會全景。

二十五、商偉：《泰伯祠的傾垮：儒林外史研究》〔註27〕

本論文是商偉的博士論文，他認為《儒林外史》創造了兩種不同的敘事

〔註27〕Shang, Wei, "*The Collapse of the Taibo Temple: A Study of the Unoffical History of the Scholars* ," Ph.D. dissertation（University of Harvard, 1995）.

觀點：一個是俗世，另一個是宗教觀的世界。前者遠離了社會規範，而後者則顯示了俗世仍有加強秩序的需要。前者受到了非傳統敘事觀點的管理，而破壞了傳統的詮釋手法，至於後者顯示振新傳統手法的努力。正因非傳統敘事觀點延遲了積極看法與評價的可能性，所以世俗和宗教觀的並存並不會造成二元價值觀的對立。因此在禮儀制度下的世界，呈現必要性和不可能性之間的拉扯。商偉在論文中揭示小說的內部張力及其意識上和敘事上的重要性。

　　商偉所討論的包含五部份：第一部份：再瀏覽一遍《儒林外史》裡頭的學者關係，定義出尚未解決的問題，為接下來的論述繪出架構。第二部份：焦點擺在小說的第二回和第三回，尤其特別注意傳統敘事型態的式微和其對明清小說在內容上的重要性。第三部份：將焦點轉移到小說的第三十一回到第三十七回。以明清兩代對孔子禮儀的看法為參考，商偉檢視小說中對於泰伯祠典禮的呈現。第四部份：在第三十八回到五十五回發生的宗教觀的世界和俗世之間的衝突的過程描寫。商偉的論點是宗教觀的世界的道德觀點已經變得模糊；它不是就字面上的意義作考量，便是跳脫了原本頻繁的人類活動和自身的敘事觀點，接續第四部份的論證，第五部份則更揭露了宗教觀世界在俗世裡所面臨的困境。

第一章　視俗世為神聖：傳統敘事觀點的式微

　　這項辯證只有針對《儒林外史》。它的重要性特別是在於其對分別真實和虛構的假設：傳統小說已經過時了，它們不再供應讀者一個能解釋組織他們即時經驗的敘事方式。因此，《儒林外史》的重要性在於，它描寫了一個新的世界。有人可能會問，我們如何定義新的敘事型態和傳統敘事形態之間的關聯性？是什麼維繫了傳統敘述的權威？新的敘事觀點如何介紹新的排序方式及解釋其意義？或者它僅是揭露出傳統敘事型態的不足，卻沒有提供任何新的選擇呢？

　　這些問題出現在我們閱讀《儒林外史》的過程中，特別是小說的第二部份，也就是第二回到第三十一回。這個部份包含了官方學術界到市集，呈現出一個易懂的社會圖像。小說中列舉了一些更細微的社會秘辛可以幫助我們解決這些問題。商偉將以第二十九回的龍三作為他討論的方向。

　　因為傳統敘事觀點的喪失，使得正統的理論混雜。在整個故事中，敘事者並沒有提供讀者整合、具有優勢的途徑理解對話。角色多半都以對話的方式呈現其人格特質，在當中也沒有敘事者的觀點插入。當龍三在第二十九回

出現時，帶領他進入場景的也只有一句對白：「那個人又來了。」這句對白是通報人對僧官說的，那僧官回說：「是那個奴才龍三嗎？」「那個人」和「那個奴才」都是指龍三。從他們之間的對話可以看出，龍三對佛寺裡的人來說是常來卻不受歡迎的訪客。不過小說裡並沒有提起龍三的來龍去脈，我們能知道的也只有「他來佛寺是要耍把戲。」許多關於龍三的故事都僅以兩三個句子描寫而已，不過敘事者並不會解釋這些句子，而是讓讀者親自體會。從故事的一開始，讀者可能無法理解人物角色僧官和通報人的態度，以及他們所認識的龍三；對於故事裡的對白也存有一定的距離在，因此也限制住讀者詮釋的空間。

正統理論的混亂和傳統敘事觀點的消失使得傳統敘事型態式微。不過，如果在龍三的故事裡看到了非傳統的敘事型態，它的重要性在於作者並不認同傳統敘事型態的假設。《儒林外史》以早期小說為參考的指標僅顯現出傳統敘事型態的式微和其價值的消失：傳統敘事觀點延宕、早期小說裡的角色被模仿嘲弄、經典的故事情節被迫變更使整個故事情節都變色了。《儒林外史》故意去降低讀者對傳統小說的期望值。這證明了傳統形式無法從它所具備的素材去建立價值、也不合理。讀者能從小說的第九回、第十一回和第十二回中看見婁氏兄弟尋找賢人的過程。

婁氏兄弟在《儒林外史》中是屬於截然不同的角色。他們所處的環境並沒有適合他們的位置，因此他們選擇活在古老的想像世界中，幻想處在有英雄、聖賢、隱士和騎士的時代中。實際生活對於他們來說是無意義的。他們從書中獲得的概念是，唯有遠離人群，才能找到真正的賢人。等到他們在現實生活中發現了古老時代所敘述的場景時，他們才覺得生命有意義。因此，他們一生都在尋找聖賢人、等待其降臨。

商偉認為傳統敘事觀點的式微，弱化了原本操縱敘事觀點的工具。因此，傳統敘事觀點所維繫的秩序因而喪失。這些規範可能需要穩定性，不過它們並不能有效地成為敘述內容的一部分，也不能成為評量敘述內容的典範。如果傳統的敘事型態是權衡規範和敘事型態間的一種練習，那麼在《儒林外史》裡，由於正統性理論和經典文學的轉變，規範和敘事型態也受到其影響。當正統性理論受到了切割或侷限時，經典文學的內容也與人心疏離。在《儒林外史》中，婁氏兄弟試著要將經典文學裡所描述的理想規範運用在現實社會裡。此舉已不再是《三國演義》中的劉備那樣的英雄了，他們只是受人嘲諷的愚人。

　　傳統敘事型態的危機並沒有受於再現崩解的限制，只是世界的連結有一部份分離了。《儒林外史》在故事中安排了危機產生的背景，《儒林外史》的世界可能提供了導致傳統敘事型態式微的線索，因爲故事中所呈現的文字和行爲並不一致，宗教制度崩解，拒絕讓權勢者發聲……，種種的敘事方式都潛在著傳統敘事形式式微的趨勢。

　　故事呈現所發生的危機可以分爲兩個階段：敘事者並沒有試著展現規範的標準，但敘事者呈現規範標準，便會點出了社會實踐的種種失敗。規範需要被呈現，假使不能適當地呈現，它所顯現的社會地位就會受到威脅。假若拒絕以任何形式來呈現規範，它就會淪爲古老故事，講求理論、神秘，完全脫離了現在的人類活動。世俗神聖的規矩在這兩個階段裡都受到質疑。

　　商偉指出討論《儒林外史》中敘事者的範疇裡包括：以新的敘事方式作爲呈現的新媒介；不以正統理論來控制敘事觀點；爲了製造小說的眞實性，抽出經典文學的成分。這些在敘事的努力是爲了要阻止顯現社會理想的觀點在小說中發生。

　　無論是禮儀或慣例，即便角色以禮的故事呈現，產生的危機在傳統式的敘事型態中一樣會發生，如禮儀活動。像《儒林外史》，故事裡都會塑造一項重大的主體做爲敘述的主題，比方說像是婁氏兄弟所遭遇的事件。傳統的敘事型態不再與規範眞實世界的控制手法爲基礎所構成龐大的象徵組織結合。因爲經典文學是傳統敘事型態的一部分，因爲在新的敘事型態中它已經失去了可信度。在《儒林外史》中，轉換寫實的傳統角色已經消失，文本內容轉爲眞實的步驟也告結了。它透露出傳統敘事形式的式微，並以新的敘事形態展現故事內容。

第二章　泰伯的神話和泰伯禮儀：神聖的禮儀世界

　　在《儒林外史》充滿禮儀的敘事結構裡，林順夫教授探索《儒林外史》中的禮儀呈現對故事主題和敘事結構的重要性。〔註 28〕他透過閱讀泰伯祠的典禮來研究禮儀，是所謂孔學文明的理想世界。他認爲，「這樣高尚、理想的禮儀境界是爲《儒林外史》的基石，不過只能是一個世人無法到達的境界。」這個境界主要是獻給那些高尚、有理想的學者，在小說裡以對泰伯的膜拜來說明小說結構的高潮。

〔註 28〕　Andrew H.Plaks,ed.,Chinese Narrative,1977,pp244-265.

　　在泰伯祠的典禮和泰伯的傳說之間的關聯性、泰伯祠禮儀的涵義與其相關的古籍資料，是商偉所要探究的主題。泰伯傳說在《儒林外史》並沒有出現，是一個很奇怪的現象。後代學者所作的猜測，首先是吳泰伯為何能成為宗教世界的代表人物？為了要回答這個問題，商偉首先檢視在《儒林外史》中作者敘述的「泰伯禮儀」。

　　在《儒林外史》裡，為吳泰伯舉行的典禮儀式已灌入了無競爭的倫理。這種現象我們可以在吳泰伯的典禮儀式上透過其儀式的象徵和儀式慣例發現。禮儀的象徵透過虞育德為媒介讓世人了解。虞有重評論道：「虞博士並沒有設下什麼規矩。但是人們卻深受他的美德影響著，並且自然地克制己身的不當行為。」虞博士成為吳泰伯的代言人。例行的禮儀，從另一方面來說，將無競爭的倫理觀轉變為具體的機構「泰伯祠」；它使所有的文人、官員、鄉民和年青人俯服敬拜，無意識地受到泰伯極大的影響力。這些宗教禮儀的舉行實現了理想社會秩序，而不只是象徵的意涵。它們是一種實際的演練，說明在每個人的日常生活中都必須要實踐這些規範，如《文公家禮》裡所囑咐的。孔子禮儀及法令因而成為道德教誨的範疇，為的是要為人民重塑新的典範，使他們也能融入禮儀生活裡，使人民透過這種形式抹滅或至少短暫地壓抑他們對權勢的欲望。

　　商式認為透過無競爭的倫理概念，社會因而和諧。對泰伯一致的膜拜禮儀也成受到當地人民的認同及景仰。為了能廣泛宣揚泰伯禮儀，地區性的知識份子開始行動。他們傳播其價值觀和信念給不了解他的人民。為了要讓這些信念和價值觀被一般民眾接受，他們需要神話，因此他們重寫吳泰伯的故事，使他成為代表孔子思想的楷模。

　　商偉提出泰伯傳說很快地便與歷史中敘述的泰伯有所出入，產生了混淆，並揭露了政治結構內部的緊張和不同文化之間的衝擊。即使做了再多的努力使泰伯傳說脫離權力劃分的敘述框架，泰伯傳說所蘊含的政治規範仍使人民產生了不確定感。如果清代一般的學者承認周代嫡長子繼承制，是由長子首先來繼承王位。那麼，泰伯棄王位的決定是基於什麼原因呢？如何證明他將王位讓給自己的第三個弟弟呢？即使泰伯違反常理的過錯是被允許的，王位繼承的正當性對於泰伯和仲庸來說是否成為了負擔？他們是否堅持維持他們的王位繼承權？泰伯及仲庸對於王位並沒有競爭的意願，反而是一種權宜之計，因為可以避免國家政治機制無法掌握的問題。泰伯和仲庸的行為使

得即將發生的災厄轉變爲快樂的結局，讓不同立場的人物角色能在道德的立場上站得住腳。但是，實際上，這個結局也指示遮蔽了政治權力的裝飾品，因爲這個快樂的結局其實說明美德正在從現實社會中消失。

在《儒林外史》中，泰伯典禮是基於對泰伯傳說的尊重及信任所舉行的宗教儀式。如商偉所述，泰伯傳說是對孔子的理想境界所做的一個大膽的敘述呈現，因爲它並沒有確定的敘事者。一旦將其放入具體的敘述形式，這個傳說就會受到質疑，甚至瓦解。這是因爲這個傳說將會破壞孔子的理想境界。吳敬梓在《儒林外史》作了一個合理的決定：重申這個理想的前景，不過省略敘述。

即使泰伯傳說不曾以具體的敘述形式呈現，在《儒林外史》中也沒有，它仍然傳遞著讓人們了解禮儀規範的訊息。在《論語》中，吳泰伯被孔子視爲至德，並「三以天下讓」。他是一個「禪讓的君王」。很矛盾的是他之所以爲王是因爲他將王位讓給了別人，同時也說明了聖賢和王之間尚未解決的緊張。吳泰伯化身爲禮儀裡的一個象徵，並被包裹著，儀式化的社會包含更高一等的標準，因此現實的社會政治裡並無法與其並存，甚至難以存在。

泰伯典禮的描述爲理想的禮儀制度刻畫了一個具體的形象。這造成原本彼此間沒有任何關聯的學者們能透過對經典文學的認知和交流而產生互助合作並擔負責任的義務。在典禮制度上，地位、權力和社會地位都被停滯，顯現出來的，若借用維多‧透納（Victor Turner）的術語來解釋，就是一群相對難以辨識的團隊，或者是由個人組成的群體一同臣服於典禮制度所象徵的權力地位，並且將禮儀的帶領者當作生活的媒介。如果在這個想像的世界中，有著理想的道德制度，而且還仍存在著某種階級性的劃分，那麼這種階級劃分所依據的是美德，而不是社會地位。

商氏認爲在《儒林外史》裡，吳泰伯是以一個抽象理想的象徵出現在故事裡。他所代表的是欲求和記憶，並沒有任何具體的形象出現。但是，將典禮儀式的制度付諸行動，花費了相當大的努力卻毫無成果，而產生了俗世和典禮儀式之間的衝突。當這些失敗的英雄依附著典禮儀式制度的法令和典章時，他們會一步一步地踏入複雜荒誕的陷阱，使他們無法做出正確的決定。當泰伯傳說最後瓦解爲斷簡殘篇時，敘述中的那些失敗的英雄將不時並以不定的方式被詮釋。一旦許多不同的觀點被喚起，要控制它們就不可能了。在一個隔離又佔優勢的空間建立以典禮儀式爲主的世界，即使再怎麼努力，也

難以避免在俗世間落於文字句意的俗套。透過檢視泰伯傳說的敘述過程，或許我們能夠發現通往小說的途徑。

第三章　泰伯祠的傾垮

　　小說的第四部份，包含第三十八回到第五十五回，可說是最具爭議的部份。這個部份所描寫地方的習俗，基於作者需詮釋典禮中化身為具體行動的美德，而有規律地喊暫停。這是基於有無典禮儀式之間衝突上的考量，不過這樣的衝突從未被大量地分類計算。儘管敘事者詳細地認可，在這個部份出現的道德英雄總是散發著潛在的可能性。讀者可能會感覺到敘述內容的矛盾，對於衝擊性的評鑑也不願意留給別人任何解釋協調的餘地。

　　商偉提及在小說主題性和敘述性的設計上，因為其所扮演的角色不明確，使得讀者在閱讀上產生困擾。例如郭孝子的故事在泰伯典禮之後即刻發生，是要使場景沿伸到一般日常生活。而關於郭孝子的敘述經驗，由於無法完全的否定或完全的滿足道德的探求，反而使那段敘述畫面模糊了起來。因此，郭孝子的故事便在實行禮儀制度的需要和可能性之間徘徊，難以作出決定。從郭孝子的故事裡，我們可以確定的是，其在敘述上做的努力，不管是針對現實生活中的禮儀制度或是以道德自治來定義的禮儀制度，都是我們有目共睹的。道德自治的中心存在於個人家庭和社區的管理範圍內，是超越公開的官方所治理的。因此，郭孝子對他父親的忠誠，儘管與後者的當權者互相衝突，仍舊證明了作者在敘述上的努力。不過郭孝子的經驗，具體來說，傳達的是這個經驗所承諾的成了泡影。故事裡將郭孝子安排在一個完全不同的世界裡，讓他獨自在衝擊的事件和辨識觀點中做抉擇而受煎熬。因此，這個故事僵持不下的元素是：現世所存的官方規定模糊了禮儀制度和道德自治，使得郭孝子不得不妥協，他持續地努力卻只換來了抉擇的困頓。郭孝子在尋找父親的旅程中，只有挫折和疑惑陪伴著他。生死有命，人終究逃不過死亡一途，吳泰伯的身影總是縈繞於郭孝子的心中，不過讀者對於吳泰伯也只能透過郭孝子才能得知。由於郭孝子陷入了禮儀制度和俗世的兩難之間，因此，無論做什麼，他的行為總是無法逃離各種形式的評論和詮釋。

　　郭孝子所經歷的旅程始於一連串的災厄，給予讀者對禮儀制度一個清楚明確的敘述。在第四十八回裡，王玉輝是一個當地的精英份子，主要的工作是編寫孔子典章制度的手冊。他的女兒因死了丈夫而決意跟隨丈夫，女兒死後，地方為她設了烈女祠。祭拜過後，王玉輝因為無法忍受失去女兒的傷痛，

馬上前往南京。他到了泰伯祠。泰伯祠在描寫王玉輝的故事中也是一個敘事的主要動機。與郭孝子的故事不同的地方在於，郭孝子旅程的起點是泰伯祠，王玉輝是在前往泰伯祠的路途上。郭孝子故事的終點是醒悟，而在王玉輝的故事中，作者拿烈女祠和泰伯祠做對照：儘管他嚮往著過去泰伯禮儀典禮的景況，女兒死後舉行的典禮儀式對王玉輝來說是眞實、深刻的悲傷感。對王玉輝來說，奇蹟、歷史還有儀式是他對道德的看法。讀者可以從王玉輝對女兒的死和處置方式充分的理解。王玉輝似乎在故事中充分掌握了整個敘述發展，以他所期待的步驟進行。在典禮之後，女兒獲得後世人永遠的稱頌，因爲他是一個守貞潔的烈女。在王玉輝與他朋友兒子的對話中，對王玉輝來說，女兒的行爲是一個道德奇蹟。

在吳敬梓開始閱覽王玉輝關於道德的戲碼時，危機便伴隨而來，一直到末了。直到第四十八回結束，王玉輝從未解除自身的危機。這個故事的後半也描寫一個受挫的道德家企圖贏回自身的自信。對這個寂寞的男人來說，克服自身的危機的方法就是強化他原本受威脅的道德理念。他所面臨的眞正危機是超越他的理性的，而能解救他的方式難以達成。在他前往南京的旅途上，也充斥著危機，是以不同的敘事方式呈現。王玉輝不僅重述自己女兒自殺的故事，也在泰伯祠裡聽到自己的回聲。在他回程的路上，經過了蘇州，並在蘇州待了幾天，他在蘇州的這幾天裡，使他更加確認這個故事前後的敘述和紀錄。他也決定順道探訪了一位住在蘇州的好友，也是他的忠實讀者。不過這個預期的行程卻沒有達成，因爲他的好友去世了，預定的行程似乎被錯置了，王玉輝在他的旅程裡總是慢了別人一步。在旅途中，他決定確認的事項卻被永遠地延遲，無法完成。在敘述王玉輝的結尾，作者做了暗示性的結語，內文是這樣的：「王玉輝在他朋友的墳墓和肖像前獻上了供品祭拜，實踐了孔子典禮儀式中立下的規矩。」

商氏認爲王玉輝的故事在小說裡算是極端的例子，象徵文人陷入道德的限制裡。這與故事另一種形式的敘事形成對比：那些不顧一切追求功名利祿的人物角色。即使這些角色在不同類型的敘述裡，他們在小說裡成爲強烈的對比。有時候，這兩派角色會個別跨過另一方的敘述中，比方說，原本對道德的景仰會轉換爲依附功名利祿，也許情形也會剛好相反，因人而異。如果作者是要將「名氣」作爲批判社會的主題之一，那麼這整部小說似乎都圍繞在名氣左右，相當適宜拿來作批判討論。有些人很直接地拋棄自己不感興趣

的，因此在小說裡，作者爲了角色設計了一種新的情況，就是故事中充滿矛盾。這些矛盾之處並不會使故事過於戲劇化，而且也不會使讀者認爲要解除矛盾是不可能的。故事中的角色可以分爲兩部份，一部分是積極追求名利的，另外一部分是企圖離開名利漩渦卻掉入的。對讀者來說，仍能在字裡行間清楚地分辨，哪些角色是值得受到人尊重的，而哪些人卻不是。

商偉所討論的危機產生的主要仍以官方的制度爲主，而非個人經驗。儘管故事中的角色努力試著遠離權力的中心，這些角色仍舊無法脫離政治所建構的文化，因爲他們就是當中的一部分。一個受於道德制約的個體所行出的道德行爲，受到刻意的或不經意的褒獎時，並不會有什麼特別的感覺。甚至，不管是不是會成功，他還會迴避那些潛在的利益。然而，嘲諷是無可避免的，因爲這些情形已深植在這個系統裡。在這個系統裡，他的一舉一動在眾多的抉擇中成爲明顯獨特的觀點。他自身也體察到這個系統所進行的遊戲，就是迴避這些利益得到所謂的「名氣」。當文人社會的風氣改變時，任何一個原本遵守道德的文人受到汙染時，不願意自我反省的文人們成爲了被嘲諷的對象。

第四章　從寺廟到市場

商氏提到《儒林外史》裡，在市場裡創造了有美德的人們，比起專注於家庭和公開場所的道德觀，作者以美德來刻畫四位奇人，與先前對文人的敘述做比較。四位奇人有優雅的美德、自我培養以及真誠。不過在這個故事裡並沒有提到他們的教育程度，看得出是特地拿先前描寫的文人針對道德的部份做比較。人並沒有被教育汙染的可能性，因爲問題是出於人。人透過將教育作爲在社會垂直流動的工具，使教育腐化。比方說，學者們總聲稱自己是有教養精錬的人，不和世界的粗鄙同流。然而，他們口頭上的優雅常常只是一種空虛的修辭罷了，甚至只是爲了宣揚自己的華麗辭藻。在小說的第二十九回裡，作者以一首詩描寫一群學者，詩中描寫當學者們聚會時，必須以詩助興。杜愼卿是一個很有名的詩人，他回說：「先生，這是而今詩社裡的故套，小弟看來，覺得雅的這樣俗，還是清談爲妙。」對杜愼卿來說，能展現自身優雅品味的管道只有一種，就是將他自己和其他自說自話的文人區分開來。很有趣的是，杜愼卿的回答在多年以後影響了謙遜的裁縫師荊元。他爲了糾正他朋友對他做的評價，他說：「我也不是要做雅人。」當然，經由辨別和否定的方式恢復別人對自身最初的看法是不太可能的。杜愼卿拒絕保有傳統對優雅的看法，成爲了自視知識份子的遊戲的一部分。雖然，荊元並不像杜愼

卿，他僅維持其謙遜、卑微的職業來證明自己的真心，並且認真地看待他所說的一字一句，以行動來證明他說過的話。

商偉認為作者寫出四位奇人能適當地避免掉深藏文人文化中的諷刺氣氛。唯有外來者，唯有那些自然而為的人，可以不必成為所謂傳統中的「優雅的人」。他們的出現也刻畫了學術美德的理想，真誠透過了市集小民來證明，讓讀者能真實地體會到。

市集給人的形式是吵雜的，這對隔離的精神和學術美學來說，是相當不協調的地方。如故事中的角色，蓋寬，他被他的鋪子夥伴騙走了他所有的家當。我們可以體會到，市集這個地方充斥著對金錢無盡的貪婪和飢饞。在小說的一開始，市集這個地方就已經充斥著金錢的誘惑。四位奇人的敘述代表的是那些受教育的政府官員和文人的對比；四位奇人象徵抵禦經濟利益，相對地，那些受教育的文人則是積極地追求政治權力或象徵性的權威。在小說的第五十五回，市集的場景再度出現，不過對故事來說產生了不同的效果。比方說，作者設計庭園的場景，為的是要在城市中製造一個自然的場景取代真實的野外風光，是適合文人娛樂的場所。對這些市集的奇人來說，他們所處的地方即使是市場，仍舊是遠離文人文化那個受汙染之處。

如夏志清所述，四位奇人的描寫對《儒林外史》來說，給予了一個相當具有說服力的圖像。「當禮儀在學術界盡失，我們能在未受教之處尋找到。」如果泰伯祠的建造是從官方世界逃到文人世界的一種形式，那麼從文人世界再逃到市集裡，則是在這個世界上我們唯一能珍惜學術文化最後的一個方式，市集是我們能保存它們的最後一處。最後一處是美學的、個人的，雖然對我們是必需之物，不過，作者以純粹的可能性來闡釋，這個可能性還有許多未被完成，是等著世人來完成的盼望。

二十六、Anderson：〈學者帽子裡的蠍子：《儒林外史》裡的儀式、記憶和欲望〉〔註29〕

Anderson 在文中認為學者之所以對《儒林外史》的批判頭疼的主要理由在於它對於比喻性的詮釋有所抵抗。當然，從它裡頭產生的抗拒證明了它本

〔註29〕 Anderson, Marston, "The Scorpion in the Scholar`s Cap: Ritual,Memory,and Desire in Rulin waishih," in *Cultute&Late in Chinese History Conventions,Accommodations, and Critiques*（California：Stanford University Press, 1997）, pp.259-267.

質上與孔子思想之間的密切關聯性。此現象讓中國傳統小說家依照慣例地在寓言的框架之下組織他們擁有的資料，此框架相當仰賴道教和佛教神祕淵源。在一開頭的章節裡，《儒林外史》的文本似乎瀕臨於假想邊緣，而有了這樣一個框架爲故事的開端：隱世的王冕觀察天際，發現有一百顆小星星往東南方隕落。他認爲這是上天出於憐憫，因而派了這些個星星下凡轉世爲人，來維持凡間的文學傳統。這一幕使人聯想到《水滸傳》開頭的場景：有一百零八個靈轉世爲人，在地方上成爲驍勇善戰、爲百姓抱不平的英雄。有些評論家認爲，吳敬梓是要讓讀者發現這些上天派來的星宿和《儒林外史》第三十七回中那些恢復孔子思想的學者之間的關連性。這互有關聯的部份，在《儒林外史》裡，卻沒有發揮到淋漓盡致。故事一開始，王冕便隱世了。這段敘述象徵整個作品中，僅是強調其並沒有可供操縱全體的方式。

　　Anderson 提出《儒林外史》的內容不僅僅是缺乏了明喻的框架之外，也不鼓勵人們以寓言的方式來閱讀故事。至少，表面上的《儒林外史》並不透過垂直的神祕或意義論的結構敘述，而是水平地接連起各個故事。有時候這些連結就跟各個故事中的主題之間的關聯性一樣專斷獨行。若以較爲廣泛的修辭術語來說，我們會說這個文本偏於換喻或是相關事物的結合，而不會說是譬喻或是相似、相近。吳敬梓偏好用換喻的原因是因爲一般評論對於他作品的認識僅是一部以短篇故事編成的書，內部的編寫毫無秩序可言。然而，換喻包含了機會的聯繫，也包含了因果關係；最起碼在個人故事的創作時，這部小說極少產生引起讓讀者無動於衷的情形，也沒有危害了讀者閱讀的興味。的確，《儒林外史》在中國文學史上的地位，在「寫實主義」的領域裡，足以躍上再高一等的境界，因爲作者觀察了與過往比起來更爲逼眞的社會面貌。在小說裡，作者在醞釀寫作的過程中，製造了許多的機會，這些手法與以往的傳統書寫形式不同，因爲以往的小說總是會製造許多看似安排好的情境，爲的是要爲最後的結論佈局。《儒林外史》與此不同的特點在於，作者並沒有掩埋偶然事件的呈現。所以，故事中看似不可能發生的意外，就會出乎意料地影響著人物角色，以及書本外的讀者。而在這個轉換的過程中，作者就慢慢地將故事的發展往另一個角色發展。

　　Anderson 認爲在王冕的故事之後馬上接著幾個章節，這對曾參加五四運動的人而言，是具有說服力的，因爲它可作爲有組織的社會評論；他們針對懷有大志的考生和官員設定了幾項目標，並由幾個人扮演這些角色，在公開

的廣場上表演。透過周進、范進、嚴貢生和王惠這幾個角色的演出，附加在野心的虛榮心就被大量地建立，只留下敘述者針對社會環境的其他元素加以檢閱審視。將自我背叛和人格化的特質作爲社會上互動的重要事實之後，文本的重心逐漸轉向人物角色人格化的過自己的生活。換句話說，就是每一個角色都擁有自己的戲劇感染力。

由於已建立了小說主題性閱讀的發展過程，Anderson 認爲實際上這些過程仍有缺失，因爲它並沒有考量其小說最爲重要的技術成就，張心滄稱這項成就比起它在諷刺或模仿上的技巧都更甚一籌，也就是小說本身對於時間的主觀感受。的確，我們若忽略了《儒林外史》操控時間的獨特性，就失去了對它的信心，因爲它具有最爲基本的修辭屬性：傾向換喻的用法。畢竟，透過一連串換喻的過程，讓事物有所連結，也使文本建立了暫存的朝代。當然，這也是小說裡之於編年歷史明顯的記號，如敘述者在第二回到第五十五回裡記錄了 1487 年到 1595 年掌權的帝王，就是一個史實紀錄。既然《儒林外史》插曲式的故事結構模糊了我們對於時間進行的自然反應，在敘述中，客觀時間的紀錄，便成了一項重要的時間框架，讓我們能了解故事進行的始末。不過以一個更具組織的層面來看，這些短暫的故事發展使我們意識到小說中的朝代遞嬗，人物角色的故事也由他們的子孫延續下去。張心滄在使用「時間的主觀感受」這個詞時，便引用小說中子孫傳承的部份來說明。不過以此文本以非常基礎的程度影響了我們對於時間的觀感；讀者會在讀過一回接著一回時，受制於閱讀本身的壓力。除了以上討論的話題之外，我們還需在小說中具有批判意味的段落，檢示修辭。然後，以時間爲主軸地閱讀之前筆者提供的主題性故事大意。

Anderson 提到在作品中，吳敬梓特地以無味的敘述模式描寫高潮，令人匪夷所思。爲要理解他的作爲，則需要考慮孔子禮儀的本質和目的。詞源上，「禮」純粹代表「踩踏」或「跟從」。這些習俗慣例理想上代表著一種完美律法的再造，無論一舉一動都是以聖賢人爲楷模。「禮」的執行並不只是動作手勢而已，而是要獲得主持儀式者在道德上、心理上的認同。而荀子特別針對禮在心理上的影響有興趣，並作了最完整的解釋。

要對小說第三十七回有完全的了解不能只是仰賴片面的修辭分析，我們還必須考量故事所處的背景。從文本上下文中，儀式本身變成了欲望和記憶主要的受體，這完全與荀子的觀點相同，荀子認爲需要沉思考慮儀式的力量。

他認為欲望和記憶是不能避免的自然壓力，這些壓力無法連根拔除，從此一勞永逸，不過，卻能以儀式為管子，作有效地取代。由於相當地契合，因此儀式在小說裡為促進情節的發展，成為無窮欲望的最終出口，並佔了整部小說前半的頁數。透過儀式，欲望轉換成烏托邦理想主義，或者，最起碼也持有道德上的改革意識。因此，在最後小說結局的描述中，強烈「失去」的感覺影響了許多角色。這些儀式使他們對於制定禮儀的古聖先賢及先祖們普遍產生一種敬意，也改變了他們的看法。對於讀者而言，小說的前半部布滿了欲望的跡象，後半部則在記憶的掌控之下。評論家不易接受故事的後半部，部分理由是因為它存有一些文本上的謬誤。Anderson 認為，這是由於我們在評論術語上的錯誤造成的，因為說明小說欲望的工具比起記憶的工具來得適當。荀子的觀察是：若把記憶本身當作一種想望，在這裡應是一大幫助，因為每一個故事都最後產生的氣勢都是出自於想望。不過，每個故事做結論前會有這樣的過程：先前發生的事件引導我們前往延遲許久才現身的高潮，最後故事作結尾時，一次又一次地將讀者領到故事中心主旨：泰伯的犧牲。

　　Anderson 認為《儒林外史》無疑地強化人們對舊時孔子禮儀的想望，製造了令人嚮往的故事情節，並重新將中國古時文化的理想境界以一種新的道德訴求呈現在故事裡。不過，小說修辭上的使用，我們經過精密的審視之後發現，作者從未以單一爭論的形式說明那些理想，而是因自身不變的喜好，以換喻來書寫，謹慎注意時間和歷史對世界的侵蝕。小說甚至帶給讀者一種不情願，不情願將這些禮儀轉變為卓越的假想口號。從對孝道的討論中，可明白得知，小說除了重申孔子基本美的價值之外，也質疑這些抽象的理想是否真的具體地運用到社會上。作者寫《儒林外史》，最重要的目的並不是提供世人道德訓誡，而是要揭露道德意義和理想實踐之間的鴻溝，因為世人們的理想總是屈服於暫時性和歷史性的限制底下。這也是為什麼，在小說裡，那些知行合一的角色無可避免地對當時現況感到失望。小說文本裡的「清晰度」並不如說明文。但相對地，它擁有純粹的敘事邏輯，具備了解構、檢示理想主義的能力。願我們能夠記住這個事實，那就是，我們將能了解吳敬梓以此類型書寫小說，其當時迫切的心態。倘若荀子自身對於儀式的省思反映到中國思想史上持續世俗化的學習環境，那麼，《儒林外史》的誕生則是依據歷史的演進產生的。這是由於人類在知識上有新的需要，他們要測度理想境界在現實社會中的可能性，甚至要對抗歷史本身。

二十七、Rolston：〈潛在的批評：儒林外史〉〔註30〕

本篇文章爲 Rolston 在《中國傳統小說與小說批評：閱讀與寫作之間的界線》一書中的文章，此書提出一個基本論調：中國人閱讀小說注本已長達好幾百年。其多將評註刻印於鄰近內文之處，評註不僅僅是原文的補述，注釋者還會試著對自己選擇閱讀的小說中重新評論。雖然中國早期小說的評注風格在形式上，可能與其他國家並無不同，但影響所及之處可謂大相逕庭。

不同風格的評論不僅是探索與鑑賞作品，還牽涉至架構。某些時期，中國小說評論大都不被重視或是被遺忘，近幾十年來，學者對小說評論的特有性與獨立性產生濃厚的興趣，但多數重心在於利用個別的評論來瞭解自身喜愛的作品序文或是理解斷簡殘篇。閱讀用英文所嘗試編訂及推崇的中國小說該準備多少功夫並不重要。重要的是，如何繼續讓人們閱讀中國早期小說並受其風格影響寫作，

以下就本書第十三章關於《儒林外史》的部分作述要：

本章用《儒林外史》爲待評論的代表例的原因，Rolston 認爲這是最令人信服的範例，在本章決定不討論其他作品不代表《儒林外史》是獨一無二的。有好幾個理由顯現《儒林外史》是個好例子。第一、它也許代表說書人壓抑風格的過度發展。第二、《儒林外史》的架構顯著地影響金聖嘆對《水滸傳》的評價。第三、數篇《儒林外史》的 surveine 評論易解，它們表現早期讀者和現今讀者問題的不一，這些可以幫助我們了解大部分讀者對於內容的想法。

Rolston 在本章中論證三件事：第一、雖然吳敬梓曾有額外的評論出現在 1803 年的小說刻本中，但其不足以證實。第二、大部份的評論家指出此小說並非完全是自我解釋。第三、惻隱心的缺乏會影響結構、主題或是對於早期小說評論家不合理的小說評論風格不認爲是問題。

吳敬梓與金聖嘆會有相似之處是由於《儒林外史》的內容比其他小說更受金聖嘆所評論的《水滸傳》影響深遠：施耐庵的《水滸傳》。施耐庵用夢幻般的天降神蹟或其他預言證明他所描述英雄的上進心作爲他故事的雛形，在其中顯現不可思議的安排。吳敬梓使用某些同樣的本質卻用諷刺的手法轉變成其他的目的，Rolston 相信金聖嘆也用同樣的手法來編纂跟評論《水滸傳》。

〔註30〕Rolston,David Lee, "Latent Commentary:The"Rulin waishi"," in *Traditional Chinese Fiction and Fiction Commentary:Reading and Writing between the Lines*（California:Standford University Press,1997）,pp.312-328.

　　此二書使用大量的事例來安排主角的個性，近代的評論家對於吳敬梓未營造杜少卿一個眞的主要特質而感到失望。但在此本小說的主角中有些特質可以用來解釋他是參考金聖嘆的《水滸傳》評論裡的宋江。現在有越來越多的評論家發現《儒林外史》第一部分出現大部份負面性格的主要意義是爲了要和杜少卿的登場作對比。

　　《儒林外史》的敘述和《水滸傳》一樣都是經由後人經由聚會來加註標點，會議包含參與者和某些席次較多的異議者紀錄的敘述。此二書的相似處是以描寫角色爲主體，在《儒林外史》的最後一章和《水滸傳》的英雄碑都是經由長時間證明的。

說書人與閱讀評論者的消失

　　《儒林外史》象徵著說書人一點一滴消失的最底限。傳統的說書屬於一種職業就像是口述故事的人帶領著讀者領會評論、描寫與陳述間形式的變化，以及經由說書者焦點的轉移明白世俗和地點的改變。如下所討論的許多原因，此一型式的變遷及轉變低估了《儒林外史》，導致在其它中國的傳統小說需要較少的敘述及干涉。

　　Rolston 認爲《儒林外史》敘述方式空前的改變像撞球路線般的一致，轉變第一場景敘述的動量經由關聯的角色做物理性的移動，將第一場景推向第二場景。在《水滸傳》的金聖嘆版本中篇章可以看見此種卓越的技巧。《儒林外史》的支持者經由討論認可這類敘述的變化；傳統的說書人利用方言干擾達到控制諸如此類敘述的變遷。減少《儒林外史》的敘述干擾的另一種策略是將所有正進行或是持續敘述時間的阻礙儘可能的移除，說書人有時在跳到下一段之前，會爲了防止小說喪失舊文的蛛絲馬跡而延誤其進展，在《水滸傳》中處理同樣的癥結花了兩倍的時間，雖然金聖嘆在《水滸傳》中並未因移除事例而採用倒敘的手法（已佔小說一開始的一半），他卻使得說書人在描述時空背景時修辭上的改變。

　　說書人幾乎從不直接介紹《儒林外史》裡的主角，他們用他人的話或是剛出現的橋段替聽者介紹主角或是虛構的人物，金聖嘆讚賞此種介紹主角時不突出卻又準確描述《儒林外史》的技巧。說書人對於三十六章莊紹光的第一次出現或虞育德其正式傳記的條件下受到修辭的影響而用明晰地作法是少部分的例外。

　　Rolston 提出讀者對小說內角色的評估是《儒林外史》的主要焦點，而且

大量的讀者使用《儒林外史》當成如何去評斷一個眞實的人的入門書並非誇大其辭，作者在《儒林外史》中設定正反兩面的標準來判定角色的道德價值，在小說中關於負面的標準在於角色執著於成功、聲譽、財富與地位的程度，不依戀成功、聲譽、財富與地位可算是正面價值觀，但比如孝道是作者堅持認可的正面價值觀。然而，均非上述例子，在危急中角色所採取的行動是由其態度及動機所形成。有些令人感興趣的推論是《儒林外史》的評論和描寫的形式被刪除，這將嚴重的減短讀者對於主角道德價值的評斷力，描寫風格的轉變提供讀者對於原文有著更深的體悟。雖然對於讀者而言這種卓越的陳述方式可以讓他們在沒有媒介的狀況下對故事有更直接的理解，因此縮短了自己與世上人物的距離，實際上作者希望對於傳統小說（含有評論）有經驗的讀者用更複雜的閱讀方法將之融會貫通，這些策略會讓他們在閱讀時在腦中構成大略的評論使他們在自己與內文的事件場景維持一個適當的「批評距離」。在《儒林外史》中，作者利用表面上看不見的事來激勵讀者看得更用心，並轉移讀者的注意力來訓練傳統中國讀者尋找作者在內文中每一個細微的事件，唯一明顯缺席的是作者，尋找作者的娛樂變得更有挑戰性，但絕非不可能的，作者只是在他的文章中以僞裝的沉默替代說話。而讀者努力地操弄以確保他能接受作者的觀點還留在像儒林外史一樣的小說中，唯一的不同是在過程中的微妙處及小說中作者對過程的無爲。

二十八、柯瑋妮：《儒林外史：中國小說中的惡漢研究》〔註31〕

　　本文爲柯氏的博士論文，內容討論吳敬梓和《儒林外史》的各版本內文，裡面包括了對學術的觀察、定義尚未解決的問題、給予一個清楚的框架來討論小說結構的重要性。在討論完小說結構的不尋常之處後，柯氏說明他的中心論述。柯氏認爲《儒林外史》裡有流浪、無賴的元素。亨利·菲爾丁的《約瑟夫·安德魯斯》、《湯姆·瓊斯》和托比爾斯·斯摩萊特的《藍登傳》在英國文學的劃分上，被認定爲描寫流浪的文學作品。最終，柯氏檢視這本小說三個最令人驚豔的部份，它精確的文化敘述、考試制度和吳敬梓重複運用隱喻。總之，柯氏認爲吳敬梓將他想說的話以隱喻的方式在故事裡說明。

〔註31〕 Crothers, Dilley Whitney, "*The Ju-lin wai-shih:An Inquiry into the Picaresque in Chinese Fiction,*" Ph.D.dissertation（University of Washington,1998）.

（一）介　紹

　　作家亨利・菲爾丁（1707～1754）描寫惡漢題材相類似的題材在吳敬梓所處的十八世紀前半期的英國文學中，扮演了相當重要的腳色。《儒林外史》在十八世紀的中國是一個富有側寫中國的決定性作品。吳敬梓可比菲爾丁，因爲吳敬梓描述個別角色時就好比代表著全世界共通的類型，他將紳士階級的習慣和特性敘述從他所寫的角色裡拔除，即使他自己也是紳士階級中的一份子。吳敬梓從他身爲一個讀者的觀點模擬人性的道德觀，寫出長篇寓言。他用他所想像出的人物去描寫社會中精英無知和過度遵從儒學的現象，考試制度、社會風俗、和態度等等，塑造一個圍繞著他的滑稽世界，尤其是學者從事公職的態度。匡超人是基於流浪漢、無賴所寫出來的角色；吳敬梓描述這麼一個人的故事作爲寓言，這在清朝是很平常的現象：社會內部道德腐化。

　　柯氏認爲吳敬梓用筆編織了清朝中葉以後的社會情形相當的成功。角色忽隱忽現、在每個角色的生命裡都有危機交錯。作者用了錯綜複雜、充滿野心的技巧，記錄完整的十八世紀從城市到鄉村的人、事、物。當一個角色離開故事，就有另一個可以作爲題材的角色。有些角色在故事中只出現一下子，比如說：張鐵臂，他進入故事裡從一戶有錢人家中騙走了五百銀兩，在下一章就不再出現了。其他的角色，像是馬純上，他在各國四處旅行，遇到新的角色，使故事裡發生的事件都有所關聯，這也是將故事整合的效果。

　　吳敬梓的作品另外一個有趣的面向是他創造的角色們本質上參差不齊。例如在第五十五回我們很難知道作者是否設計季遇年爲具有道德觀的角色。季遇年雖然擅長於寫詩，可是作者不同一般的傳統而讓這個角色脾氣相當暴躁。一般傳統的描寫道德的故事裡，通常故事裡只有單一的道德主題：好就是好、壞就是壞，它已經被限定住了。不過吳敬梓所描述的角色似乎充滿掙扎。其他例子像是學者馬純上，他充滿愛心、知識淺薄，而他常因受欺騙而自嘲。爲什麼吳敬梓在描寫這些有優點有缺點的角色？當然，原因是因爲作者在描寫人性。這些多面向的角色呈現出吳敬梓具有成爲一個作家的想像力。他很有自己的想法，拒絕描寫有名的道德家，而大膽地描寫人複雜多端的性格。吳敬梓描寫人的手法顯現出他參考自身的經驗來書寫，包含生活在這世上的人和他們每天所作的一切抉擇。吳敬梓在描述這些角色時，比如說農夫、商人、學者、妾、藝術家和茶店老闆等等，並沒有軟化這些不協調的地方。以匡超人的例子來說，匡超人一開始對他的事業充滿了志向，不過隨

著他和他的能力和認知與現實退讓，使得他的意志快速消沉。

柯氏指出吳敬梓的精湛技術使得《儒林外史》成為一個有深度和廣度的驚人作品，而且對於歷史的考據有重要的價值，讓二十世紀的西方人攫取中國十八世紀的誘惑、挫折和複雜性。無論是合法、不合法的，正式、不正式的，在社會階級的各個階層，作者都能在這個作品裡獲得詳盡清楚的圖像。例如，在第十九回，鄉紳如何地在人與人之間佈下非法網絡以增加自己的事業利潤。潘三，扮演一個不可靠的商業諮詢師，他幫助匡超人欺騙考官以賺取金錢，並且為匡超人安排一個有利可圖的婚姻。當匡超人相當感謝他時，潘三告訴他，他只是希望匡超人在未來為他自己賺取財富：「幾年過後，當你當官大紅大紫時，你必須要為我現在為你做的事回報我。」這本書有趣的另一面向是故事裡的習俗描述在中國文化歷史是普遍的。在故事裡敘述到中國的習俗包括：孝行、對親屬關係的信賴及丟臉的概念。

（二）作　者

在一些主要的資料中，像是記錄吳敬梓生平的作家——程晉芳，還有吳敬梓所認識的朋友書寫的一些資料可認定他就是《儒林外史》的作者。在1921年，北京的一家書店也幫助胡適保存《文木山房集》，這些書目中存有吳敬梓的詩集。其他一些吳敬梓寫的重要書序也有所保存；這些證明也更加證實吳敬梓是《儒林外史》的作者。吳敬梓生活在清朝最富裕的時期——康雍（1662～1736）到乾隆（1736～1796）。這個時期的經濟繁榮、文化多元，為什麼吳敬梓不滿足？為什麼他與他所處的社會裡的文人看法如此不一？這本小說裡充斥與社會不同看法的道德是由於吳敬梓對於儒學的理想。這是黃宗泰所提出的論述；在黃氏所做的研究——《吳敬梓》——提到他敘述吳敬梓的生平事蹟。黃氏從吳敬梓的一生提出證明（例如，他對他父親的孝道），可以了解吳敬梓是一個真正的儒者。透過這些討論，吳敬梓的特質是他的作為反映了他對孔學的信仰。即使這個論述將事實包裹地有點太過簡潔，那也是因為在《儒林外史》裡的學者是作者用來揭露事實和諷刺的對象。在吳敬梓的晚年，他曾四處流浪，在不同地方，如揚子江的北方、揚州。魯迅在《中國小說史略》裡提到，當吳敬梓在揚州時曾以「波希米亞式」的生活過日子、成了一個醉漢、用了「文木」這個名字作為筆名，他在五十四歲的時候，死於貧窮。

（三）《儒林外史》中的結構不尋常之處

柯氏認為在《儒林外史》裡最特殊的地方是獨特的敘述韻律和結構。《儒林外史》的內文擁有複雜不尋常的結構。在第一次讀的時候，這些特徵在作品裡顯露無遺。這些特徵包括：小說的步調和韻律、一組透明的角色、描述不同人之間的事件轉移，還有劇情急轉直下的變化影響著角色的命運，都被清楚描繪。《儒林外史》裡的分析必須包括詮釋一些元素的結構：故事情節、韻律、結構和格式的機制、敘述者內部的不穩定，是由好運和偶發事件所造成的循環。

在討論《儒林外史》的結構時，我們不要輕忽中國散文結構的獨特性。《儒林外史》的框架是由中國傳統說書的機制管理的。即使在書中的這些機制看起來似乎不遵循傳統，但它們必然以中國傳統敘述文為基石。例如，在《儒林外史》的每一回都以省略的敘述手法作結。在《儒林外史》的第四回最後，范進的母親昏厥，不過關於他的母親的狀況到底如何，總是要到下一章才能知曉。第四回的最後一句是這麼說的：「要知道她怎麼了，請聽下回分解。」這樣的陳述在《儒林外史》的每一章的結尾都出現，再現剛剛描述的事件，並且讓讀者對未來的劇情發展有所期待，包括同一個角色再下一章將會如何？在這些省略的結語重複發出的訊息會讓讀者認為可能是結尾並不重要。事實上，一個讀者若不清楚中文小說的傳統可能會認定吳敬梓擅用緊張懸疑和用略述結尾的方式製造戲劇或諷刺的效果。在西方，通常緊張懸疑的效果有很多種。我們可以參考亨利・菲爾丁的作品──《約瑟夫・安德魯斯》。在第二集第十六章的最後一句說道：

> 亞當和它的主人一同坐下，倒滿他們的玻璃杯和點燃他們的煙斗，
>
> 然後他們對話。你們在下一章可以知道他們說了什麼？

在這裡菲爾丁也提供了這樣的訊息吸引讀者可以繼續往後讀。他設計一個兩個紳士的對話，不過他保留了他們的對話內容，直到下一章，他才透露出訊息。當西方文學的小說家有時善用省略結語去製造懸疑和刺激讀者的情緒，像是菲爾丁在故事節尾所做的一樣。因為緊張懸疑的結尾在整部作品中與每一個篇章的使用相當一致的這種情形在西方小說中不易發現。不過，《儒林外史》裡卻能相當一致。然而，《儒林外史》在中國文學史的背景需要被評鑑。從中文記敘體的歷史觀點看來，這些省略結尾製造效果的敘述從商湯王朝的說書制度保留至今。黃宗泰視這些省略結尾的手法為以中國說書制度的

歷史爲根本，而建構起幾個有組織的傳統。黃氏指出幾個慣用的說書用語，像是「未知如何」和「且聽下回分解」。

（四）惡漢小說

柯氏提到以惡漢小說形式寫成的現代小說在文藝復興時代的西班牙就逐漸出現了，作品像是《小癩子》（*Lazarillo de Tormes*,1554 年，作者不詳）、阿萊曼《古斯曼德阿爾法拉卻的生平》（*Guzman de Alfarache*,1599～1604 年）和格維多《帕布羅的一生》（*La Vida del Buscon*,1626 年）。我們可以從一個很清楚辨識的形式來辨識這些作品。這種形式被劃分在當時文學作品的趨勢之外。相對於西班牙傳統小說，西班牙的惡漢小說注重描寫平凡、沒有價值的人，世俗的世界，專注於個別人性的風格和提供一個廣泛的社會全貌。惡漢小說的主要情節是一個糾結複雜的長程旅行。旅行中，旅行者卻不斷地受到阻礙，比方說，在社會中面臨厄運的侵襲和騙子的欺騙。Robert Scholes 給這種文學一個專有名詞，「惡漢模式」，這個名詞似乎圍繞著一個流浪者旅行的過程，在這個過程中，流浪者從率直無知到狡猾無賴。「基本流浪漢的情境」被定義爲「不英勇的主角」，因爲主角在混亂的世界裡持續進行無止境的旅程。換句話說，西班牙的惡漢故事是以長程旅行的形式來描寫下階層民眾生活，故事中通常都包含著一個具有道德立場疑慮的英雄。

柯氏提出惡漢小說裡，情節結構的基礎是穿插式的故事情節。在隨意偶然風氣裡，是結合沒有預期的邂逅和事件所構成的故事。在惡漢文學中，英雄遭受一連串混亂的事件攻擊，而且持續同樣的故事模式。角色的出現和消失都是沒有任何邏輯的、被遺忘了。沒有特定的規律將角色、事件連結在一起，或製造和諧的情節。流浪漢小說情節僅僅記錄了一連串不同片段的故事。基本的情節結構易於用來描寫《儒林外史》。Wellek 和 Warren 的《文學理論》（Theory of Literature）包含這樣的敘述：

> 在惡漢小說裡,都是以編年式的次序記敘事件:這發生了,然後……。

哲學性思維的小說添加了因果敘述的文章結構到編年的歷史裡。透過檢視菲爾丁的小說裡的惡漢文學的成份及抽取《儒林外史》裡與其相似的故事主軸，可作較深的分析。亨利·菲爾丁時常被認爲第一個創造現代英文小說的作家。他期待著更多珍·奧古斯都、夏綠蒂·布朗特及愛蜜莉·布朗特成熟的作品。菲爾丁認爲他的作品和當代作品的書信體不同，而是「用散文寫成的滑稽史詩」。《儒林外史》也可以被這樣歸類。舉例來說，菲爾丁塑造他

的作品，讓它不同於典型的喜劇，而有規模較大、廣泛的視角，並且包含不同的插曲和較多的人物角色；這些特性與《儒林外史》裡描寫故事的方法有相似之處。除此之外，這兩個作品並沒有歸入喜劇小說，有更好的語彙敘述：「喜劇史詩」。

　　柯氏認為菲爾丁和吳敬梓兩位作家的作品都有一種很強的公平性。菲爾丁讀過幾年的法律，而後在 1748 年被指派到 Westminister 作和平使者。他在那裡與腐化的法律制度及開業律師挪用罰款之事奮戰。這也與吳敬梓所關心的主題相同，因為在《儒林外史》第十六到二十回吳敬梓略述潘三和匡超人涉入貪汙腐化的惡行。F. H. Duddon 非常詳盡地記敘菲爾丁的生平，尤其是菲爾丁迫切懇求改善司法界的新標準。他自己簽署了一些有影響力的法律案和提案，提案包括了廢除公開絞刑、有效分發糧食給窮人。即使吳敬梓從沒有正式地讀過律法，他諷刺司法的作品驗證了他公正地譴責貪汙腐敗的想法。他在故事中使用狡詐的角色來代表社會的貪汙現象，比如像是資深的開業律師，他聲稱維護律法，實際上他卻非法地沒收了人民的財產，畏罪潛逃。

　　菲爾丁因為《湯姆・瓊斯》（1749）這個作品因而深受讀者的喜愛，這是長篇自傳型式的故事，描述一個有錢的鄉紳在他家門口撿到了一個被遺棄的孩子。在第一章〈餐卷〉，作者鋪陳這一章的意圖就相當明顯。他寫道：「我們在這裡所能得到的食物……根本就不符合人的需求。」「在這個世代中，介紹優點和純真是誠摯的舉動。」這不也是吳敬梓崇高的目標嗎？無論如何，我們不能否認的是這兩個作品結構上的相似之處：這兩個作者呈現出小說式的寫法，故事的長度過份地長，包括組織完整的角色群、光鮮亮麗的人格特性、及旅遊式的書寫體，旅行的範圍以作者所居住的城市為主。這兩本小說都包含狄更斯筆下的角色所有的名字，這些名字暗示他們個性的某種滑稽特質，例如，菲爾丁筆下有個勾引男人的女人——Lady Booby，還有在吳敬梓筆下有個最美麗的賊——全無用；這些滑稽的角色可以幫助我們定義作者他們的道德立場。就像菲爾丁，吳敬梓開始著眼於描寫人性和介紹純真美好的特質。學者們可能將一連串的動機歸因於他所想達到的目的。在他最理想的世界裡，我們可以看見英雄理想主義裡的值得仿效的價值觀，而在觀點式的世界裡，這本書描述了現實和理想之間的拉扯。

　　柯氏提到道德家菲爾丁受到了許多其他當代思維的攻擊，包括 Dr. Johnson，菲爾丁對於事物的對錯與否相當的兩極化。比方說，他讓主角在故

事裡遭受各樣情愛糾葛，不過，主角仍舊不爲所動，到最後，主角得到了祝福的婚姻。吳敬梓對於這個世界的看法也相當的模擬兩可，他覺得世界每天都不一樣，它複雜、驚豔、又難以應付。他探討人類所製造出來的事件，而覺得它們具有穿透時空的力量，角色在故事裡引起爭議的話題包括了武器和學問、愛情、養育子女、家庭傳承、政治和宗教，作者處理這些題材，卻不給故事下結論，不隨意提供讀者一個定型的道德抉擇。的確，很多學者針對他的小說裡的道德觀的不一致及哲學思想提出評論。故事所傳達的態度及敘述手法若不明確，並且因爲在小說中穿插小故事造成了整篇敘述的不協調，這本原著小說的後三回是整本作品中最不成功的。學者商偉試著證明《儒林外史》內部不一致的道德觀，商偉稱小說的第三十一到三十七回是仿效明清孔學的典章儀式，泰伯祠大祭則到了孔學典章制度的最高潮。然而，作者透過泰伯祠的大祭及小說最後三章敘述的俗世來呈現充滿儀式的世界中所產生的張力。除此之外，商氏也聲稱在第三十八到五十五回，儀式所具備的道德意義在社會上變得越來越模糊不定。

　　從故事中的許多扮演學者的角色，比方說匡超人，吳敬梓利用他來減緩人性所盲目追求的功名富貴。同時，吳敬梓也塑造了被功名富貴影響較小的角色，如杜少卿和虞博士。在小說的第一回，王冕被作者塑造爲一個理想角色，他拒絕接受功名富貴。功名富貴是每個人都會受之誘惑的，在《儒林外史》的第一回中，「功名富貴」這四個字就在故事中提了四次。這些故事裡的插曲製造了滑稽的效果，使得田園詩穿插了惡漢小說的敘述形式。最終，敘述的形式也將王冕這個角色與其他角色分開，因爲王冕不受到功名富貴的誘惑。

（五）準確的文化細節

　　柯氏提出《儒林外史》的每個部份都充滿了尖銳、準確的細節，這樣一來，就可使敘述體在十八世紀的中國確實地被反應出來。儘管作者將小說的背景設定到明朝來諷刺清朝的文化傳統，對於清朝時空的敘述，吳敬梓安排了不同類型的人、不同的政府經營、首都的法院場景和在多元文化的中心，如南京和揚州，產生的戲劇效果。在當時被認爲野蠻信仰，如回教，也包括在其中。整體而言，小說場景的敘述最精彩的部份在於茅草屋和庭園建築及奢華的城市風光。作者也用簡陋的小屋來襯托出楊執中波希米亞的生活型態：貼滿心靈寄託的詩和圖、月光射入用紙糊成的窗邊映照出桃花的影子。門外景色的敘述處理地特別好。作者似乎將窗邊美景信手拈來，畫成一幅美

豔壯觀的帷幕。他用簡單、樸素的言語傳遞些許暗示的印象。他的圖畫就像是極簡主義的藝術作品。

（六）考試制度

柯氏認爲《儒林外史》中作者最明顯關注的焦點之一是考試制度，也包含了公職員考試制度。考試制度在明代（1368～1644）以前就有了，而且一直持續到清代（1644～1911），在清朝體系崩解前被禁止。考試制度在地方和中央都有設立。學院也因爲考試制度而被設立來教育孔學經典的人才。通過考試後的學者會在政府機構的認證下賦予公職，成爲社會中的高階份子。考試制度因而具有相當多的競爭對手。比方說，在 1850 年之前，大概只有全國百分之五的人民參加地方行政長官的考試；十八世紀中葉以後，最初參加鄉試的考生多於五十萬人，而通過最高級考試，成爲進士的，每年只有三百多人。

《儒林外史》中設計的時代，考試制度分化了相當複雜的階級制度，也象徵著不同階級的學問成就。在《儒林外史》裡，作者已經生動地描繪出考試不同階段的難度。很多考生在經歷了八次的名落孫山後選擇放棄；還有人試了十四次。在第三十回裡，作者描寫杜家對於追求功名的熱中；杜家有六十到七十個兄弟姊妹，但卻只有兩個人願意接待訪客，其他的則都關起他們的門，盡心盡力地準備考試。再舉一個例子，虞育德當了十年的舉人，經過了多次的嘗試，才在五十歲高中進士。

考試制度的背景也值得記錄。《儒林外史》裡，吳敬梓描述考試制度包括孔學的經典文學（《周易》、《尚書》、《詩經》、《春秋》、《禮記》）、詩作考試、申論題。在 1757 年前的考試，張仲禮指出考試也要求寫陳情書、判決書和論文來協助程朱學派的司法判決，比方說練習書寫上建皇上或審理判決時的律法文件是考生未來成爲治國之才較爲實際面的學習。然而，在十九世紀以前，考試制度因爲加重了孔學經典文學的份量，而取消了實際運用的公文書寫的考試內容。爲了活用這些孔學經典，考生需以公布的題目爲主寫作，像是在《儒林外史》裡第十一回裡給蘧駪夫的考題：「當一個人洗淨了自己所有的罪時，他整個家庭都將活在正義之中。」然後考生必須以他們所讀過的孔學經典爲基準，以寫作的形式作答。考生寫得好不好取決於他們寫作時是不是有遵照形式而不是內容；例如，寫在試卷紙上的答案是否有遵守嚴格的規定，而且作文的長度也有所限制。文章的措辭用字是否得當、還有寫詩的韻律感，這些也是重要的評分標準。還有毛筆字寫得好不好，也會成爲最終評分的標準。

這些技巧並不會爲考生預備在往後就任公職時眞正所需的技能。在面對那麼緊張激烈的考試競爭下，使得考試放越來越多的心思在如何考好試，而不是成爲一個眞正學識淵博的人。如此一來，正如我們在《儒林外史》本書中所讀的，學生忽略了孔學經典的眞正精髓，而專注在那些最近出現在考試裡的作品。

若要討論考試制度，有一個十八世紀尊崇孔學的儒者下了一個定義很適當。《儒林外史》若翻譯成英文，翻成這樣很適當：「遵循孔子的儒者外史」。但是，要以什麼準則來將人定義爲「儒者」？吳敬梓在記錄這些遵循孔子的儒者的生平時，並不單單只參考那些成爲行政官員的儒者。王冕和第五十五回裡出現的四位奇人都沒有因考試而擔任公職，但是他們都被吳敬梓納入《儒林外史》這個「外史」中。「遵循孔子的儒者」被定義爲「文人」、「知識份子」和「學者」。傳統上，訓練一個中國學者是爲了通過公職考試。擔任公職證明他能致力在社會上傳承孔學。身爲一個行政官員的社會地位能使他獲得政治上的特權及經濟上的收入，卻使生命走向世故。然而，有些學者對於公職考試沒有興趣，或者根本就沒有通過。

儘管如此，在文學上和藝術上優秀的成就仍舊爲他們在學術界裡贏得他們應得的。當他們被認定具有藝術成就上的價值時，他們被認定爲菁英階級、被世人所期待著能透過高雅的嗜好和高尚的理想來辨別他們自己。清朝的學者時常主持文學聚會，他們圍繞著主持者的桌子，分享藝術的鑑賞力、呈現如何鑑賞的技巧、討論美學的靈思和哲學性的價值觀。這個工作室，可能會以文明的藝術品如書法、畫作、銅器陶器的古董和任何具有藝術價值的器皿，來作爲四周的裝飾，成爲了學者們的內心的暗室，這樣擺設的氛圍很適合學者們之間的分享。

（七）饗宴：文學譬喻

柯氏認爲吳敬梓在他的小說裡使用食物擺設和分享，作爲一種文學機制。如同現在，明清年間，「吃」在中國文化裡扮演了相當重要的元素。一個人擺設和消耗的食物能凸顯出那個人的社會地位。像是較貴的中國珍饈就不會在那些有所侷限的餐桌上出現。如此一來，在吳敬梓的小說裡，一個人如何擺設食物就反應了他所能擁有的物質享受。如同在第十四章，忠誠的儒者馬純上深刻記憶著他遊西湖時，許多烹飪的樂趣都是他所超乎想像的。

在《儒林外史》裡的饗宴相當豐富。幾個盛宴都清楚生動地描寫，尤其

他們也在冗長的邀請名單當中時，比如說第十一回胡先生和詩人的聚會。通常這些聚會從晚上持續到隔天早晨。他們需要借一個可供野餐的地方、可以穿越湖的船、聯合準備的食物經費。其他的宴會則在較小的地方舉行，比方說在家裡的聚餐和酒宴。在《儒林外史》裡至少每一回都會出現一次宴會。在第六回裡，場合非常奇特，兩個角色居然用了一個被割斷的頭顱為理由舉行宴會（參照第六章的插曲，人物有：劉氏兄弟、張鐵臂），有一些《儒林外史》裡獨特的諷刺場景也在宴會上出現。吳敬梓善用宴會為道具凸顯出那些偽善的學者而達到精采絕倫的效果。

（八）結構是表達作者的一把鑰匙

　　柯氏提到之前的評論家認為吳敬梓的意圖透過小說的結構，以兩種方式暗暗地表明：（一）整合小說的元素是考試制度，它是交織不同角色的中心思想；（二）《儒林外史》環繞著單一重要的事件，比方說在泰伯祠的祭典。當這些看法都被認為是錯誤的，他們所代表的意義只是作者主要目的的部份想法；小說裡普遍出現吳敬梓對於考試制度的看法，不過考試制度並不是這本小說存在的理由。同樣地，在泰伯祠祭祀孔子在小說裡只是以中心主旨為出發點而出現的一個事件，但是吳敬梓企圖在他的小說裡處理更多情節為了宣揚淨化被儀式渲染的儒學。這本小說的設計圍繞著許多關鍵人物，像王冕和匡超人，作者用了數量相當驚人的角色來支持自己企圖要達到的故事主旨。假如有人將章回和內文主題作比較的話，我們可以清晰地讀出一種既定的模式，這種模式就像書的索引般指示《儒林外史》的中心思想、點出作者的真實想法。小說裡一開頭的序言和最後的跋就像是書檔一樣，把故事裡不同的角色包裹著。這些故事扮演著框架包含著完整而連續的故事，這是一個整理地整齊對稱的敘述體。

（九）結　論

　　整個作品裡，吳敬梓本質上一直是個惡漢小說家。之前所討論的惡漢形式的文體顯示出吳敬梓的《儒林外史》和十八世紀的英國小說家托比爾斯‧斯摩萊特和亨利‧菲爾丁的作品裡都具有惡漢小說的敘述元素。比方說，這本小說的格式像是十八世紀生活的廣大風帆，而主角則必須在複雜交織的關係網中長期在海上飄行。《儒林外史》裡也有一些插曲的描寫，這些插曲的情節在小說裡並沒有什麼組織，只是插曲和插曲交之相疊。在描寫角色的財運

時，作者安排了一連串令人頭昏眼花的選擇，這也暗示著小說中包含著經濟的不穩定性。除此之外，小說裡有輕快的韻律感，而使故事情節有了不穩定、稍縱即逝之感。最後，很多角色（如周進、范進和匡超人）被認為是游手好閒的人或滑稽的英雄，因為他們與社會的互動使他們從幼稚無知轉變為墮落敗壞的人。

柯氏認為寫惡漢小說的人一般說來都關注於他諷刺的目的和社會評論。如此一來，吳敬梓的作品裡荒誕乖離的部份，像是關於學者們的惡漢故事和奇人軼事，都與流浪漢小說相關。即使他所呈現出十八世紀人民生活點滴的全景是很廣泛的，他必須將他虛構的元素穿插在他所看見的實際生活當中。有了承先啓後的開頭，使讀者更能瞭解作者所創造的世界，故使故事一開始出現的人物，王冕，和之後出現的其他游手好閒的角色，潘三、匡超人等聯結在一起，強化了故事的效果。

吳敬梓的哲學概念，其關鍵已經在故事一開始時陳述了。在第一回裡，作者以一首詩為開場白，詩的主題說明了生命的稍縱即逝。這些詩句暗示，打從出生起，所有的人都有相同的起頭。即使他們生而平等，但是命運卻已經安排好了他們的一生。

在這裡，吳敬梓描寫人的命運像是一棵古老的樹，曾經高大、屹立不搖，而現在被風吹時卻輕易地搖搖欲墜。人被註定的命運就如蜉蝣的短暫生命，朝生暮死。

在詩裡，吳敬梓也用了王朝的興衰輪迴的比喻就像是每日朝暮交替那樣的自然平常。也就表示了，命運忽起忽落的循環就跟日出日落、天黑天暗一樣不可避免的。透過這些比喻，作者說明了人的命運無法抵擋時間不可知的力量，它一點一滴地毀壞生命；而最終一切的名利財富將永不被記得。

對吳敬梓而言，這個想法不代表無情的現實，而是一種解脫。他針對名與利寫了以下這段話：這首詩描述關乎命運，死神視各種階級的人為平等。最終，這首詩寫道：「濁酒三杯沉醉去，水流花謝知何處？」

吳敬梓以深刻的方式描寫人從出師就具備的危機，借了落花流水來比喻人的命運。因為人是無法掌握命運的，所以吳敬梓建議他的讀者「濁酒三杯沉醉去」。

的確，「奇人」的角色，如王冕、季遐年都接受了這個建議。或許有人能回憶起，當王冕讀完了屈原的詩後，他打扮成屈原，帶了高帽、穿了闊衣，

在春光明媚的時節，用牛車載著母親，一邊唱歌，在鄉村四處玩耍。吳敬梓所刻劃出來的「奇人」想要過著最滿足的生活，有休閒娛樂和文化的薰陶，如書法、繪畫、棋弈還有四處旅行觀賞自然美景，使自己得到最大的快樂。對他們來說，在公職考試後所得到的名利已經被他們丟到腦後去了。吳敬梓刻劃這些角色為有自我掌權的儒者，身為崇高的象徵，吳敬梓認為名利不值得我們攀附追求。

吳敬梓提倡「行樂及時」而不是苦惱著世界的成就。它鼓勵讀者不要盲目追求財富、頭銜、成功和名聲，因為最終這些東西嘗起來就像嚼蠟一樣索然無味。吳敬梓用了不同程度的道德觀和學術體系來介紹一群遵循孔學的儒者，如匡超人、奇人的故事，讓讀者去思考最終的結局。

儘管匡超人的故事顯示出政府機關貪汙腐化的蔓延，清朝在長達幾乎兩個世紀之後才瓦解，《儒林外史》並不是命運的預言，也不只是要求社會改變的評論。儘管它充滿了缺點，吳敬梓似乎在為他所處的社會歡呼。他以慶祝節慶或黑色幽默來記錄過往所遭遇的麻煩。我們也看見了在二十世紀的美國，那些認為政府無能、學術不公、充斥在日常生活的不平而抱怨的人，仍舊選擇全然地擁抱世界，在世界的荒誕中尋找快樂。

二十九、商偉：〈禮儀、禮儀典章以及儒家世界的危機：《儒林外史》的詮釋〉〔註32〕

商偉針對《儒林外史》和孔子典章制度的當代思潮理論研究討論，尤其是顏李理論—顏元（1635～1704）和李塨（1659～1733）的理論—並提出與它們相關的議題加以討論。商偉認為這本小說的重要性在於它透過了敘述形式具體地表達出社會現象的議題。其敘述形式是到達孔子思想及典章制度的途徑，使我們對於十八世紀思潮的基本變動有一定的瞭解，因此具有相當的重要性。這本小說使得吳敬梓清楚地說明儒教世界產生的危機；內容比起顏元或李塨那些儒學中的理論學家所論及的還要再更深一層；此外，除了包含一些當代的思潮論述以外，同時也針對這些現象作出了回饋。

商氏提出在詮釋文人生活的淪喪中，吳敬梓如同顏李一樣，強調孔子思

〔註32〕Shang, wei, "Ritual,Ritual Manuals,and the Crisis of the Confucian World:An Interpretation of Rulin waishi," *Harvard Journal of Asiatic Studies 58* （1998）,pp.373-424.

維對於維繫社會機制已經是強弩之末了。也如顏李的例子中，他對於孔子學派論述的社會功能也產生質疑。因此，禮的實踐對他來說是一種選擇，而非唯一，他對禮的實踐和理論的看法也出現了歧異。吳敬梓除了能清楚地表達、切中主題，處理那些令人受挫的問題；不過，對於自身不足的地方，他也相當地清楚。文人努力地將泰伯禮儀的道德價值實踐於具體的日常生活之中。吳敬梓在將這些現象呈現在小說時，似乎在孔子禮儀典章的需求和純粹的不可能性之間游移掙扎：一方面，他強調對於典章制度的絕對忠心，將透過行動來實踐；另一方面，他重新嚴謹地審查典章制度，使那些實踐者陷入矛盾、諷刺之中，甚至是荒誕無稽的景況裡。

（一）泰伯禮儀和孔子禮儀典章

商氏認爲《儀禮》對《儒林外史》第三十七回來說就是一個古典典範。第三十七回特別地強調儀式外在的形式，對於其意義、功能或者是參與者的心理狀態或反應的關切很少。由於專注於傳統的禮儀行爲，以概要式的說明、重複性的修辭，以及獨特的措辭發展自身的書寫習慣。明清兩代的版本通常會伴隨著圖解，可以具體地說明儀式舉行時所使用的器具、地點、過程，以及在過程中每個參與者的位置。

吳敬梓不僅將孔子儀式典章作爲他詮釋孔學禮儀的標準，他也記錄了幾個針對孔子儀式典章爲主題性書寫的作家，以及編纂儀式典章的編輯者。

在吳敬梓描繪泰伯的段落裡，雖然他對於王玉輝讚許有加，他可能也想到自己，因爲在撰寫他的泰伯祠禮儀時，他也從事了編纂禮儀手冊的工作。王玉輝的故事因此帶我們回到了第三十七回，並問了一個問題：書寫一部敘述文人在社會政治層面的生活型態，吳敬梓爲什麼安排儀式典章的形式出現？

（二）顏李學派：儀式和理論的較勁

商氏提出十八世紀裡，閱讀孔子儀式典章的中國人比以往多了許多，也顯示出其重要性。內容多方敘述儀式具體、正式及重複的姿勢、動作；無論是孔子儀式典章，或是其他關於禮儀的讀本，都成爲了當代的知識思潮。我們可回顧清初的私塾學者，也是一位尊孔的思想家：顏元，來了解這一股思潮。他的生平和思想都可以從《顏習齋先生年譜》裡得知，這本年譜是由他的學生—李塨—可能是根據顏元的日誌完成的。在這本年譜裡，加重了顏元對於孔子典章儀式在執行上的說明。多了整個儀式過程的操作過程，使一般

的敘述描寫，就像是儀式生活型態的一生。

商氏認為顏元為了在儀式和理論之間劃出分界，他似乎提倡兩種「禮」，敘述性的或是推論性的禮，無望地置身於危機之中；對於敘述性的「禮」，禮以具體的儀式行為作為回應。敘述性的「禮」，在孔子典章儀式中，不過是口語或文字上的題材罷了，因此也與實踐的領域有所分離。根據顏元的說法，也就是在這個地方，制度的規定開始模糊，迷失了方向。當儀式行為被理論性的儀式替換了之後，對實踐此儀式的人來說，不再是傳遞價值、宣揚美德和建構社會現實的媒介。對顏元來說，更為嚴重的情形是，當禮完全地仰賴理論來尋求意義時，禮的內容會因為詮釋上的多變、永無止盡的協商、和讓步而受影響。因此，顏元對此作出了新的看法。他所認知的「禮」強調透過行為來要絕對的承諾和忠誠。禮的道德意義包含於儀式活動之中，但是並不容易達到。唯有透過公開制式化的儀式活動不斷地重複舉行，任何一個參與在當中的人才能夠將道德禮節轉變為自身永久的性情，無論是站著、坐著、說話或與他人相處，都能將禮真心確實地實踐於生活之中。

（三）郭孝子：融苦行儀式於行為之中

1、一個苦行的英雄

商氏認為郭孝子對父親的孝順忠誠，裡頭並沒有任何心理衝擊或掙扎。即使郭孝子被他的父親拒絕了，身陷危機之中，小說裡並沒有描寫到郭孝子良心的應答。對他來說，危機只是考驗的一部分，因此他可以透過危機來表現自己超脫世俗的道德觀。無論他遇到了多麼困難複雜的情況，個人回應、抉擇以及人性的衝突點對他並沒有什麼困難，因為他只做他認為他該做的事情。他的舉動可謂是孔子思想儀式延伸的最佳寫照。在第三十七回的內容敘述中，孔子思想儀式是由一連串的制定的行為組成的；它要求透過行為取得一致，而非以個人的抉擇來定論。比方說郭孝子在他所經歷過的旅行經驗中，也由於必要性而有了儀式行為。由於儀式化的義務是制式的，無法視情況而調整，因此郭孝子對於外在世界的萬變和複雜也是可以預期的。

郭孝子的父親曾經參與反對明代政權的反叛組織，並且耗費了大部分的時間隱密地生活著；相對地，顏元的父親卻被滿族人逮捕，不知道任何原因而冤死。即使編年史書看似故意地掩蓋了顏元父親的生平，卻使顏元本身陷入了不得已，就算他有了選擇權，他也必須假裝他沒有。也就是他否認了他

的決定，幫助他能定義自己的儀式：在他所堅守的儀式道路上，他所遵循的是沒有岔路的一條路。因而從顏元的身上，我們可以發現郭孝子這個角色的雛形，一個遵循孔子思想的苦行英雄；堅守儀式，以其為己任，並在日常生活中實踐，即使因為有了衝擊而產生了生命的危險，他也不改職志。

2、敘述性的儀式

商氏提到郭孝子的事蹟是有些超於事實的故事。因為作者讓郭孝子成為極端個性的角色，並且讓他經歷了許多嚴厲的人生歷練。中等的背景和考驗成了選擇，在儀式和非儀式、對錯之間設下了一個兩極化的基本衝擊。這個衝擊在於郭孝子和他父親之間內隱的對比。在《儒林外史》中，這個衝突引發的動機並不只是兩個人之間，還擴展到了兩個不同的世界：一個遵循敘述性禮儀的父親和一個透過行為不斷修補儀式規章的兒子。這兩個世界之間的衝突正是郭孝子這個角色存在的關鍵原因。對於他父親所遵從的禮儀，郭孝子以苦行實踐的方式作為批判的反動，其行為的極端意識可以「禮」所含意義的深淺來測度。

我們早些看到，反映在晚明和初清的學術文化中，顏元所針對的主要是文字和行為彼此脫離的問題。根據他的說法，問題在於孔子思想的理論對建構世界、重整社會秩序失去了功效。跟顏元一樣的是，吳敬梓確實地將文人們的理論和想法描寫為一種空洞無意義的修飾或文字遊戲。不過，吳敬梓也揭露了隱藏在其背後的力量。這些力量協助文字遊戲制定規則，也提供了判別文字和行動之間的差異。在大多的故事劇情中，吳敬梓讓文人扮演騙子、偽君子的角色。他們極力地想玩弄制度，在法律的界線上游走，為要獲得任何的優勢，是緊握權位不放的追求者，而不是一般社會上的犯罪者。除此之外，他們的墮落不僅限於個人行為而已。這些情形所象徵的意涵以超出社會組織准許甚或鼓勵他們作的一切。吳敬梓以諷刺的眼光看文人的世界，超脫了一般展示個人對於孔子言詞的適當性、或者是失去了文字操控行為的能力。孔子思想的常態開始鬆散瓦解，而吳敬梓正說明了其無法改變的流動性。

3、苦行儀式

商氏認為在郭孝子的故事中，我們了解到苦行儀式蘊含的兩個主題是互相作用的，並且產生了一些新的發展和演化。郭孝子並沒有歸隱到寺廟裡，相反地，他透過每天力行自我定義所謂的「儀式」，對於儀式有一定的自主權，這個權利在於朝廷之上。為了要修補與父親之間的關係，他花了一輩子的時

間，儘管他與當權者產生了許多的衝突，但是他的舉動清楚地說明他想要增進父子關係的最佳寫照。然而，由於郭孝子對於儀式實踐的決心，他所表現出來的只像擁有「儀式靈魂」的人，而不是一個真正的人，成為了概念的具體實踐。

商氏提到在敘述文裡，我們邂逅一個僅有儀式的靈魂。文章內容主要是針對其表象，並且也沒有揭露任何行動和意識之間的顯性關係。郭孝子身為一個實踐儀式的英雄人物，卻化身沉默，靜悄悄的氣氛無法促進人們對其的好奇心，也無法使人內心有所昇華。他的沉默反倒讓他成為局外人，因為書寫的手法主導了讀者的專注力，使讀者從原先專注於郭孝子的心理狀態到他的舉動。從吳敬梓的觀點看來，不管郭孝子這個角色是否能說服讀者，最重要的是，我們是否能從這個角色中看到其體內儀式為主的本質，以及苦行主義者重視行動、自我犧牲和絕對的信仰的特質。

4、郭孝子的最後告白：理想破滅的那一刻

小說的第三十九回，是郭孝子在小說中最後一次出現。他帶著他父親的骨骸，準備回家好好地埋葬父親的骨骸。在作者的描述中，郭孝子並沒有顯出任何的滿足或者是慰藉。

為了避免郭孝子的苦行儀式產生完美或邏輯的理性思考模式，故事中他最後的告白具有反高潮的功效。郭孝子對儀式生活的具體化少於對於現實中衝突的扭曲；為了在現實生活中存活，無論是字句還是行動，他都必須要妥協，但是這些妥協無可避免地產生了必要的結果。但我們遇到了一個孝子。他隱姓埋名旅行，為得是要平衡忠誠和孝道，但是卻沒有成功。雖然他企圖實踐儀式規條，卻展現不出任何的道德自信或滿足。在認親的過程中經歷了許多的磨難，卻被拒絕了。以郭孝子最終的告白為結論，這個故事瀕臨傾毀。故事中幾乎所有協助描摹苦行儀式的元素，正以不同的方式解開儀式的束縛。

（四）王玉輝：危機中的苦行儀式

商氏提出閑齋老人是最早評論《儒林外史》的評論家。他了解王玉輝趨於誇張、純粹的禁慾主義，不過，他卻沒有對這樣的傾向作出任何的誇獎。在他眼中，王玉輝只是想要滿足自身的道德信念，無論在何種情況之下、結果是如何，王玉輝都顯示出他對於道德實踐極大的勇氣和決心。閑齋老人故意拿王玉輝和乖人作對照。他就像王惠和王氏兄弟一樣，總是能夠找到輕鬆

的方法來面對危機。正如我們所見，這些角色身處在神聖和世俗二元對立的世界裡。他們實踐了所謂的「敘述性禮儀」，雖然實行了這些儀式，卻沒有犧牲世俗利益，成為了遵從孔子思想顯赫的信仰者。為了對抗虛有其表的「敘述性禮儀」，王玉輝所謂的禁慾主義的禮儀，是依據美德的概念化為其特性，透過對禁慾原則的自我否定、趨向行動的實踐，以及著迷於卓絕的驅策，來對抗世俗的利益。比方說，郭孝子極力地要修補他與其家族的聯繫。可是，王玉輝從儀式規章中找不出任何其必要性的證明，也無法看出任何協商、妥協的可能性。這是因為從他的觀點中，無論在何時何地，這些儀式規章都是不證自明、清楚明瞭的。不過，禁慾和敘述性典章儀式的分歧點並沒有一定要前者作為較好的選擇。在最壞的情況之下，絕對的禁慾主義並不需要任何的確認，而成為了人們施行暴力、折磨、否定人性的正當理由。因此，王玉輝不僅是折磨自己的女兒之外，還自導自演，並成為了受害人。

商氏認為在閑齋老人記錄的軼事中，《儒林外史》揭露了實踐孔子思想中相當深刻的困境，以及呈現這些文人實踐者。文化儀式遠離了改變社會的職志，充其量不過是一連串象徵性資本主義的累積，是一種充滿矛盾的遊戲，因為要經由逃躲來獲取利益。儘管根據孔子思想的儀式主義看來，這個累積是情有可原的產物，不過卻也打開了另一個同等密度的競爭。在王玉輝的故事裡，最壞的結果是王玉輝對於禁慾主義崇高的態度，使他可憐的女兒成了犧牲品，並且建造了一座祠堂來紀念她的貞節。

三十、Roddy：《清代文人的認同及其小說描寫》 [註33]

本書為 Roddy 在 1998 年的作品，全書可分為三大部份。第一部份是在追溯一些十七到十九世紀早期的各種重大指標人物所呈現的關鍵描述，這些描述承載了當時文人的自我形象。對此 Roddy 的目的是為了描繪出一個文人之身分認同的輪廓，而這樣的輪廓是經由學術研究、文學、藝術等人文類領域的討論之下所呈現的。其中大部分著作多半並不直接提出文人個人，而是「專注於自己的身分」，以確定如此介紹輪廓的呈現方式保有某種程度的清晰。

第二個部分，Roddy 轉而談論《儒林外史》它本身以及它所代表的人文關注。Roddy 先檢視了各樣元素，其文人社會，即學者、詩人、八股文體系等等

〔註33〕Roddy ,Stephen J.,*Literati Identity and Its Fictional Representations in Late Imperial China*（California:Standford University Press,1998）.

綜觀，還有其他離散版本或者是抽象的文人信念。經由分別出每一個人文領域的不同貢獻，以及其中互相對照或互相影響之處，才有可能繪製出建構在《儒林外史》中的文人身分認同的輪廓。這龐大的空間設計是設定在動態的歷史朝代之中的，也就是小說的明代年表，以及小說本身的內部參考時間尺度。這樣的時限重疊了經歷時間長河的發展元素，並且 Roddy 根據它的細節分析出其文人習俗的演進性質和意義。Roddy 之於《儒林外史》的討論是在總結這年代的最後一個階段晚明時期文人習俗的衰退和腐敗。不論是結構上或邏輯上共同呈現出這樣的衰退是來自典禮儀式得體與否的接合，Roddy 主張如此結論是為了對十八世紀時那些提倡因宗教儀式而帶來文人復興的擁護者提供一個警示說法。

第三部分所討論的是寫於乾隆和嘉慶中期到晚期的兩部小說作品，也就是大約《儒林外史》大概的成書年代之後大約三十到七十年。而和「沒有證據顯示這些作品受到吳敬梓小說影響」相違背的是，這些作品仍然呈現出相似的文人身分及地位的價值觀。相對於《儒林外史》裡大多的嘲諷模式，這些作品建構了烏托邦境界，在此烏托邦中他們的文人達成了一個所有類型的重生（革新）。其中首要的就是夏敬渠的《野叟曝言》，就在《儒林外史》停止之處展開，這些小說中排行第二並且也是廣為人知的就是李汝珍的《鏡花緣》，此書甚至在學術領域中比之前的小說占有更大的廣度。其中占主導優勢的女性角色們也加入了對於學識的追求，這最終帶入另一個面象的，關於文人知識本身性質和有效性的假設問題。

雖然《儒林外史》一直以來被視為是最重要引起文人不滿的文件，甚至是當時所不容的，太過於字面上的閱讀卻是一件危險的事情。有幾位評論家提出詮釋本小說時應該注意書中反映乾隆時代舊派既有的精英面對新興社會勢力、暴發戶等挑戰所產生的焦慮。吳敬梓本身出身自一個在困苦時期家道中落的名門望族。但不論我們選擇是以何種方式閱讀他的小說，是舊有勢力的復興也好，是過渡時期也好，或是在帝國秩序在大規模地解構下的一種保護手段也好，吳敬梓並不孤單，在那時代除了他之外還有許多白話小說作家。十七和十八世紀小說數目的大量增加顯示了不論是作家或者是讀者都傾向於面對文人文化和制度中的各種不同面向的問題。尤其是在十八世紀年間，許多作品如《醒世姻緣傳》和《紅樓夢》，還有經典的《聊齋誌異》和與《閱微草堂筆記》，事實上，幾乎所有如今認同的清代經典小說都在諷刺當時社會精

英的瀆職和無能。跟早期的小說相較之下，清代小說和短篇為文人提供了更大的尺度的出口宣洩文人的焦慮，而這焦慮來自於文人處於越來越脆弱的社會和經濟情況。

Roddy 在本書所討論的三部小說中，《儒林外史》是最典型的代表小說，不論是結構上或主題上都圍繞著它所代表的文人活動和文人關懷。它也是這三部作品中最早問世的，大約成書於乾隆盛世前十五年。它的作者吳敬梓本人則是當代最成功的宗族之一的後裔，屬於當時功成名就、官場得意的宗族之一，雖然他自己離那突出卓越的時代很遙遠，但不可否認地，他成為南京和揚州，這兩個他待了大半輩子的地方，學術圈和文學圈最好的連結。吳本身涉足於研究經典，其中最為人所知的是《詩經》，然而在這一點的追求上他卻似乎稍嫌業餘。《儒林外史》對於當時的學術研究只有間接暗示並且非常簡略地描繪；但這些資料，再加上一些如今留存下來關於吳敬梓社交友人的紀錄，已經足以推測出許多關於作者的知識學習。如同我們在第二部分中看到的，《儒林外史》無可反駁地反映出許多廣為作者各路友人所辯論的學術上和哲學上的議題。以下就書中與本研究相關的章節來作述要。

第二部份　《儒林外史》中文人身分的解構

Roddy 提到大部分的西洋翻譯《儒林外史》時，會將「儒林」這個詞視作「學者」、「官吏」、「文人」，或者其他意義類似的字詞。對於二十世紀前期的讀者，至少對那些浸淫於經典文學的人來說，「儒林」這個詞或許涵蓋了某些比上述各樣翻譯都更細微的意思。幾乎所有朝代的史書中都包含「儒林傳」，收錄了許多傳記，多半記載著學者對於儒家經典上的學術成就和筆記。作者或許打算使「儒林」讀來諷刺，因為許多書中的角色都展現了對於這領域的才能。不論作者是否有意於此，小說標題「儒林」這個詞很不協調地突顯了文人身分中的學術面向，這面向唯有在作品的高潮時才具有些微的協調。

然而對於那些在這部作品中尋找作者和其當代的知識生活的讀者們，尤其是第一部分所討論的文人的自我身分認同等等知識，此書名提供了一個令人發噱的提示。在這部小說中，這些議題都被化作一個中心主旨，清楚地和作者當代的學術界有所關聯，也就是說對於儒家的儀式或者儀式的得體性。

Roddy 認為小說中所包含的種種禮儀，禮儀的制定，儀式的合理性，清代學者對這些禮儀高度的關心也和古禮的復興相應和。禮儀以及《儒林外史》的禮儀復興倡導，兩者同樣耐人尋味並且是頗具諷刺意圖的潛在涵義。因為最終

證明禮儀無法激發出任何長效的改變，即使是在提倡禮儀的人之中也一樣無
效，他們大肆地將禮儀當成一種學術運動，甚至是一種誇耀。事實上，小說的
結尾留了一個疑問給讀者思考，是否如此提倡看似神聖不可侵犯的文化理想所
帶來的，實際上卻是它的相反，就是不合適、有爭議的、以及不稱職。

第四章　學者，詩人，畫家和評論家

　　Roddy 提到《儒林外史》的情節是高度插曲式或不連續的，即使它是一部
通俗小說。書中極少有角色、劇情支線、或者其它容易辨識的人物是可與它
的敘述文字連結成一個單獨完整的整體。雖然在許多方面《儒林外史》是啓
發自《水滸傳》的模型，因它們結構上是相似的，劇情上《儒林外史》承襲
了「水滸傳體」互相連結的傳記文學結構，但它仍然強調劇情本身的獨立。
沒有任何一位角色或團體在書中占著主要劇情超過少數幾個章節的，雖然有
一些評論家已經把此比做「一串珍珠」有著微妙的串連好加強它主題上的連
貫，這部小說仍是當作一系列的短篇故事來閱讀會容易得多。此外，雖然南
京市在地理上是「重心」，綜觀整部小說，可以說這個空間上的重心點並沒有
其他可以繫住書中不同單位成爲一個連貫整體的裝置來作爲幫浦。相反的，
敘述從一段個別的單元流到下一個單元僅是憑著最爲不足道的關聯性和微小
的因果相關性。劇情的轉變實際上是強調著敘述單元與單元之間的獨立性。

　　尤有甚者，重複或者重現的劇情設計可能抵銷這種不連貫性相對地尚未
被提出來。藉著文本的重複或者結構上主旨所需，書中只有非常少數的循環
或者重複的環節，這也就是浦安迪所稱的「形象再現」，中國文學小說的特色。
這樣一系列的故事缺乏清楚的起頭或者結束。書中在各式各樣的時空中都可
以瞥見主人翁的身影。雖然有少數的描寫實際上隱含著有意義的改變，例如
從年輕轉變到成年，又或者是命運的忽然逆轉，只有兩位角色（王冕和虞育
德）是以全然相似於傳記體的報導。書中大多數的文人並沒有如此待遇，只
是被拾起，並最終以一種雜亂無章的方式並且總是以看來隨機的方式退場。

　　Roddy 認爲當然書中每一個單元都非常符合小說的主題。在西方文學中諷
刺作品常常傾向於徹底的不連貫敘事，其中經典的例子如《憨第德》和《格列
佛遊記》以資證明。這樣正規的角色是適合諷刺文體的，因爲就如同吉伯特・
海特（Gilbert Highet）所說的一樣，中篇小說作品不適合連貫敘事法的特性。
這些在《儒林外史》中顯得特別重要，爲大多小說都只致力於展現有限的文人
身分認同和思想體系。在小說的主體（第二章到第三十六章），有一群角色成功

地埋首於考試體系，詩和散文，以及藝術，還有學術之中。隨著在這些文人行業領域的擺動，每一個社經出身背景都帶出了對文人身分的新解釋，也是對其可察覺到的相對者宣告無效，這最終揭示了其無法連貫性或者揭示了不同擁護者的膚淺。這樣的不連續敘述結構因而完全補完這樣的中心主旨。

1、學　術

Roddy 認為雖然《儒林外史》這標題暗示了某種追求知識的卓越地位，尤其是對儒家學說的追求，但我們可以在書中的角色中找到少數志學之士的珍貴例子。經典的儒家學術研究被當作是和書中大多數的文人角色沒有關係的，他們大多數只將學習視為另一種目標的資財，而非一種富含德性的志業。然而，相對的有一小撮人致力於經典學術研究，這些角色在全書中占據了重要的策略地位。學者假設小說的結構中心和故事高潮是在書中第三十七章中泰伯之祠的建立和揭幕儀式這個事件當中，就如同小說的標題所示，小說中「儒生」身分看來是代表著人文領域中的典範。

Roddy 提出在小說中半段，大約是在第三十一到三十六章，幾個以他們的學術地位和學識聞名的士人隸屬於聚集於南京的一群人。雖然幾個小角色也擁有學識，但是只有杜少卿、遲衡山、莊紹光是被描繪成在學術工作上積極活躍的。另外，這三個角色也按著次序一一出場，暗示著其經學上的學識和成就越來越深。三者中最少書卷味兒的杜少卿在他的祖籍天長縣首先出場。雖然他有許多時間都被一些好逸樂的半吊子和混混所圍繞，他仍然找出了一些時間來做經典文本研究。遲衡山身為杜少卿的良師益友，是書中對於禮儀形式的社會改革主要的發言人。而三者之中最晚出場的莊紹光，被描述成「本朝最有學識的人物」並且給予了博學的證明以及人格修養。杜、遲、莊三人在小說大部份的情節中常常一起出現，暗示著他們共同作為社會菁華的身分集結，也就是本作品的精華。尤有甚者，他們每一個人都顯示了獻身於某一樣專門經典—杜生，專於《詩經》，詩的經典集結；遲生，專於古代儀文法典《禮記》；而莊生則是專於卜筮之書《易經》。

2、文　學

Roddy 提到早在泰伯祠祭典之前，只有在南京聚集的少數幾個士人明白地被視為「儒」或博學之士。相對的，許多遊於文學散文藝術和詩文的是為數更多並且占去書中絕大部分的文人角色，都出現在進行泰伯祠祭典當中。從世故並教養良好的到地位較低的生意人，還有從相對地位較高的人到肆無忌

憚的混混，詩和散文有了廣大的擁護族譜（還有一些是女人）追求著認同，物質報酬，或兩者的兼併。當傳統的學術明顯地以知識激勵和可察覺的價值吸引著文人的同時，對於大多數在官僚考試當中失利卻負有盛名之文人雅士，文學作品也大量呈現出一種保證行業的實際利益。

詩文也爲那些附庸風雅的角色們提供了一個通道；然而，即使是這樣有著以藝術圖利的慾望的人們和那些鄙視他們自己卻爲官僚考試而準備的士人只有非常微小的差異而已，就是對於世間名利的胃口大小罷了。舉例來說，年輕人蓬公孫非常不協調地娶了一位強烈八股文體愛好者，魯小姐。她來自一個雄厚的文學世家並相對地缺乏考試填鴨教育的訓練。當受到來自新婚妻子的壓力要他作一篇八股文章時，蓬公孫回說道：「我于此事不甚在行。況到尊府未經滿月，要做兩件雅事，這樣俗事，還不耐煩做哩！」他反倒想要藉著創作和出版詩文體立下名聲。然而當蓬公孫獨立創作遭遇了一系列的失望之後，輕視八股文的態度轉變爲著迷。選擇文學成爲職業看來是來自於大量挫敗的抱負，像這樣缺乏對文學追求的長遠承諾正是小說中典型的詩人和散文作家代表。

3、考試研究

Roddy 認爲《儒林外史》描述了許多不同的人文職業，其中準備科舉考試是唯一被認可並且被維護著的眞誠職業。馬純上是一位考試相關文章的主筆，詳細解釋了科舉文章寫作的「方法」，並且他的意見和很多其他情況看不到的憤怒情緒爲此辯護的角色們相應和。通常贊成學習八股文的擁護者共同特徵是狹窄並且缺乏教養，甚至是粗俗的；並且他們致力於八股文的程度從溫和的好笑到明白地荒謬都有。並非誇大這一點成爲這不諷刺小說的中心笑柄，八股文的學習是大多是人的心中典範，而這在文人之中是錯誤的一件事。不過，在小說的過程當中也呈現出一種荒謬性，那些八股文的擁護者和那些學術和文學的追求者在角度上有所不同，但並非從那出身的。書中每一種文人的「方式」緊接著發展出並揭露一種偏好和霸權傾向，這對於所有爲了考試而學習的信徒而言是最眞實的。

4、藝　術

在《儒林外史》中，藝術家是非常微不足道的存在。Roddy 提到在小說的主要劇情線中，只有金寓劉和辛東之爲代表出場而已。這兩個人自吹自擂說如何挑戰鹽商主顧，爲了寫區區幾個毛筆字而要求大量的報酬。如同在第二章中所討論的，就算揚州的資產階級氛圍日益高漲，對於藝術報酬的接受度

仍然是非常敏感的，敏感到當如同鄭燮這樣的畫家為藝術品索求報酬的時候，仍會被當成是一種誇耀的文人文化下的產物。那兩位書法家對商人財富的輕蔑是無端的，並且，他們模仿了他們所輕視的商人貪財的樣貌。有趣的是，這一段短暫的插曲幾乎就是在小說的中間段落發生的。書中其他的藝術家只有出現在小說的序、或者是跋當中而已。王冕，這位小說開頭人物，被定位為一位畫家——並且，雖然並非專門地，但他確實建立了他的畫作詮釋的不朽名聲。而最後一章則是始於一位古怪的書法家季遐年的生活軼事。

5、非文人學者

Roddy 認為《儒林外史》一書的開頭和結尾章節都是在敘述一些自願或非自願地被完全摒除於文人角色之外的人的故事。畫家王冕如同隱士般生活在一個鄉村當中並且後來默默無名死於山林之中；在第五十五回所描述的南京四客包括了一個寫字的、一個賣火紙筒子的、一個開茶館的、一個做裁縫的。在小說主體中也是一樣，文人角色周遭圍繞著不同的社會份子並與之互動，有商人、僕役、跑衙門的、和尚、和手藝人。這些族群中的許多成員，尤其是鹽商、戲子、以及武官利用文人的裝腔作勢並且和他們社會地位更好的人們相交，好加強他們的社經地位或者單純的取得名利。但是那些不如此尋求地位提昇的人因此遠離了那些折磨人的地位較好的文人之判斷。跑衙門的和僕役都是在下層社會中打過滾的並且靈敏於世俗之事的，並且提供有用的建議給他們笨拙的文人雇主，但他們的建議經常被忽略。商人也經常提供智慧的建言，甚至是和那些聲稱生活超脫於骯髒世界的錢財，但在財務上吝嗇或魯莽的文人們相較之下更為寬厚慷慨。更明顯的是他們對於救濟窮困文人的慷慨大方。舉例來說，當周進因他無能於取得應考資格而沮喪崩潰的時候，也是他的商人親朋好友替他買了資格好讓他完成省試。

在小說社會眾多角色當中，非文人角色——就是武官，也在《儒林外史》中佔了一席之地。就像文人角色一樣，武者也參與公眾事務並且以文明社會的補完角色而散見於歷史之中。在儒家的治國理念之中，政府文武官的和諧是一個有效政府的關鍵。兩造雙方官僚的互助合作是穩定和平的保證；反之，雙方失衡或者衝突就成了社會動盪和官僚體系癱瘓的徵兆。此外，在彼此並非對立的情況下，武者的價值通常都被視為是文人體系的對照。當文人顯示出文化的文明美德，如文學和藝術的知識之時，武人則是期許體力的展現、勇氣、以及果決的行動力。

6、人文理念

Roddy 提出《儒林外史》中這些學者、詩人、藝術家和考試官員們都展現出各種不同程度的昏庸、無知、或糟糕,這些人仍然和小說中隨處可見的受磨練的文人有所區別。這許許多多有著不同的振奮人心程度的文人或文士們以及他們的食客—也就是書中大多數角色所代表的笨拙持守現狀,有著俗不可耐的考試信念的人們。另一方面,即使是相較之下未受教育的馬純上和杭州的詩人都展現了某種對於自身行業的熱情,然而滑稽的是,他們似乎比那些笨拙地鼓吹現行制度沒有問題的官僚們來得好多了。說來或許有某種程度的悲哀,對於那些考試體系中既不成功或者連資格都沒有的人們來說,另求他途以取得某種程度的自我滿足,即使很顯然地是為了商業利益。在這樣的人之中,一些受過教育之士以及學經之士追求著顯然是最高的人文文化理想的廣泛學習。然而,即使是如同杜少卿、遲衡山等等成就令人印象深刻之士人,也是被證明是深深地敗於使自己脫離文人主體和智識上的限制,雖說在程度上不同於那些八股學究,但是也絕非那一類的人。所有的人都埋頭致力於一種虛榮,想要達到全知的企圖,而這也直接帶出了小說所諷刺的荒誕和謬誤。當證明了考試制度只會製造出小學之士甚至是扼殺想像力的,成為士人生活方式的最終禍根,並且是他們之中每一個成員都沒有發覺他們自己的主觀偏見的一種失敗。

第五章 文人價值觀的衰敗

藉著許多主題式的敘述,這更加複雜地描繪出小說作者的時空背景。雖然這些描繪並未如同《紅樓夢》一般引起高度的關注,金和 1869 年的版權頁標記作為此作品最重要的指標這件事情早已廣為人們所接受。金和身為祖籍在全椒吳敬梓的同鄉,和吳家包括吳敬梓在內有著密切往來關係的人,宣稱小說角色和情節中十有八九是來自於他當代的背景資料。並且,接著之前許多作品和小說的年代時間的腳步,這一幅十八世紀的寫照是以明代編年體為骨架,大約是 1360 到 1600 年間。實際上這一段時間的歷史人物和事件的文獻記載是稀少而且相對的不受人注目的。但是這一段年表卻是已經足以喚醒文本中特定而重要的地方,並不能視為僅僅一段演出而打發完畢。最為明顯的是,當看起來是邊緣化的一段歷史,它卻提供了一個架構,在小說單元式的結構上仍然加諸了歷經時間長河的面向。這樣的史實性擴大了小說的關係框架並超越了「僅僅是挪用當代背景以包裝其社會和當中影響力的歷史發展」

的一般理解。除此之外，藉著建立一個完全符合歷史記載的架構，它將明代事件描繪成一種微妙的假象以達到它虛構小說敘述的重要性。這些文獻建構了明代非常複雜的歷史觀點以及吳敬梓生涯之中文人的興衰。

Roddy 提到值得追憶的是明代歷史文件中四段時期是聚焦於文人對於政治參與的疏遠，甚至最終是拒絕參與的。王冕悄悄地迴避了一個皇室的傳喚；王惠以不光彩的方式逃離了任何官場形式；南京的學者杜少卿和其朋友招搖地婉謝了皇家的資助；而好逸惡勞的陳木南和其友人甚至對考試作文發出一種象徵性的努力都辦不到。在每一個情況中都指出了明代歷史的問題點，就如同明朝的建立，王子寧的造反，嘉靖統治下的混亂政治局勢，以及萬曆年間的無情統治，也就是之後的歷史學家總是將此年代視爲是文人轉向他們公眾角色的轉捩點。然而每一個現存文獻都顯示如果文人對政體直接盡了本身影響力的義務或者是盡忠的話，王朝中將會沒有多少瀆職情形。

Roddy 認爲這並沒有防止一些角色拒絕參與政治並且舉發王朝的醜事，甚至是將他們的態度合理化的違法行爲。建立王朝時對文人政權的壓迫、永樂的篡奪、王子寧的造反、冤獄、還有許多其他的事件都由不同的人紀錄了下來，有的動機是因爲決定抵制不法，或者是爲了服務大眾。的確，標題中「外史」這個詞或者「非正史」都可間接的看到爲了點出對王朝合法性的質疑。

讀者應該也不驚訝於王朝的正統性被舉出以呈現文人對於現況的不滿至高潮而產生的人文改革的合理性，也就是第三十七章的泰伯祠祭典。遲衡山質疑這樣的地上祭典的必要性，明朝的開國皇帝並沒有建立「儀式和音樂」，結果引起一個很嚴重的欠缺，即是或許是不合法的，但需要像他們自己這樣的人以行動來改善。這樣的活動的實施和計畫都來自於儒生學者們，他們尋求考試體制限制之外的自由，並且一腳踢開官方邀約的提議。這樣的人們避開了考試狂熱的膚淺和荒謬並且掃蕩了同時代的人們，但是如同 Roddy 之前提過的，在這些努力中，他們也帶進了他們自己的偏見和缺點，不論是儀式或者是其他。那麼，本質上，書中對明朝歷史的描述提出了是否王朝藉著考試制度的惡政或者其他手段造成文人抑鬱這樣的主題。這樣的主題造成第三十七章中祭典開頭的討論，其中贊成祭典的擁護者像它是一種改正，改正至少某種程度上是他們自己的王朝力量所造成的錯誤。

第六章　祭典的濫用

Roddy 認爲傳統評論家和現代批評家都一樣將泰伯祠的祭典視爲書中著

重的焦點。其中，林順夫提出祭典得體性的重要影響力作爲要將分散的單元彙整成整部小說的一種寫作原則。不論組成成分是什麼，祭典儀式的結構和主題同樣重要是無可置疑的。十八世紀小說中，如果沒有提到那時期關於祭典的各種思想體系，那文人態度就是令人驚訝的。但這並不能回答許多學者提出關於它在敘述中重要意義的問題。爲什麼這樣的事件坐落在文人文化的興與衰之間呢？爲什麼小說中描繪了文人藉著祭典自我復興的榮景，卻又編寫了接續而來的事件表明了它的失敗？這樣的收場是否損害了祭典儀式本身的目的呢？又或者它僅僅暗示了小說主人翁的實行失敗？我們可以找到這些問題的答案，以仔細而且將之視爲一體地檢查小說中的祭典動機主題，尤其是在泰伯祠之祭的進行和之後的高潮橋段。

　　《儒林外史》中泰伯祠祭典似乎是略微提及了當時文人對於這主題的全神貫注。遲衡山，它的組織原則和創造，正好呼應了吳敬梓當代文人將古禮祭典視爲對當時社會病態的解救之道，是當代文人的一種手段爲了再創造出古時的和平和諧。關於祭典的準備和制定引起了在南京聚集的那群人的關心，尤其是那三位學者杜少卿、遲衡山、莊紹光。並且，雖然是無益於引起任何良好影響的，但是那些較晚到達城市的人們藉著對祭祀的地點和實行致敬，承認了它的重要性。

　　Roddy 提及雖然小說中主要用「禮」這個字表達儀式的制定，它必須理解成不可分割於儀式合禮的象徵領域，也就是指社會上所有的標準，維持著社會互動所有的和諧、階級領導關係的標準。藉此它的涵義超越了泰伯祠祭典的準備和制定，實際上是涵蓋了整個士人階級的行爲。小說首次清楚地提到「禮」這主題的概念，也就是說，對於標準禮儀規範的奉行或者是違背。以「禮」的最大面相來看是祭祀和儀式得體性並不僅僅是那些倡導它的傳播的學者而已；幾乎小說中每一位文人角色都在某方面有意識地操作了社會互動的形式，那才是祭典禮儀的核心。

　　Roddy 提到在《儒林外史》當中，莊紹光從首都回來之後馬上接著泰伯祠儀式的制定，或許這間接地略爲提到乾隆皇帝在他在位的第二年，建立了一個團隊，爲編輯一部三部禮儀經典的官方贊助版。這新帝國對禮儀學的熱愛產生的利益關係很明顯地令吳敬梓同時代人生厭，並且至少一部分可以解釋成一種爲了增加帝國優越性的合理性之企圖。

　　Roddy 認爲最接近《儒林外史》中的文人衰退的類比，可以在一篇晚於袁

枚的小說《On the Origin of the Literati》幾十年的刺激論文中找到。根據袁枚的說法，文人的問題在於文學和學術標準的鬆散，這使得取得地位太過容易。因此，「那些天生只足夠擅長於養殖、手工藝、或者做生意的都成了文人；而一些甚至連那些行業都不夠格的也成了文人。一旦他們取得了地位，他們不再勞力四肢，也分不清五穀，卻厚顏無恥地希望能夠加官晉爵。……唉，並不是這世界沒有了文人，而是真正的文人混雜於那些看來似乎是但實際上不是文人的人之中了。」如此，以袁枚的觀點看來，古人了解將有識之士控制在較低的數量上的重要性，所以那些人們心滿意足地安身於這對社會有用的職業之中。

　　《儒林外史》可以被解釋成對一群人的記述，這群人倡導並且加入文人行列原則上只是把它當成一種提升階級的手段，並且避免了社會中較不優越的道路例如畜牧或者為社會帶來有形利益的交易。他們無法抑制地對「功名富貴」的渴望使他們無法辨識出這樣的渴求所帶給他們的滑稽。在小說的最後幾回，謙虛的詩人、作家、和一些名士們聚集在妓院來賓樓的橋段強化了這個主題陳木南、丁言志、和陳和向等人想像著自己是文人雅士，並且不費心思地模仿著文人的食客生活方式。這樣的人如果在他們成功的職業上知足，並且拋棄文人階級的想望，他們將會做得更好，這和第五十五章的尾聲互相呼應。文中的四位才能出眾的普通百姓尖銳地避免了尋求任何文人階級的特權，純粹地以他們自己的辭彙享受文學和其他藝術的樂趣而非把它當作一種求結果的手段。因此他們避免了那些尋求文人特權的人所呈現的滑稽，並且成為只會更進一步欺騙擁護者的主流話題們的吹號者。

　　Roddy 認為或許吳敬梓贊同向王冕這樣得到官方嘉勉的學識之士，並且文化可以為了那些少數可以達到高標準的天才以及那些有智慧到足以免去自我誇大而企圖成為一個當代的文人的人們，保持著一個清楚的目標。然而小說對那些政府收編或改選的知識份子們和他們所抵擋如此的腐敗影響，只有描述了負面的結果。跳出這僵局並且以一種振作的型態重新定義文人知識份子身分的方法，仍維持了後代可能被強迫鬥爭的問題。

三十一、Wu , Yenna：〈明清諷刺小說類型的再審查〉〔註34〕

　　Wu 氏認為至今許多的小說都被屏除在這個諷刺類別之外，這些小說有的

〔註34〕Wu , Yenna, "Re-examing the Genre of the Satiric Novel in Ming-Qing China," *Tamkang Review*（1999），pp.1-27.

是勸世良言，有的先前被歸類在其他的類別，而有的是以經典的語言寫成的。Wu 強調《儒林外史》並不是中國首度出現或者是唯一的傳統諷刺小說，而只是這個類別中許多的其一。從這個較新鮮的角度看來，中國諷刺小說的誕生可謂明代。許多歷史學家針對中國小說劃分了既定的小說分類，Wu 質疑這些分類的正確性，並且建議在那麼多的類別中，有些小說也可因爲主題及其內容論述的話題，因而歸類於多於一種的類別。重新思考類別和限定分類的放鬆之後的原理，可使得評論家在未來能擴展其視角，並且檢驗出許多被忽視的小說作品的類別；重新發掘類似的作品、追蹤小說裡對社會更多的影響力，以至於能對於中國小說的歷史做出更妥善的安排。

（一）諷刺類型的小說

Wu 氏認爲諷刺是一種文學類別，倒不如把它定義爲一種技巧比較妥當，因爲它能針對不同的主題寫作；亦或是將它視爲一種方法或精神，因爲不論在西方或在中國的小說裡，它都無所不在。曾有一個歐洲文學學者指出，諷刺的來源是借其他類型的書寫型式，演變成一種文學書寫模式。在中國文學裡，諷刺存在於多樣文學類別的方法，從詩到喜劇，都可見到它的蹤跡。它也可以針對廣泛的主題做出技巧性的書寫，因此，在令人驚奇的寓言或是各樣的紀錄中，都能夠發現諷刺的身影。所以，諷刺形式的書寫並沒有被歸類於特定的文學類別裡，這是我們所無須驚訝的認知。

雖然現代之前，中國小說的類別劃分以及討論認爲，諷刺小說並不是一個標準的學術術語，但是，諷刺體裁的書寫模式一直存在於中國文壇。實際上，諷刺體裁已操縱中國文壇多時。雖然有許多的小說裡存在著諷刺的元素，不過它們多半討論的議題都不以諷刺爲主。基於事實以及人性的欲望，一些二十世紀的歷史文學家開始尋找西方與中國在諷刺文學上的異同點，在中國小說的範疇裡尋找具有諷刺體裁的小說。因此，諷刺小說也才能夠眞正地獨具一格，成爲我們分析的對象。

（二）魯迅定義裡的疑點

Wu 氏提出在魯迅所寫的《中國小說史略》裡頭，他將明清小說分爲下列各類別：歷史愛情小說、神怪小說、禮俗小說、諷刺小說、學問小說、淫穢小說、冒險偵探小說和譴責小說。魯迅明白地以混合的基準將這些小說分門別類。學問小說的分類大多傾向權威體制；諷刺小說和譴責小說的分類相當

傾向主題性的論述，維繫威權統治。

　　首部也是唯一一部令魯迅感到滿意的諷刺小說是吳敬梓的《儒林外史》，描繪魯迅腦中對諷刺小說的理想境界。根據魯迅的說法，「作者以大眾之眼公開評論當代的社會弊端，尤其是針對當時的文人學者。」不但如此，「儘管現實是悲傷的，吳敬梓的散文能令人感到幽默；即便作品是溫潤的，卻充滿了嘲諷意味。」

　　Wu 氏認為若將魯迅在《中國小說史略》對小說的定義擺放與中國諷刺傳統較為廣泛的文本裡觀看，實際上是有所設限，並且充滿問題的。這個較廣泛的傳統包含著一些傳揚直截批判的作品和直截了當的嚴厲斥責。除了魯迅所遵循的孔子思想的模式之外，中國還有著與其並駕齊驅、同等重要的諷刺模式，主要強調諷刺中滑稽可笑的元素，也針對小說裡細微處或較不具價值的標的物作批判。結合這兩項模式，中國諷刺小說左擁著溫潤的幽默感和高雅的智慧，卻也同時右抱著諷刺荒誕可笑的特性、誇張、嘲諷意味濃厚的手法，甚至是粗俗的笑話。這些素材多半能從大眾文學和表演藝術中找到。

（三）以諷刺小說的觀點來審視《儒林外史》

　　Wu 氏認為《儒林外史》是典型的方言小說，它在外包裹著敘述性的評論和侵入。比起其他的評論是阻斷或隱瞞實情，《儒林外史》的作者吳敬梓確實地將實情融入小說，令人讚賞。其他的方言小說，或許會採用外顯、直接的諷刺，不過，《儒林外史》則以非典型的諷刺手法，持續以間接隱晦的形式來建立嘲諷的氛圍。然而，當將此文本放置在一個較為廣泛的文學範圍裡，《儒林外史》就不再如之前看起來那麼地特別出眾。作者以客觀呈現的主張可謂來自經典文學中，如史料或非官方論文，其在語言上的敘述技巧。對於本作品中縝密的諷刺手法，都得歸功於中國古代的詩和散文。

　　《儒林外史》也承襲了諷刺長遠的文學傳統。諷刺手法我們可從古時的詩、戲劇和散文中發現。散文包含了論文、笑話、各種五花八門的短箋、趣聞，以及故事。從明代起，此一傳統尤其出眾，通常涵括了荒唐可笑的諷刺手法。許多小說作品更是以社會普世對於名利、權勢和財富的誘惑和糾纏，因而從事來作為諷刺的現象。諷刺的對象包括夢想著通過科舉，卻不得志的考生；以欺瞞賄賂的手段獲得官職的假學者；不守倫理，次一等的學士；以及一般民眾對於學者勢利的態度。作者拿學者作為主角，以其刻劃出不同的身形，在一堆故事和小說中，以方言或經典文學的文字語言演出。

（四）通往諷刺小說更廣的定義

一般來說，評論家都同意，諷刺家的目的就是為了要譴責社會不好的表現予以糾正，並且改革社會現象。人性的弱點及不道德的行為是所要嘲諷的對象；嘲諷的語調包括溫和的和嚴厲的。在此要加以說明的是，吳敬梓以諷刺的角度來對待他所觀察的素材，通常運用智慧、幽默和不正經的扭曲，甚至是怪誕可笑的事物書寫，為的是能有效地評論社會上這些虛榮、虛偽和不和諧的現象。藉由誇大地標明這些標的物，諷刺家召喚出讀者對其持有的娛樂、輕蔑、憤慨或嘲笑的態度。

Wu 氏在本文推薦一個將諷刺小說分門別類的方式，其彈性比以往的大多了。它雖然能夠將諷刺小說劃分為「寫實」和「寓言」兩種，不過需要注意的是某些中國諷刺小說其內容是這兩種類型的融合；在此需要對「寫實」二字下註解：在這裡的「寫實」，指的是廣義的寫實，並非同等於西方小說的寫實主義。舉例來說，《鏡花緣》以「寫實」為場景，以歷史的時間軸為框架，且以通往想像城市的夢幻旅程作為小說中的喻意表徵。

擴展諷刺小說的定義能使我們更進一步地考量置於此類型之外的小說性，是否也可成為此種類型下的一員。原先《金瓶梅》及《續金瓶梅》由孫楷第歸類於禮俗小說；原先被歸類於靈怪或神怪小說的《西遊補》和《鏡花緣》；孫楷第未納入其參考書目的長篇情色小說—曹去晶的《姑妄言》—鮮少人知之作，以上這些作品，Wu 氏都依據作者的目標、談論的主題素材及文字語調，將它們歸類於諷刺小說。

Wu 氏認為我們論及諷刺小說，大部分都僅針對以方言寫成的小說，而排除了以經典文言寫成的小說。的確，大部分的學者會遵循所謂的「常態」來討論方言小說，而將以經典文言寫成的小說排除在外。事實上，經典小說與方言小說之間的分界線並非完全地明確清晰或者適於使用的。如方言小說家馮夢龍，也擅以經典文言書寫故事。方言小說通常會夾雜著文言文的慣用語，而以文言寫成的小說有時候會運用方言小說中人物角色的對話。

（五）結　論

Wu 氏認為在這篇論文中，證明了《儒林外史》並非中國首部，也非唯一的諷刺小說，不過只是這個類別中的其中一部而已。Wu 氏重新思慮其適當的變數來定義諷刺小說的分界，並使得分類更為彈性。Wu 氏將原先孫楷第認為的多部警世小說劃分在諷刺的類別之下。有些禮俗小說、神怪小說和情色小

說也被重新分類，規劃於諷刺小說之下。Wu 氏也主張有些以文言寫成的小說，其劃分有需要再作考慮，重新劃分。

從這些清新的觀點看來，諷刺小說的誕生應屬明代。即使吳承恩的小說《西遊記》在當時被誤讀爲一個想像的奇幻旅程，帶有佛道色彩，不過，或許它正是中國首部的諷刺小說。也因此引發了諷刺的新類別——喻表的諷刺，其下又附屬了兩種類型——鬼蜮的小說和想像旅行的小說。《金瓶梅》也是中國早期的諷刺小說，雖然它不同於《西遊記》，它帶領著新一類諷刺文學的產生——相較於「寫實」的社會諷刺小說，在後期也發展了諷刺的警世小說。

現代以前的中國小說史，在諷刺小說的領域裡，的確有修正的必要性。制式檢示小說分類的方式需要被重新檢驗。在那麼多的類別中，有些小說也可因爲主題及其內容論述的話題，因而歸類於多於一種的類別。以《西遊記》爲例，它必須以諷刺小說和神怪小說的類別來加以討論。重新思考類別和限定分類的放鬆之後的原理，可使得評論家在未來能擴展其視角，並且檢驗出許多被忽視的小說作品的類別；搜尋過去從未發現新奇而有趣的特質，來重新發掘類似的作品。如此一來，這般途徑也能使學者們從先前毫無關聯的小說類別裡，追蹤更多的線索和影響，對於中國小說的歷史可做出更妥善的安排。

三十二、商偉：《儒林外史與清代的文化轉型》〔註35〕

商偉的《儒林外史與明清文化轉型》是單一文本作爲專著的研究題材，雖不是美國學界研究中國傳統白話小說的主流，卻是研究《儒林外史》的第一本英文專著。商偉刻意將有關小說作者與版本的考證放在附錄中，以更加突顯他討論的重點，即《儒林外史》與十八世紀思想與知識的關係，以及在中國白話小說史上的位置。思想方面，討論聚焦於以禮學復興作爲倫理中心的思考方式，以及吳敬梓以文學形式進行批判反省的深刻性。文學史定位方面，商偉則以十七世紀以來的白話小說傳統爲範圍，又以十八世紀文人小說爲座標，以分析《儒林外史》儒在敘事者、敘事結構，以及抒情性等文學表現方面的中心位置。

本書在導論以及尾聲以外可分成四大章，分別代表商偉以《儒林外史》爲中心所發展出的四個主要思考方向，循著這四個方向，才能精準捕捉作者

〔註35〕 Shang,wei,*Rulin waishih and Cultural Transformation in Late Imperial China*（Cambridge:Harvard University Press,2003）.

的用心。

　　本書的導論將立論的背景交代得很清楚，也精要的概述了後面四大部分的主要論點，由於本書的許多討論都涉及到十八世紀的思想，因此作者在這裡首先交代爲何《儒林外史》研究必須如此進行。商偉開宗明義的指出，這部小說與當代的知識與文學論述是難分難解的，而在小說牽涉的各種脈絡中，又以清中葉的禮學復興爭議以及歷史建構的觀念最爲重要。也就是《儒林外史》在作者的詮釋下，是一名儒者對十八世紀文化轉型乃至禮樂崩壞的回應，而這也使得這部作品成爲晚明以來文人小說的巔峰之作。在這樣的思考主軸下，這部《儒林外史》的研究專著，對思想問題的著墨便遠遠大於其他的小說研究。

　　十七世紀到十九世紀，由不同的視角來看，可以稱作中華帝國的晚期（所謂 late imperial China，這也是本書所採取的觀點），也可以視爲近代中國的先聲（所謂 early modern China），但兩者都同樣暗示此一時期的社會與文化正在發生巨大的裂變。晚近學術界重要的議題集中在明清易代的政治動亂、科舉制度與中下層文人的緊張關係、士商之間的流動與矛盾、以及城市的商業文化對傳統社會的挑戰等等，商偉在本書的導論中也大致勾勒了這些現象。對裂變現象感受最深的是儒者與文人，商偉也將討論的重點放在文人、學術與文化傳統的問題上。本書以相當的篇幅綜述兩種代表性的歷史詮釋，並試圖由兩者之間的矛盾找出文學作品之所以爲用的途徑。所謂兩種歷史詮釋，指的是 Benjamin Elman 與周啓榮對十八世紀學術走向的觀察。簡單的說 Elman 認爲考證學者是學術上的反傳統者，脫離王權正統的控制，動搖了儒家思想的根本。相對的，周啓榮則主張考證學與恢復古禮的努力其實是一體兩面，因此考證學正是儒學的復活而非反動。商偉對以上兩種詮釋都做了批判性的繼承，同時從兩者的重疊與矛盾處提出他自己詮釋十八世紀文化的切入點，亦即反傳統精神與復古精神的矛盾共存現象。商偉並用同一模式解釋文學上，尤其是明清白話小說所表現的衝突。明末清初小說呈現出傳統與反傳統勢力的對抗，而十八世紀的文人小說則企圖由衝突中吸取敘事動力，《儒林外史》就是最佳範例，小說重整道德的熱誠與反諷道德沉淪的力道不但並存，而且還分別達到高峰。

　　正是由於在小說中觀察到兩種極端的矛盾並存現象，使得商偉相信傳統與反傳統之間的關係必須重新處理，因此又回頭來審思現代學者對十八世紀

思想的詮釋。在他看來,像《儒林外史》這樣一部文學作品所呈現的文化思考的方向與深度,往往是無法單純用思想史來解釋的。在探討《儒林外史》的過程中,商偉反對以思想的框架來詮釋文學作品,而主張「文化分析」,因為他深信文人小說內含的「深厚描述」比思想史更能說明十八世紀儒學論述的困境與禮學家的掙扎。Clifford Geertz 所謂深厚描述,指的是人類學者在從事民俗誌寫作時所發揮的深度觀察與思考方式,我們面對的不只是作為資料的行為,而是行為的產生、接受,以及詮釋等等複雜的觀念結構。因此,Geertz 將民族誌寫作比喻為閱讀一份手稿,模糊不清的字跡中漫布著拼湊矛盾與偏見。對商偉而言小說所呈現的也正是這麼一個各種聲音交雜的世界,或者借用眾所周知巴赫汀(Mikhail Bakhtin)術語,是一個眾聲喧譁的世界。文化人類學者以文本閱讀來比喻行為的解釋,我們的文化研究者又以民族研究來說明小說的詮釋,這本身就是二十世紀後半以至今日人文社會學界的重要現象。

(一)第一部份

商氏對《儒林外史》的詮釋,其中一個主要的想法是關於「禮」。透過這個途徑使它能透視小說的結構,並且解釋作品的發展過程:一個朝代內儘管產生了許多的問題,人們自我質疑、尋找的過程。無論是攻擊朝廷的學術文化,然後反映到它的諸多抉擇,亦或是,從對「禮」以二元化、嘲諷的敘述形式到禁慾式的批判,《儒林外史》都遵循著一道很長的軌跡。在處理偽君子、語言與行動之間的不一致、無止盡地在經濟、社會政治資源的分配和操控上競爭……等,作者試著不要脫離孔子思想,也因此使作品顯得保守。不過,作者為禁慾式的禮儀建構一個新的藍圖,似乎讓它走入反向的極端裡:將禮儀化作義務,強加在社會政治的責任之中,創造了像郭孝子、王玉輝的狂熱份子。他們對於禮儀相當地熱衷,甚至將它奉為圭臬,將自己的一生都獻給它了,不過,這些神聖的舉動,並沒有對他們產生任何的好結局。這些儀式的堅持最後不是沒有獲得實現,要不就是與他們預期的不同,最後走向了挫敗、幻滅和無可回復的局面。作者為了要描寫禁慾儀式的黑暗面,在孔子思想底下,設定了一些選擇供給劇中人和讀者參考,是為故事基礎的複雜情節、人生劇場最為諷刺之處。

在小說的第五十五回,作者做了最後的努力來挽回孔子的禁慾儀式。他以想像力和預表描寫,展現出孔子禁慾儀式的圖像。先是說了一個有關文人偽裝成鄉民的寓言,為的是要拯救他們自身的價值觀和理想。這個偽裝不僅

僅是僞裝而已，它是不可或缺的要素。雖然在孔子的年代裡，「禮」並沒有普及到一般的百姓，不過，《儒林外史》澄清了這一點。作者認爲「禮」需要低下階層的人們來確保其眞誠度及眞實性。「禮」在整部小說裡經歷了一連串重要的改變，從集合的到個別的、從倫理的到美學的，最後，從規章的到純粹的想像。市集是「禮」的最後一站，它僅是泰伯祠另一個較不光鮮亮麗的翻版，在小說裡，它只是虛構出來的場所。

　　商氏認爲《儒林外史》裡的內容大體上並不在於孔子禮儀的評論。事實上，小說在孔子既定俗成的禮儀之下，卻展現出不同種類的儀式慣例。爲要建構禁慾儀式的圖像，作者在小說裡針對他所觀察的現象提供了討論及看法，他認爲這些現象是孔子思想底下發展出的問題。這種作法，也同時測試著孔子思想的有限性。這麼一個儀式化事件的建立，它所需要的，是獨立出來的空間，並大膽地將孔子禁慾主義化爲概念。它靠著當地的社區來凝聚向心力，主要的份子是學者和家庭，而與它對立的，則是朝廷。作者也以泰伯祠作爲孔子思想的具體化。吳泰伯是一個遵守孔子思想的聖賢，他將他的王位讓給了他的弟弟，爲得是要遵循倫理道德。在化爲概念的過程中禁慾儀式將孔子關於家庭倫理的陳述提到邏輯的上限，最後化作一項絕對的義務，以其他的社會義務爲代價，讓這個絕對的義務獲得滿足。這樣的信念帶來了極端的行爲模式，如小說裡的角色：郭孝子、王玉輝和虞氏兄弟。

　　小說裡這些禁慾的英雄們讓讀者們了解若要反駁敘述性的儀式，他們的極端個性是需要具備的。這些敘述性的儀式已經偷偷地淪爲純粹的言語發音，甚至是空虛的話語而已。在清代早期知識份子所談論的主要就是清談，他們對於理論和禮儀的實踐也相當缺乏。不過，吳敬梓除了呈現出當時的氛圍之外，也作了許多新的嘗試：敘事深入，以一種運作機制將這些慣例化作理論性的事物，並以孔子在世的教導來替代或隱藏行爲。我們也因而能了解，「禮」的二元論在孔子的象徵系統裡是如何修正文人的行爲，也突顯出禮儀之所以崩解的內在壓力。

　　商氏提到小說裡充斥著許多僞君子和欺瞞的行爲，闡明了個人的動機和思慮。即使如此，吳敬梓所要駁斥的對象是這整個系統，而非傳遞意義的這些角色。如作者在小說第一章的介紹裡楚地說明，科舉考試是以禮的二元體制底下的邏輯作爲例子的。經過一次又一次的測試，這個二元體制在儀式和社會政治的義務之間作了一個言語上的協調。它爲操縱人民的威權和世俗的

人民之間的競爭和交易添加燃料。最終，吳敬梓對於禁慾主義的批判與他對敘述性儀式的不信任是相互呼應的。

商氏認為儘管在泰伯祠的周圍充滿著許多的欲望和記憶，《儒林外史》的第五十五回確認了這個事實：小說並不會以一個簡要的論斷就結束了。它反而以精密老練的處事態度來評斷或對它所蘊涵的儀式化世界的圖像產生質疑。假若，在泰伯祠裡，王玉輝能夠發覺自己被悲慘地遺棄，那麼，泰伯祠也被遺棄了。當蓋寬和一位老朋友拜訪這座祠堂時，他只看見了祠堂的斷垣殘壁。這一幕讓我們想起王玉輝第一次看見祠堂時的表情。他為了要尋找問題的答案，在祠堂的牆上貼著的祭祀流程表並沒有給他任何的解答，只是回應了他自己的文章而已。當他站在鎖在櫃子裡的這些祭祀用的器具面前時，他發覺這座神聖的祠堂，相當地空曠寂寥。不過，他還不了解這座理想的祠堂正一步步地走向頹圮毀壞。二十四年之後，它已經是廢墟了，現在的人根本不再來這座祠堂祭祀，要不然他們來此只是為了無關緊要的理由。鄉村婦人在鄉間揀蔬果，小孩們將他們面前空曠的土地作為遊戲的場所。在這個俗世裡，神聖的殿堂已經傾圮了；那些致力於保護祠堂免於異樣人眼光和塵囂的汙染的一切努力也失去了效力。在小說的最終，作者設計了這一幕煩擾的景象，代表著自己對這個世界一個反省的見解。小說並沒有完美地創造出一個孔子思想儀式化的世界，這座祠堂的建立是為了被毀壞，與貼在牆壁上的祭祀流程表面臨了同樣的命運。

（二）第二部份

商氏提到《儒林外史》結尾描寫了萬曆年丙辰（1616 年）前後文人的犧牲與對其的讚揚，1736 年，兩甲子後，閑齋老人寫下《儒林外史》的前言，兩個發表日期上的連貫性可能不是巧合，部份學者認為，吳敬梓可能於 1736 年開始創作小說，而前言的日期對吳敬梓與其小說同等重要，1736 年對吳敬梓的重要性還包括了，同年乾隆皇帝舉辦博學鴻詞的召試，以提高文人對乾隆皇帝的擁戴，吳敬梓雖獲荐參與這場特別考試，卻沒有接受，我們可以由此推斷，吳敬梓在描寫朝廷對文人死後追封的部份，顯示了他對朝廷表揚的矛盾、以及對爵位的慾望與推卻兩方的心理掙扎。

這也讓人回想起吳敬梓以南京的文人圈中的友人與自己塑造了故事中的英雄，這些交際無疑拓展了吳敬梓對文人的觀察與經驗。在 1740 年代尾聲、或 1750 年代初期，吳敬梓完成了小說的最後部份，這個部份描寫了吳敬梓自

身經驗，也就是最不想經歷的部份——明朝的覆滅，此時，他爲小說人物幻想了遲來的死後追封，最後，根據吳敬梓小說裡的描寫的實際時間，與根據他在過去與未來之間捏造的假想時間，也就是從未來回到過去時間，交織出錯綜複雜的故事，沒有人、似乎連吳敬梓本人也不能逃脫的故事結尾的諷刺。

（三）第三部份

商偉認爲吳敬梓並非藉由小說式的諷刺，貶低傳統小說敘事模式及主題的開創者，明末清初之際，董說（1620～1686）、李漁（1610～1680）及艾納居士之流便已熟練地運筆於所謂的互文敘述，此外，僅管風格及主題的多所歧異，其文仍是廣爲流傳，而明代的衰敗終致崩解於 1644 年，如此的年代引發了對正統儒道的諸多疑慮，然其後續效應更普及在餘下的十七世紀，促使茶餘閒話間的筆者們重新檢視典型之傳統故事以及方言小說的價值性，像是較不受侷限的《西遊補》中，董說增添許多複雜性以重塑孫悟空之形象，對孫悟空西行時心態上的嘲弄，提供了新的觀點解析盛行於明末文壇上的強烈情感、慾望、假象及現實等議題。

李漁所著之白話小說大膽地揭露出敘事者似乎如此地沉浸於推翻往常的信念、思想及陳規，李漁喜劇性的表現方式亦呈現出相當的諷刺效果，留意其佛家穢語之作—《肉蒲團》，其註者曾言：此眞爲嘲弄世事之書？而此人其它作品亦復如是，其《無聲戲》是爲短篇故事文集，包含了《馮夢龍集》裡〈賣油郎〉的改編，敘述著天眞的愛慕著當紅歌妓的賣油郎，歷經一番終能獨佔花魁，此段故事可令吾人於吳敬梓寫於儒林外史第五十四章中，對丁言志的描述能有預習之用，此人又是天眞地以爲娉娘亦會爲其詩才所感，那知不過尋個羞辱罷了。

敘事者提出一套儒門謬論作爲玉香應讀情色書典之立論基礎，儒道典籍強調之重男輕女及出嫁從夫，然而卻未必相信每個男人皆能取得兩性間的優越，李漁的故事裡，丈夫勸說妻子閱讀搜集來的情色書籍，妻子卻無從反對，或許可能認爲玉香研讀儒家學說的程度已是過當，又如何能擔保不被曲解或誤用？以此部分來說，李漁充分地發揮聲譽與現實以及權力結購與道德體制之間的差異，其中儒道論述常是焦點所在，然而，推崇一系列儒學典籍的敘事者，最終卻衍繹出其獨有之諷刺觀點。

李漁如此狹氈的筆調或許是最爲生動的，更勝於將儒學推置崇高虔敬之處，其更將儒學抽離出原始定位，以各式觀點探究其意並運用於字句間奚落

與濃厚嘲諷意味之間，這般心思彌漫於晚明文學之中，且儒家言論之濫用已是當世之所基本，湯耀祖（1550～1616）之《牡丹亭》便是一例。

　　商氏提出吳敬梓可說是諸多諷刺家之集大成者，引領著明末清初的追隨者進入十八世紀中期新的認同感及特有筆觸。其一，《儒林外史》設法提出強力證據，來推翻歷史的陳述，並非全然推翻伯夷與叔齊的歷史形象，而是感受不同已往歷史所呈現之角色，依吳敬梓之言，正統權威式的歷史不但侷限於單純的過往，亦剝奪了參與及感受時代事物的能力，吳敬梓了解此假定推論更勝於那些兼具象徵及實之真相，其論述的力量即在於對事實的察覺，如同《三國演義》不斷地證實《史記》與其他史料所言之實情，然而，在《儒林外史》裡，將書中劉備奉為規臬之劉氏兄弟亦不過是種嘲諷又笨拙的模仿，而三國故事所支持的真相反倒成了謬誤之源頭。

　　其二，由於正史所述多為用典之大宗，且又為白話小說之範本，若要有所探討便需細看正史及白話小說二者所顯現之歷史，如此一來，《儒林外史》便是一部極具企圖之作品，其系統性地潤飾、建立敘述模式、主旨及角色類型提供了白話小說重要的典範，或許顯示吳敬梓是將傳統白話小說視為未經雕琢的故事陳述，允許筆下人物適當地貼近說書人口中那使人誤解之角色呈現，傾向於對某些早期小說敘述之主題及典範作嘲諷性的解讀，而傳統白話小說包含了多樣性的來源，吳敬梓則以嘲弄詩文作結。

　　的確，《儒林外史》不僅提供嘲弄的檢視於主旨及歷史故事裡劍客的角色，更拙劣地模仿古典唯美故事於第五十三及五十四章裡陳木南及丁言志的故事，陳木南行騙卻又耽溺於煙花之地，而丁言志則為其所愛慕之娉娘所羞辱，於中國古典文學中，詩意總少不了唯美浪漫，但又有何事能比丁言志因敬愛娉娘而欲與之議詩那一刻更讓人覺得諷刺。

　　其三，不若李漁及其餘十七世紀之諷刺作者那般，滿足於字句間的表露，吳敬梓是為極簡作風，將筆下人物化為一個事件且以些許手法使得與原本人物之言行有所違背，李漁亦參與了濫用典故的白話運動，也嘲弄了筆下人物一番，所言充滿恣情歡樂，相對之下，吳敬梓則是顯示出諷刺文學戲劇招人非議的一面，自身亦非其中一份子，陳述的是隱藏部份的彰顯，而非判別，誠如以上所言，敘事者已減少部分傳統結構上的改變，《儒林外史》即是一例。如此看來，在故事的呈現上仍具某種程度上的關聯，關於吳敬梓於《儒林外史》之白話寫作—言行上的不一與差異，儒家論述的私自挪用以及儒家道德

最終的崩解—使其所陳述的故事具有另一種走向。

的確，傳統白話小說的轉變並不爲外界所侷限，是當世社會倫常崩解的部份，深讀《儒林外史》之情節可知其筆下世界及所呈現的方式，我們眼中所見《儒林外史》亦有線索看出傳統敘事上的技法，其間表現出文字的精練，對故事所表達之意願的違背，及象徵性體制的潰散，以上皆使得與歷史、白話小說及其他相關文史的相關性有所減少。

（四）第四部份

商氏提出藉由諷刺和孔子道德理想創造出具有衝擊性的文學小說《儒林外史》，吳敬梓是如何處理這兩者之間的關係呢？這個疑問是評論家們專注的議題。有評論家認爲，《儒林外史》應該以閱讀諷刺文學的心態來閱讀。依據加拿大文學評論家 Northrop Frye 的引述：「諷刺是依循自身的道德規範走的一種傳統的文學類型，與其他文學類型比較起來，較爲清澈，與那些奇裝異服、荒謬乖誕的標準不同。」學者們通常認爲《儒林外史》的第一回恰巧設計了一個道德標準來衡量文人生活的荒謬，尤其在小說的第二部份可說是顯露無遺。第三部份則出現了積極人物的代表，如虞育德、莊紹光和杜愼卿。原本這些人物在故事一開始時都維持著文化傳統的理想，不過後來有了轉變，這些理想蕩然無存，而有諷刺之意。這樣的敘述形式說明《儒林外史》需要一個標準引導社會批判，使《儒林外史》能在穩固小說價值的情形之下仍保有諷刺意圖。吳敬梓在裡頭插入的道德觀點反使故事裡的諷刺意味更加濃厚。

若小心閱讀故事的第三部份，諷刺的模式並不易套入對《儒林外史》的詮釋。一方面是因爲第一回的道德標準既沒有具體地顯現，要不就是模糊不清、對立不明確，應該支持這個標準的人物們，卻在眾多充滿缺失的選擇裡不停地徘徊、疑惑。

商氏認爲《儒林外史》裡包含嘲諷的成分，並且穿過了敘述體裁的中心，隱約爲另一種新的道德角度背書。除了將他所要表達的放入敘述裡，他似乎沒有其他的選擇了。事實上，吳敬梓除了敘述以外，在苦行的儀式上也做了相當大的努力。他企圖要創造一個道德信念，是超越敘述理論的，並且還能將敘述透過在儀式上的實際操演轉譯成現實。吳敬梓假設泰伯爲一般信仰的對象來確立泰伯的美德，使它避開許多解釋和爭議。他複製了典禮守則的官方語言，將敘事的部份減到最少。

然而，施行此途徑也不能過於長遠。透過製造更多的口頭修辭和不同的

詮釋方法，由於它可能因為延伸過多而使內容過於單薄，無法維持而後崩解，違反了原本的論述。吳敬梓並不以鮮明的敘述方式來突顯出吳泰伯的神聖，而是透過人物，如虞育德、莊紹光和杜愼卿釋出泰伯傳說的中心思想。這個部份並不像小說的第二部份那麼明確，而是透過他者顯示出諷刺意味。

即使泰伯的由來並沒有在小說裡出現，我們依然能辨別當中的衝擊，並預測作者對故事情節考慮的繁複。這些衝突出自於不同版本的傳說、神秘的和儀式的、還有泰伯引人爭議和虛構的神話。

吳敬梓在小說的第三部份概述了所有的衝突，證明了文人因世俗而退縮，也看到了許多詮釋同一個行動的可能方式。在泰伯祠、莊紹光的島嶼和杜愼卿的劇院三者的呈現中，更加突顯出祠，儘管祠與世俗活動是如此地相隔遙遠。

當然，《儒林外史》對於郭孝子的旅程，是以最少的敘事手法來呈現。此手法避開直接表露作者內心的看法。但因郭孝子壓抑的情緒和積壓已久的悔恨，原本受控制的表面終究被翻攪。在王玉輝的例子裡，其過程也更加明顯。他先是不斷敘述她女兒的故事是一齣道德的驚世劇作，不過，在他遵守禮儀後卻導致了他情緒的崩潰。將書寫和禮儀畫上等號所做的努力並沒有任何結果。吳敬梓意識到自身對於苦行儀式的限制及衝突，認爲這些儀式腐蝕了情緒及文字。

多數一般人認爲，吳敬梓在故事中創造出的絕對論者（觀念中只有絕對，而沒有相對的差別），如郭孝子、王玉輝和虞氏兄弟，在苦行儀式的內容設計中，較能分辨及能解開許多的不和諧和矛盾。苦行儀式的絕對倫理觀念和敘事儀式的條件式倫理觀念有時候似乎都僅是一個假設罷了。如王玉輝，即使他相當遵行傳統儀式，心中卻不停地暗自算計及要求獎賞，他跟假慈善機構一樣虛僞，爲的只是個人的名聲。諷刺及透視主義都是在《儒林外史》的敘述裡無可避免的條件之一。這兩個敘事形態使得苦行儀式在吳敬梓的道德視角裡並沒有什麼不同。

商氏提到在第十八世紀，方言小說成了新的生力軍。身爲一種文學類別，方言小說提供文學作家一個公開的場域表達他們對於未來的知識理論的關心和參與。比起早期方言小說裡，傳統敘事者提供的一般陳腔濫調的言論，十八世紀的主要小說，有一些試圖要成爲引起當代爭議的貢獻者，像是《野叟曝言》，是希望能使宋代程朱學派的理學權威甦醒；《歧路燈》則記錄了孔子

家族的傳統規矩；還有在十八世紀早期就已完成一大半的《鏡花緣》，哲學文獻的研究之路開啓了文學研究的視野，正是《鏡花緣》遵行的文學指標。這些作品在文藝圈裡流動，爲文學愛好者開啓新的閱讀視角，創造出一個夢想中的知識社群，它們對於此時文學藝術的崛起仍需要進一步的研究及觀察。

除了《儒林外史》之外，大部分的文學小說都以道德忠誠和近於諷刺的方式書寫。比如《儒林外史》在對鄉紳的敘述裡，我們可以了解作者對於順服此種高尚的美德或吳泰伯後代顯現的無競爭狀態。不過，當美德的執行程度到達邏輯的極致時，就會變得矛盾，競爭也成了無競爭狀態，會使美德引發負面的影響力，如自負和墮落。在《鏡花緣》裡，李汝珍也以諷刺學者的僞善和墮落爲主，可比擬吳敬梓的《儒林外史》。然而，李汝珍讓自己置身於菁英文化中以便觀察，並從觀察中對於捨棄聰慧的見道感到滿足，這與吳敬梓企圖以小說來探索文人在道德行爲的施行上的遭遇和抉擇，是不太相同的觀點。對於李汝珍來說，在處理小說時，並沒有吳敬梓那樣遭遇兩難的困境，立場也比吳敬梓明確，這是因爲他保持著對學術文化的著迷，讓他的小說能表達出毫無破綻的境界。

這個時代裡，大部分的文學筆者對於自古傳承下來的文化傳統有種親切感，也因此造成他們的思考和書寫模式無法採用諷刺的方法來達到自我質詢的效果。夏敬渠（1705～1787）所著的《野叟曝言》描寫的是程朱理學的理想境界，有時內容顯現出有意識的諷刺效果，更是有許多時候作者會沉溺於道德的謬誤之中，作者仍然清楚作品是虛構的，不過他對自己創作的主角—文素臣—的舉動還是相當地認同，認爲他是一個「儒家超人」。因此，作者實際上無法將自身的想法融合成具有一致性的自我反映，更別提要質問小說敘述的核心價值觀了。

在十八世紀的文學小說，唯一能與《儒林外史》並駕齊驅的是《石頭記》。儘管兩者在主題和敘事型態上的極大差異，它們對於故事裡的文化背景都秉持了對抗的心態，也是作者們對於現實和自我的反省。《石頭記》不落俗套，除了質疑名和文的有效性之外，敘述裡也不斷充斥著虛實的議題，這在方言小說創作中，是史無前例的。《儒林外史》處理的故事，其性質與《石頭記》類似，不過設計故事的背景卻是對比於當時的社會和政治情況，而沒有使用象徵手法。在《儒林外史》裡，文人之間相互的仿效、抄襲、虛無的修辭和虛僞的角色扮演，都讓故事裡的角色栩栩如生，甚至像是眞實的一般。眞實

和虛無之間的拉鋸戰使得這兩本小說反映出自身的重要性，並且質疑了它們
在虛幻敘事上的可能性。《儒林外史》裡那座理想的祠堂和《石頭記》裡那個
如烏托邦似的花園一樣，一開始被建構，最終卻又瓦解了，似有似無，除了
這兩個地方之外，沒有更適合以此爲題材談論的地點了。

最後商氏認爲即使《儒林外史》和《石頭記》陳述的是不同的主題，它
們不論在探索學術文化上或質疑自身的抉擇上都相當地活躍，也公開地描寫
自身對知識的質疑和自我否定的過程。《儒林外史》主要是描寫文人對於從仕
的去留抉擇，而《石頭記》所描寫的是主角賈寶玉拒絕透過科舉考試和政府
義務成爲大人。《儒林外史》所反映的是精英份子的道德觀，在孔學的傳統中
尋找其他的出口；但是《石頭記》對於孔學卻沒有任何的盼望，並且希望能
透過愛、戲劇和抒情的誘人之處、道教及佛教的啓蒙，來達到個人的救贖。
不過，故事進行到最後，當消耗了所有的抉擇之後，對於學術文化美好憧憬
的幻滅在故事的結局四處蔓延。《儒林外史》的結局終究是消極的結果，小說
裡所批判的質疑多過作者在當中回答的，不過這樣的小說價值在於它對於自
身忠於的文化仍存有質疑。

本書並沒有結論專章，而選擇一篇解釋吳敬梓個人抒情境界的短文〈士
人懷古的抒情世界〉作爲全書的尾聲。商偉將吳敬梓描述爲一個漂泊失落的
文人，不但對自己的所有預設、價值觀與倫理關進行嚴苛的審視，也批判所
有的再現模式，包括儒家典籍、歷史書寫以及白話小說，整部小說體現了吳
敬梓近乎無情的自省功夫。既無法由倫理尋著出路，吳敬梓便轉向對生命抒
情境界的追求，所以小說最終對「復禮」的詮釋，就是透過人生的抒情境界
以超越形式外在規範的限制。

第四章　《儒林外史》之文本研究述論

　　根據前一章美國漢學界有關《儒林外史》研究的述要中，可以得知，學者在某些議題上有分歧的觀點，本章試將《儒林外史》之文本研究，分爲三個相關議題，分別爲主題思想、敘事結構、人物形象，而每一議題以一小節來加以述論。而在第五章則將《儒林外史》分爲諷刺藝術、敘事技巧、價值等三個議題，加以述論。

第一節　《儒林外史》之主題思想研究述論

　　《儒林外史》整個主軸在於反對和諷刺明、清八股取士制度，吳敬梓所反映的是十八世紀上半世紀生活在科舉制度下的知識分子的情景。作者從不同的角度描寫了他們生活的浮沉，境遇的順逆，功名的得失，仕途的升降，思想情操的高貴與卑劣，社會理想的倡導與幻滅。

　　吳敬梓對這些知識份子既有諷刺也有讚揚，既有否定也有肯定。我們可以說，《儒林外史》是一部關於士人心態爲主題的專書，其思想核心則是抨擊科舉制度，以及由這一制度所造成的種種弊端和危害。

　　底下筆者就美國漢學界有關《儒林外史》之主題思想研究，如諷刺小說之濫觴、科舉制度之批判、主題思想整體評論等議題予以述論。

一、《儒林外史》——諷刺小說之濫觴

　　夏志清認爲，《儒林外史》是第一部諷刺現實主義的作品，它與人們的宗教信仰幾乎完全背離。夏氏認爲，吳敬梓厭棄世俗迷信和佛教的道德觀念，

也許代表了他那個時代大多數的儒士文人，表明了他的藝術家的崇高勇氣，意即他將小說從流行宗教的羈絆中解放出來。

在《儒林外史》裡，作者不再制約於因果報應的說教需求，而是憑藉他對社會各個階級人們的廣泛接觸和認識，用敏銳的目光和機智的諷刺筆觸現實地刻畫人物形象。

夏氏指出，《儒林外史》是第一部有意識的從儒家的思想出發而寫作的諷刺小說，但是，與那種宣揚儒家英雄主義的歷史小說不同，《儒林外史》出於對統治者的行為和社會改革的失望，它的儒家思想蒙上了一層淡淡的憂鬱色彩。

吳敬梓信奉儒家的準則，即使在政通人和的時代，一個文人的榮譽和責任便是出仕朝廷；而在腐敗混亂的時代，從官場退出，非但不是不名譽的事，反而正標誌著性格的誠實和正直。

Wells 提出，自從《儒林外史》在十八世紀中葉出現後，吳敬梓的書寫形式是採用隱晦諷刺的手法來表達自身的意圖，這與之前的作品不同，不但使得內容令讀者感到震懾、困惑，也讓西方的評論家不願意對這個作品作任何的評論及詮釋。

Wells 並認為，當吳敬梓將私人的和公開的生活問題、以及心理和政治的話題呈現在文學作品時，世界似乎將這些議題分為兩大部份：有一個觀點是相信社會的，另一個觀點則是拒絕承認的。

再者，無論是在佛教與道教間或在不同的宗教之間所產生的巨大差異，吳敬梓易於察覺這些差異，並不會被這些基本的差異所擾。生活深深地影響著他，但他卻不被這些非邏輯的現象所擾，因而創造出這本開啟諷刺小說先河的作品。

黃宗泰認為，《儒林外史》是第一部引人注意的訓誨式小說，它維繫保存了孔子思想的理想境界；為了要讓它持續地提醒、薰陶世人，作者在內容上運用了相當細微深奧的智慧，讓讀者能受到長久的影響。

黃宗泰指出中國現代文學作家魯迅曾對諷刺體做過較粗淺的解釋。他以一個文學史家自居，揭示了他對《儒林外史》的了解及評判。他認為，《儒林外史》是中國小說中首先隱含嘲諷意味的文本。他說道：「吳敬梓的《儒林外史》是首部作家評論社會弊端的小說，內文並沒有任何的個人威嚇，以文人學者作為批評的對象。這樣的書寫風格溫馨又幽默，溫和卻又諷刺。這個作

品可被歸爲中國小說中第一部諷刺社會的諷刺體小說。」〔註1〕

魯迅說，文本中對文人學者的抨擊可以在清代小說中找到例子，不過，一直到了《儒林外史》的出現，這些抨擊的敘述才相當獨特又個人化。對於魯迅而言，《儒林外史》是充滿智慧的諷刺體小說，因爲作者把個人情緒去除，爲的是要引起社會的關注。因此，魯迅認爲吳敬梓的《儒林外史》有智慧地將道德觀包含在作品裡頭。

羅溥洛認爲，《儒林外史》是第一部以科舉考試及其產物—知識菁英份子—爲主題的諷刺文學。吳敬梓揭露封建社會邪惡的一面，包括科舉考試制度、廣泛的官方腐敗、封建道德的蕩然無存、社會各個階級的人所存在的羞恥心、及一般人所遭遇的痛苦等等。

然而，吳敬梓以幽默、浮誇的敘事方式提高了人們評論考試制度的意願，透過評論，考試制度的內容讓教育的效率提升，可信度提高，也較爲人性化；效率雖然有時候很細微，有時候卻過於直率，不過，對社會和知識領域的現實面卻極度貼切合適。

羅氏認爲，吳敬梓由於性別平權的原因，心有同感的他，萌生了對女性的一種同情支持的情緒。吳氏是第一位爭論寡婦殉情和男性納妾的評論家，爲女性刻畫一個新的形象，這個形象相當寫實，就像是一個人每天的日常生活一樣。

此外，羅氏提出，吳敬梓對於懷疑論的傳統所做的貢獻在於運用諷刺手法和方言散文來寫作。除了一般迷信的大眾之外，吳敬梓也描寫迷信的知識份子，嘲弄他們的無知，並認爲這些事物的了解並不需要什麼經典教育的薰陶。

柯瑋妮提出，吳敬梓創造《儒林外史》這部長篇寓言集，由閱讀的讀者親自從中獲得教訓。他對於從他的見解所觀察的世界，以漫畫式、幽默的、諷刺的方式表現在小說裡，而他藉由書中人物所說明的是，現世的人對於孔孟思想的習得過於無知及泛濫：汲汲營營於科舉考試、陷於以菁英爲準的社會習俗和態度的泥沼中，尤其是科舉中舉者在朝廷中的官僚慣例。

Anderson, Marston 認爲，《儒林外史》強化人們對舊時儒家禮儀的想望，製造令人嚮往的故事情節，並重新將中國古代文化的理想境界以一種新的道德訴求呈現在故事裡。

Anderson 認爲，作者寫《儒林外史》，最重要的目的並不是提供世人道德

〔註 1〕魯迅：《中國小說史略》（台北：風雲時代出版社，1990 年），頁 273。

訓誡，而是利用諷刺手法，點醒、揭露道德意義和理想實踐之間的鴻溝，因為世人的理想總是屈服於暫時性和歷史性的限制底下。

筆者認為，中國小說分出「諷刺小說」這一派，相當大的程度是因為《儒林外史》這本書。雖然歷代皆有可歸類於諷刺的文學作品，如，《詩經》裡的怨刺詩：〈伐檀〉、〈碩鼠〉，〔註2〕諸子寓言散文如，《莊子》寓言：〈效顰〉、《韓非子》寓言：〈鄭人買履〉，都可以視為諷刺文學。唐代羅隱、皮日休、陸龜蒙的小品文，宋、元、明的小說、戲曲中，亦不乏諷刺世事的長短篇，但是並沒有出現真正典型的諷刺小說。

到了清代，《儒林外史》把諷刺的矛頭對準士林中的知識份子，剖析他們的生活和心裡，更為嫻熟、更有深度地運用諷刺手法，反映出吳氏隱含的道德重塑的理想，此書因而被視為中國諷刺小說的領銜之作。其後清末的譴責小說，如《二十年目睹之怪現狀》、《官場現形記》、《老殘遊記》，都可說是承其流波。

整體而言，《儒林外史》描寫當代文人的生活，藉以批判科舉制度和舊禮教的虛偽以及官僚士伸的醜態，其採取聯綴式的情節，將許多短篇連環而成，而其手法類似正史「儒林傳」的風格，客觀冷靜的白描手法，卻有強烈的諷刺效果，因此，被視為中國諷刺小說之先河可謂實至名歸。

二、《儒林外史》對科舉制度之批判

柳無忌提到，《儒林外史》的作者吳敬梓出身書香世家，然而，此書卻道盡當代偽善士人的無恥作為。被挖苦的對象正是那些投身權貴門下的勢利小人。所嘲弄的便是奉承於上，藐視於下的雙重性格，每當居於下位時，便顯露出假意的高尚與正直。對偽善儒士的抨擊，其實，也在暗喻官僚體系和科舉制度下，經由科舉為官之儒生，脫離貧困及卑微後，顯現的竟是官威十足，儘管身受孔老夫子的教誨，竟沉溺於官僚作風下的惡習。

然而，值得注意的是，書中仍有些優於假道學的良善樸實的文人學者。《儒林外史》旨在揭露偽善者愚蠢迂腐的人性弱點，作為典型的偽善士人，便極具愚笨及人性弱點之代表性，其中最有名的一段是關於嚴監生如何疾終正寢

〔註2〕〈伐檀〉是《詩經》魏風的第六首，奴隸大膽地向不合理的剝削制度提出疑問和不滿，是難能可貴的思想覺悟。〈碩鼠〉是《詩經》魏風的第七首，詩中表面是責罵大老鼠貪婪無情，而骨子裡是責備魏國統治者的殘酷貪鄙。

的描寫。

　　林順夫指出，《儒林外史》的整體內容和結構反映了中國人的「前期的」世界觀。吳敬梓生活在清朝最強盛和最繁榮的時期，生活在中國人遭遇外國侵略的猛烈進攻和西方壓力的影響下，開始對他們的文化喪失信心以前的時期，因此，他不能像「五四」時期的知識分子那樣，向傳統的生活模式和思想進行挑戰。假如吳敬梓感到在他生活的時代，中國文化已經衰退的話，他就能體察到他唯一的禮儀化世界的理想是無法實現的。

　　林氏認為，《儒林外史》內容包羅萬象，但是以一個主題的設計為主。吳敬梓在楔子的起頭即表示，他的小說集中在人追求「功名富貴」的主題上。傳統中國社會的所有苦難和弊病，都是從這些基本人類慾望的角度被揭露和諷刺。

　　但是，既然我們關注的是小說的整體主題思想，我們就應特別注意那些賦予這部作品決定性論點和完整性的較大佈局方式。而在這些結構單位的協調上，「禮」成為此書的主要整合原則。

　　這個禮的世界的高貴憧憬是支撐《儒林外史》全書的一個主題，雖然，在本書對科舉制度之批判下，它只是一個永不能企及的理想，這個憧憬的意義可證之於小說高潮結構的泰伯祠大祭典，因為，書中所有比較理想化的、傑出的知識份子都為此大典而努力，然而，作者想要反諷的是，當代的道德與禮並未因而回歸道統。

　　黃宗泰認為，在《儒林外史》中，有一個特定的道德方針。從積極面看來，小說支持隱世的價值、道德和智慧的培養和個人誠信的保持。負面地來說，他抨擊名利和富貴，因為，功名富貴直接否定人類與生俱來的善性和天賦，而且難以避免。

　　黃氏認為，諷刺體裁裡那些單調乏味的舉動，那些誇大的、失勢的和混亂的一切無形中結合，使得內容充滿嘲諷意味。小說透過道德和真實鋪陳諷刺的故事結構，讓讀者來檢視。故事中作者所創造出的所有行為並不是人造的、孤立的，而是同時結合單調乏味的行為和充滿情節的結構。

　　羅溥洛認為，清代透過考試徵召天賦人才的批評討論在十七、八世紀時相當普及，吳敬梓只是那些評論家之一。根據其他評論家的說法，吳敬梓對於當時社會的描寫並不精確。在許多評論家所討論出的結果中，有許多相同點，這說明了中國人對事物敏感細微的處事態度。在西方開始強烈影響中國

知識份子之前，無論是公開的或私底下的討論，評論家們對於教育制度有諸多的意見，包括：實際的需求、與社會政治的關聯性、所有潛在的公僕需要培養解決問題的能力。

科舉制度在文學上成為一項相當重要的融合力量，它使得中國的精英份子對中國社會都負有一種使命感，並且對於朝廷君王有著忠誠度。這個制度在許多方面試著要以非官方的裙帶關係運作，統合中國的精英。並使得朝廷的各個機關能有通暢的運作，並且使朝廷和各個機關的主要負責人，或者是地方上的富貴人家之間能維繫良好的關係。考上的考生與為他們監考的考官之間自動地組成了長遠的師生關係。這些個人的關係在在影響朝廷的運作，使得每一位成功的考生在朝廷官員和遍佈帝國的中國菁英之間產生複雜、相互交織的網狀組織。

Bauer 認為，吳敬梓運用千年來的敘事傳統，其主題結合角色分析和一連串鬆散的軼聞，完成敘事小說。今日，《儒林外史》被視為中國一流的諷刺小說。《儒林外史》的社會批判非常有力，它融合辛辣的幽默感，以及對人性的理解與同情，無疑是一部完美的作品。

Berry 提到，若以喜劇的角度來看，這部小說的主題陳述許多社會黑暗面，並以諷刺的口吻來書寫；除了強調公家機關內部運作的黑暗面之外，還有歧視女性，以及從宗教沿襲而來的迷信態度。

Berry 認為，《儒林外史》藉由考試制度來批判其死板的學習方式：死記硬背、不具議論口吻的思考方式、既定不變的書寫形式、虛偽錯誤的學習方式，更別說任人為親、貪贓枉法、偏袒不公、不忠、卑鄙，對於家庭和公眾事務也持著難以消失的強大野心。因此，在吳敬梓眼中，這些未來的國家領導者，他們陷入追求進士的慾望牢籠中，完全出不來；企圖透過考試得到最高榮譽，能在朝廷裡漁翁得利，獲得名譽、地位和財富。

柯瑋妮指出，《儒林外史》中作者最明顯關注的焦點之一是考試制度，也包含公職考試制度。科舉制度在明代以前就有，而且一直持續到清代，並在清朝崩解前被禁止。通過科舉考試後的學者會在政府機構的認證下授予公職，成為社會中的高階份子。科舉考試制度因而具有相當多的競爭對手。如，1850 年之前，全國大概只有百分之五的人民參加地方行政長官的考試；十八世紀中葉以後，最初參加鄉試的考生多於五十萬人，而通過最高級考試，成為進士的，每年只有三百多人。

　　《儒林外史》記載，考試制度分化相當複雜的階級制度，也象徵不同階級的學問成就。在《儒林外史》裡，作者已經生動地描繪出不同階段考試的難度。很多考生在經歷八次名落孫山後，選擇放棄；還有人試了十四次。在第三十回裡，作者描寫杜家對於追求功名的熱中；杜家有六十到七十個兄弟姊妹，卻只有兩個人願意接待訪客，其他的則都關起門來，盡心盡力地準備考試。又如，虞育德當了十年的舉人，經過多次嘗試，才在五十歲高中進士。

　　Roddy 認為，《儒林外史》裡高度地描繪及敘述諷刺手段，透過掌控文學藝術及八股文的考試來探究文人的弱點，尤其是後者的影響大於前者。在結構上，作品裡所呈現出的諷刺手法給予讀者對八股文的另一種想法及態度。

　　在《儒林外史》裡，所描寫的人物生平也持續地以國家所贊助的政策和學術地位為焦點。因此，故事中的任何一處都可能以較寬廣的視角描寫社會的現實面、輾轉地說明小說標題與知識份子之間的關係，這也是此書之主題所在。

　　此外，Roddy 指出，清代經典小說都在諷刺當時社會精英的瀆職和無能，《儒林外史》是最典型的代表小說，不論是結構上或主題上都圍繞著它所代表的文人活動和文人關懷。

　　Zhou, Zuyan 認為，《儒林外史》這部小說所呈現的是以廣泛的社會範疇來描寫學者的生活。女性角色在這部小說裡，不論是以何種形式描寫，如他們的自負、愚昧、反覆無常和抱負皆將男性的心性反映到女性的心理狀態，因而能較完整地描寫學者們的生活，並強化小說裡嘲諷的氛圍。

　　另一方面，一般人公認《儒林外史》這部作品是吳敬梓自己所處時代的投射，他將自己所處時代面臨的社會現實栩栩如生地投射到作品中。因為，傳統中國的天象學是將世界分為陰陽兩極，這二分法是為了捕捉人類社會大體上的全貌。因此，在吳敬梓的作品中，陰陽兩極的互補功用是為了創造一個完整的社會全景。此書中對科舉制度之批判可視為一極、對道德與理想的重塑的期望可視為另外一極，兩者完整展現著之間的牽連與互動。

　　商偉認為，這本小說的重要性在於它透過敘述形式，具體地表達出社會現象的主題。其敘述形式是到達孔子思想及典章制度的途徑，使我們對十八世紀思潮的基本變動有一定的瞭解，因此，具有相當的重要性。

　　這本小說使得吳敬梓清楚地說明儒教世界所產生的危機，內容比起顏元或李塨那些儒學中的理論家所論及的還要再更深一層；此外，除了包含一些

當代的思潮論述以外，同時也針對這些現象作出回應。

　　商氏提到，《儒林外史》在作者的詮釋下，主題呈現的是一名儒者對十八世紀文化轉型乃至禮樂崩壞的回應。《儒林外史》裡的內容大體上並不在於孔子禮儀的評論。事實上，此書在孔子既定的禮儀之下，卻展現出不同種類的儀式慣例。為了要建構禁慾儀式的圖像，作者在書中針對他所觀察的現象提供討論及看法，商氏認為，這些現象是孔子思想底下發展出的問題。

　　Wu, Yenna 認為，吳敬梓在書中以諷刺的角度來處理他所觀察的素材，通常運用智慧、幽默，甚至是怪誕可笑的事物書寫，為的是能有效地評論社會上這些虛榮、虛偽和不和諧的現象。藉由誇大地標明這些標的物，諷刺家召喚出讀者對其持有的娛樂、輕蔑、憤慨或嘲笑的態度。

　　筆者認為，這些美國漢學者也一致認為《儒林外史》一書對科舉制度有諸多批判，而美國學者本身，並未體驗或經歷過這種科舉的歷史或者文化，因此，他們可以更客觀地就諷刺文學的角度來分析《儒林外史》書中對科舉制度的描述。

　　科舉制度使得中國的精英份子對中國社會都負有一種使命感，並且對朝廷君王忠誠，而這些是建構在追求功名的動機之上，是不是真正民胞物與？是不是真正效忠？倒有很大的省思空間，也因此，才有那麼多素材可供吳敬梓撰寫本書。

　　換個角度看，這是在暗喻官僚體系和科舉制度下，經由科舉為官之儒生，在脫離貧困及卑微後，竟是馬上展現其十足官威，儘管身受孔老夫子的教誨，卻迅速沉溺於官僚作風、同染惡習。

三、《儒林外史》主題思想整體評論

　　柳無忌指出，《儒林外史》旨在揭露偽善者愚蠢迂腐的人性弱點，作為典型的偽善士人，極具愚笨及人性弱點之代表性。

　　林順夫指出，《儒林外史》的整體內容和結構反映了中國人的「前期的」世界觀。吳敬梓生活在清朝最強盛和最繁榮的時期，生活在中國人受到外國侵略的猛烈進攻和西方壓力的影響下開始對他們的文化喪失信心以前的時期，因此，他不能像「五四」時期的知識分子那樣向傳統的生活模式和思想進行挑戰。假如吳敬梓感到在他生活的時代中國文化已經衰退的話，他就能體察到他的唯一的禮儀化世界的理想是無法實現的。

Wu,Xiaozhou 提出，《儒林外史》並不是主要描寫學者和偽學者的諷刺小說，除了這些內容之外，作者也廣泛地描述主線的全貌作爲操控小說內容。諷刺手法的使用讓整個作品的主題明顯，所以，作者才將它拿來作爲一種寫作技巧原則，而非一種文類。當我們認知到小說的主軸是禮俗的重要而非單純諷刺時，我們會發現作品的另一個屬性。這個屬性與許多禮俗小說作品內包含的元素有許多相似之處，尤其是菲爾丁的《湯姆‧瓊斯》。

評論家和學者發現，《儒林外史》可說是一部滑稽喜劇，或者說，它具有喜劇那種會令人放鬆的書寫模式，但不像《湯姆‧瓊斯》擁有一個清晰的道德目的，探討的主題也很嚴肅。從以上兩點看來，《儒林外史》所屬的類型是混合式的。

Anderson 認爲，《儒林外史》的內容不僅是缺乏明喻的框架，此外，也不鼓勵人們以寓言的方式來閱讀故事。至少，表面上的《儒林外史》並不透過垂直的神祕或意義論的結構敘述，而是水平地連接各個故事。有時候這些連結就跟各個故事中的主題之間的關聯性一樣專斷獨行。

《儒林外史》在中國文學史上的地位，在「寫實主義」的領域裡，足以躍上再高一等的境界，因爲作者觀察了與過往比起來更爲逼眞的社會面貌。在小說裡，作者在醞釀寫作的過程中，製造許多的機會，這些手法與以往的傳統書寫形式不同，因爲，以往的小說總是會製造許多看似安排好的情境，爲的是要爲最後的結論佈局。

《儒林外史》與此不同的特點在於，作者並沒有掩飾偶然事件的呈現。所以，故事中看似不可能發生的意外，就會出乎意料地影響人物角色，以及書本外的讀者。而在這個轉換的過程中，作者就慢慢地將故事往另一個角色發展。也許換了角色、換了場景，但是仍維持在相同的諷刺架構上進行同樣的故事主題：反科舉，也同樣持續著作者在思想上所隱含的、對儒家的重振的希望。

筆者認爲，關於《儒林外史》的思想意蘊，自嘉慶八年（1803）《臥閑草堂本》卷首所附閑齋老人的序中，提出「其書以功名富貴爲一篇之骨」一說後，全書的思想主題可知，即存在著各種不同的見解。

根據前述各漢學者之論述，《儒林外史》具有強烈的反封建思想。證諸於閑齋老人《儒林外史》序：其書以功名富貴爲一篇之骨。有心豔功名富貴而媚人下人者；有倚仗功名富貴而驕人傲人者；有假託無意功名富貴，自以爲高，被

人看破恥笑者；終乃以辭卻功名富貴，品地最上一層爲中流砥柱。〔註3〕

　　這段話和漢學者認爲的《儒林外史》主題相互呼應。本書正是以反對科舉和功名富貴爲中心，並旁及當時官僚制度、人倫關係以至整個社會風尙。《儒林外史》是中國古典小說中的奇書，它有許多獨創的地方。在內容上，在題材上、在表現的主題上，與前代小說不同，它不用傳統的傳奇故事。

　　胡適在《吳敬梓傳》中表示：「這書的『楔子』一回，借王冕的口氣，批評明朝科舉用八股文的制度……，這是全書的宗旨。」〔註4〕魯迅《中國小說史略》云：「書中攻難制藝以及制藝出身者亦甚烈。」魯迅說：「迨吳敬梓《儒林外史》出，乃秉持公心，指摘時弊，譏諷所向，尤在士林；其文感而能諧，婉而多諷，於是說部中乃始有足稱諷刺之書。」〔註5〕魯迅主張「反科舉」爲《儒林外史》全書的思想主題，此書更是諷刺小說之首見，也和引述的美國漢學者的看法大致相同。

　　此外，也有美國漢學者如林順夫和柳無忌，均認爲《儒林外史》除了反對科舉外，還揭發禮教的虛僞和違反人性，此一主張深化《儒林外史》思想主題的探討。《儒林外史》的思想核心，是它從描寫封建士大夫被扭曲的生活和精神狀態入手，進而揭露封建官吏昏聵無能、貪贓枉法，鞭笞土豪劣紳的專橫暴虐、吝嗇刻薄，諷刺附庸風雅名士的遊手好閒、卑劣虛僞，以及整個封建制度的腐朽不堪和難以救藥。

　　《儒林外史》運用諷刺手法抨擊與揭露科舉制度與吃人的禮教。反科舉、反禮教、反迷信，刻畫出許多鮮明的正、反典型，雖然，加深讀者對清代科舉制度的警覺心，不過，吳敬梓並未建議任何具體的解決辦法。筆者認爲，或許是作者想要留給讀者自我省思的意味吧！

第二節　《儒林外史》之敘事結構研究述論

　　敘事結構是分析或討論一種敘事文本的基本路徑，底下筆者就美國漢學界有關《儒林外史》之敘事結構研究，如小說還是故事集、敘事結構之結構鬆散問題、敘事結構之特質等議題予以述論。

〔註3〕閑齋老人：《儒林外史》序。
〔註4〕胡適：《吳敬梓傳》（台北：天一出版社，1991年）。
〔註5〕魯迅：《中國小說史略》（台北：風雲時代出版社，1990年），頁273。

一、《儒林外史》是小說還是故事集

　　Lai Ming 認為，嚴格說來，《儒林外史》這部作品不能算是真正的小說，而是許多小故事的集結。它之所以會獲得大眾的熱愛，得歸因於作者本身對於文學創作的熱情和幽默風趣的寫作技巧。雖然作品裡充滿對社會的嘲諷，使用的技巧和文字卻不會令人痛苦或感到暴力。這個作品，它嘲諷了當代有權勢和受人尊敬的儒家學者。

　　夏志清談到，《儒林外史》雖然由一系列彼此聯繫脆弱的故事組成，但還是有一個清晰可辨的結構。它分三個部分，外加一個楔子和一個尾聲。第一部分，包含各種不同類型的人追求名利地位的所有為人喜愛的故事；第二部分構成這部小說的道德支柱，講述主要角色杜少卿和他的朋友們——南京的一些賢士文人的故事；第三部分由一組形形色色的故事混雜而成，沒有明確的構思。

　　小說開頭並沒有立刻敘述小說中各位主角的故事，而是以一位元末的歷史人物王冕作引子。作者用「楔子」標舉了一個不慕榮利、不隨俗俱流的理想人物王冕，用意是開宗明義地將蔑視功名富貴的王冕作為儒林的榜樣。

　　《儒林外史》的後半部，出現了一批「真儒」，他們的共同特點是：通曉經史，關心實學，鄙視功名富貴，君臣有道便出仕，朝綱敗壞便歸隱，努力保持人格的獨立。

　　吳敬梓寫完各位「真儒」以後，卻又在小說的結尾，鋪排出市井的四大奇人，作者顯然在他們的身上寄託著自己的人格理想和社會理想。

　　吳敬梓試圖藉此說明，地位和財富絕不是衡量個人價值的標準：盡得功名富貴的儒林中人，不一定就是真正的儒家君子；相反，即使是市井平民，也有崇高的儒家品格，做到「富貴不能淫，貧賤不能移」。以四個市井奇人的故事作結，其規制仿若中國古代史書中列傳的擴大化。

　　夏氏認為，由於吳敬梓塑造人物性格的卓越能力，他通過人物之間的輻射，前後人物和事件的呼應，呈現了紛沓的生活的本源狀態，揭示了社會關係的本質，從而使《儒林外史》在鬆散的章回結構下仍成為一部現實主義的傑作。

　　林順夫認為，《儒林外史》是由一系列短篇故事鬆散的連結而成的看法，是基於中西小說結構思想的差異、思想模式的不同、不同的解釋事件方式之間的衝突，其中的關鍵在於，敘事結構不僅只是刻意經營出來的文學技巧——它也饒具深意的表達了人對生命的觀照。

這個現象或許可以解釋為什麼在大部分的中國小說裡，我們很少發現唯有單一的人物角色是主角，或者在故事中只有唯一的敘述主軸。總而言之，大部分的中國小說都在尋找一個方式能夠將角色、事件和行動融洽地結合在一起。

Colemma 比較《儒林外史》和《老殘遊記》這兩部作品，有許多相同的段落，而且在類型上有許多相似之處。例如，這兩部小說都是插曲式地安排情節，而且也都是諷刺小說體。就連敘述內容，兩者皆有相似之處，兩部作品的作者都在探索他們所身處時代裡，社會和經濟的病徵。事實上，當論及這兩部作品的類型和內容時，《儒林外史》時常被認作是《老殘遊記》的原型。

楊力宇認為，《儒林外史》實質上是以各式各樣的故事連續編寫而成的，所以看起來有些缺乏組織性，第三部份與前面兩部份比起來，在文章的編排上有些不同。一開頭的開場白和最後收尾的收場，作者描寫幾個理想典型的學者，他們具備道德和才智的特質，為的是要與中間部份的角色有所對比。

楊氏表示，許多熟悉歐洲小說結構的評論家認為，中國傳統的方言小說的結構缺乏了整體性，尤其是論到《儒林外史》的結構時，會覺得困擾。此書的插曲式結構主要歸因於作者缺乏縝密的計畫和在邏輯上的整體設計。

然而，對中國傳統小說而言，小說組織的方法並非是直線、連續的事件，而是基於內在的和諧、平衡和一致性。有人發現，在大部分的中國小說裡，總是有著一群人在複雜的事件裡彼此牽扯，因此，使得一條條的故事軸線交織成一個巨大的網絡，這與大部分情節結構緊密結合的西方小說不盡相同。

Roddy 提到，《儒林外史》的情節是高度插曲式或不連續的，書中極少有角色、劇情支線、或者其它容易辨識的人物是可與它的敘述文字連結成一個單獨完整的整體。在結構上面，《儒林外史》主要是啟發自《水滸傳》的相似模型，劇情上，《儒林外史》承襲了「水滸傳體」互相連結的傳記文學結構，但它仍然強調劇情本身的獨立。

Wu,De-an 指出，《儒林外史》首章是模範學者王冕的傳記。自從傳記手法成為基本的結構模型後，它便成了小說結構的重要元素。《儒林外史》裡每個人物的傳記都由小小的細節完成的，而每個人都與其他人之間有某種程度的關聯性，而構成了特定的社會關係。因此，我們可以說，在《儒林外史》中的每個人物生平都不是獨立的，個人自我風格的因子並不緊密，就像《史記》的人物描寫一樣。不過，吳敬梓仍然將這些截然不同的角色組織起來，將各單一的故事集結成為一個完整主題思想的故事集。《儒林外史》裡集合的紀傳體並沒有被

融合爲單一的敘述過程,而是將人物角色遭遇的故事按照社會階級來排列。

Anderson, Marston 提出,表面上,《儒林外史》並不透過垂直的神祕或意義論的結構敘述,而是水平地接連起各個故事。有時候,這些連結就跟各個故事中的主題之間的關聯性一樣專斷獨行。《儒林外史》這部小說仍是當作一系列的短篇故事來閱讀會容易得多。

此外,雖然南京市在地理上是「重心」,綜觀整部小說,可以說這個空間上的重心點並未繫住書中不同單位,也無法成爲一個連貫整體的裝置。相反的,敘述從一段個別的單元流到下一個單元時,僅是憑著最微不足道的關聯性和微小的因果相關性,劇情的轉變實際上是強調著敘述單元與單元之間的獨立性。

Anderson 認爲,《儒林外史》插曲式的故事結構模糊了我們對於時間進行的自然反應,在敘述中,客觀時間的紀錄成了一項重要的時間框架,讓我們能了解故事進行的始末。不過,以一個更具組織的層面來看,這些短暫的故事發展使我們意識到小說中的朝代遞嬗,人物角色的故事也由他們的子孫延續下去。

由上可知,美國學者認爲,嚴格地說來,《儒林外史》這部作品不能算是眞正的小說,而是許多小故事的集結。然而,它之所以會獲得大眾的熱愛,得歸因於作者本身對於文學創作的熱情和幽默風趣的寫作技巧。

筆者認爲,《儒林外史》較偏向故事集,是發生在南京這個地方的一些人物的故事所集合而成的一部著作,這些人物有些只有出現在一回中,有些出現在少數幾個章回中,即便其在第一回中所塑造的理想人物——王冕,也未在整部書裡面從頭到尾都出現,全書的軸心不是人物,而是對清代科舉之害作出嚴厲的諷刺。簡言之,《儒林外史》並沒有一個或幾個貫穿全書的主角,也沒有起訖完整的情節,只有諷刺科舉的主軸。

魯迅提到:「《儒林外史》全書無主幹,僅驅使各種人物、行列而來,事與其來俱起,亦與其去俱訖,雖云長篇,頗同短制。」〔註6〕筆者認爲,《儒林外史》最主要的批判對象是八股取士的制度,以及隨之所衍生出來的種種問題,展示出一幕幕讀書人在科舉制度下的醜態和悲劇,也因此,才呈現出這種特殊的敘事結構。

筆者認爲,《儒林外史》沒有貫穿全書的人物,當然也就沒有一個統一的懸

〔註6〕魯迅:《中國小說史略》(台北:風雲時代出版社,1990年),頁274。

念。《儒林外史》關心的是知識分子的整體命運，並未對一個個人物的命運作出明確的交代。周進後來怎麼樣了，范進後來怎麼樣了，書裡並未有所交代。

　　個人的命運在《儒林外史》中被充分地淡化了，因為作者的興趣不在講故事，而一般的讀者讀小說是衝著故事來的。《儒林外史》放棄統一的懸念，淡化人物命運的色彩，其實是在向多數人的閱讀習慣挑戰。

二、《儒林外史》敘事結構之鬆散問題

　　柳無忌認為，《儒林外史》雖是頗負盛名之諷刺章回小說，但不免仍有一些諷刺小說常犯的缺點，即是組織結構上的不足。他表示，書中雖將互不關聯的情結串在一起，仍未點出中心意旨之所及，而情節之間的關聯，又是如此薄弱且無力，《儒林外史》寫人物與故事是寫一個丟一個，沒有貫穿到底的人物故事。以致此書幾乎可分作各自獨立的短篇，此相同特質亦同樣顯於其他清朝末年諷刺小說之中。

　　然而，直到二十世紀西方小說引入後，見聞式小說及長篇連載類型的刊物出現，削弱了中國對於小說架構的傳統概念，使得中國作家警覺到情節編排對小說的重要性，並開始學習向西方世界取經。

　　黃宗泰提到，《儒林外史》的結構是不均衡發展的，它的情節並沒有好好地整合。影響到結構的主要問題，有可能受到作者以外的因素影響，而只要有竄改內容和修正的可能性，就不能要吳敬梓為這些情節的失誤負責，《儒林外史》歷來有 50 回、55 回、56 回等歧說。

　　如同許多傳統的中國小說，原著可能在後來有可能經過修改，雖然很難發現，看不出有什麼太大的差異，仍然不能忽略這個問題。《儒林外史》第三十七回的泰伯祠祭祀，非常引人注目。在此以前，人物一個個出場，又一個個退場，描寫的中心不斷地轉移。直至第三十七回的泰伯祠祭祀，才突破了這一格局，一下子將眾多的人物集中到一起，這是全書唯一的一次。吳敬梓顯然是有意將泰伯祠祭祀，寫成全書的高潮。

　　然而，《儒林外史》第三十七回描述泰伯儀式之後的三、四回，在形式和內容方面都比較鬆散，有較為隨意書寫的矛盾說法，並且稍微離題，這樣的情形並沒有出現在其他的章回裡。這些小失誤可能是當時吳敬梓為了之後的校正匆匆寫下的筆記，也可能不是出自吳氏之手，由於我們缺乏證據，我們能作的只有補註。

黃宗泰認為，如同我們所認知的，小心謹慎的編輯有益於故事的劇情情節。另一方面，它整體性的設計和故事內容的變動以大量的嘲諷和隱諱來呈現出道德的眼光，因而我們能稱《儒林外史》為諷刺體小說。

楊力宇認為，許多熟悉歐洲小說結構的評論家，認為中國傳統的方言小說的結構缺乏了整體性，尤其是論到《儒林外史》的結構時，會覺得困擾。這個插曲式的結構得歸功於作者缺乏縝密的計畫和整體在邏輯上的設計。然而在最近，林順夫在一篇論及《儒林外史》的文章裡寫道：比起那些結構縝密的西方小說，吳敬梓對作品的整合和秩序上相當地警覺。

林順夫認為東方世界有一種獨特的有機概念影響著中國小說的發展。而這些具有意義的事件構成的組織，並不單只是一個隨意的連結而已，它與許多相關的資訊連結，形成廣大無際的網絡。對中國傳統小說而言，小說組織的方法並非是直線、連續的事件，而是基於內在的和諧、平衡和一致性。

林氏提到，有人發現在大部分的中國小說裡，總是有著一群人在複雜的事件裡彼此牽扯，因此使得一條條的故事軸線交織成一個巨大的網絡，這與大部分情節結構緊密結合的西方小說不盡相同。這個現象或許可以解釋為什麼在大部分的中國小說裡，我們很少發現唯有單一的人物角色是主角，或者在故事中只有唯一的敘述主軸。

Anderson 提出，這種作品上的「諷刺意義」展現，因為本身被定位為「外史」，而可以有不同的章回結構，而在各章回之間更為貼近史傳對於人物褒貶的某些敘述法則，也未忽視在傳統史傳敘述裡，敘事者所慣用為了呈現某類人物價值而使用的敘述方式或是觀察角度，而各章回之間仍有些許連結。

這些手法的呈現以「外史」之名（暗示著一種時代性的紀錄，或是關於人物價值性的評斷），使「史傳」中的敘述方式被挪用於小說中，並試圖作為一種表現方式——一種包含敘述者明顯意圖的「實錄性」作品。

因此，《儒林外史》與此不同的特點在於，作者並沒有掩埋偶然事件的呈現。所以，故事中看似不可能發生的意外，就會出乎意料地影響著人物角色，以及書本外的讀者。而在這個轉換的過程中，作者在鬆散之敘事結構中慢慢地將故事從一個角色往另一個角色發展。

筆者認為，大部分的中國小說都在尋找一種能將角色、事件和行動融洽地結合在一起。《儒林外史》裡的每個章節，如林順夫所指，作者會輪流地描寫一個特定的角色或一些角色。不過接著下一回，原本主要的角色可能會迅

速地消失在主要的敘述事件中，從原本的場景中完全消失，我們可以說，小說的敘述觀點是可移動的，而非限定的。因此，當我們討論《儒林外史》的插曲式結構時，可以試著考量林順夫對此部小說的看法。林氏認為，《儒林外史》的組織方法並非是直線、連續的事件，而是在一個主要故事軸線所分支的諸多小故事，這些故事之間，存有內在的和諧、平衡和一致性。雖然有多達兩百多個角色，出現在五十多回的事件裡，但是，這一條條的故事軸線互相交織成一個巨大的網絡，展現出諷刺科舉的主要訴求。

三、《儒林外史》敘事結構之特質

Wells 認為，《儒林外史》本質上是充滿詩意的。就連表面上，它都保有文學寫實主義裡卓越的典範。在此範圍裡，它僅有單一的目的，是用來呈現論文的對立面。

林順夫在〈儒林外史的禮及其敘事結構〉一文中指出，《儒林外史》的內容與形式緊密聯繫起來，認為全書的故事情節和人物出場次序都是作者精心安排的，體現了作者的世界觀和完整的藝術構思。

林氏認為，在二十世紀初期，有些學者認為《儒林外史》的藝術結構極不完整，他們往往把這部諷刺文學作品看成缺乏完整構思的連環短篇故事，這種看法是由於不理解《儒林外史》獨有的內部統一的構思，而對西方小說集中統一之情節結構的一種偏愛，是中國的文學批評家受到西方文藝思想影響的結果。

林順夫還指出，胡適責備《儒林外史》「沒有布局」、「沒有總的結構」，這種片面挑剔中國文化毛病的偏見，其根源也正是侷限於西方文化思想的框框和西方小說情節結構的模式。

林氏認為，《儒林外史》藝術結構所體現出的條理性和完整性，絕不比任何西方小說名著遜色。傳統的中國小說很少集中描寫一個人物的發展，或者集中敘述一個社會現象的過程，而多是描寫廣大凡人之間的複雜的相互關係，這與其說是固定中心，不如說是可移動中心。

《儒林外史》在每一回中集中描寫一兩個主要人物和幾個次要人物，構成一幅特定的社會景象，這些主要人物或次要人物在下一回裡退居主要情節以外，或者從情節中消失，我們只有讀過整部小說以後，才能獲得對它的總體輪廓的認識。《儒林外史》的結構模式是非常典型的中國傳統小說的模式，

不能說作者缺少通盤計畫的考慮。

　　林順夫提出在《儒林外史》中，禮根本上具有兩個結構上的作用。首先，它把一群個別的插曲式的事件串連在一起，形成一個較大的構成單位；其次，它統合那些較大的單位成一個更大的整體。因此，吳敬梓使用禮作爲小說的主要整合原則是十分恰當的。

　　高友工認爲，這些事件所扮演的角色是傳遞訊息、透露寓言背後眞正的意涵，而不是單純的行爲。因此，應該以整體的結構組織來了解這部小說，而不只是專注於特定的角色或情節。

　　此外，高氏也提到吳敬梓也整理了時間和空間的模式，讓小說內外能夠一致和諧，因爲在小說中所描述的是一個複雜的人性社會。我們能看見《儒林外史》的結構設計非常地深奧。因此，《儒林外史》對於章回小說的發展可說是劃下了一個重要的里程碑。

　　黃宗泰提出，《儒林外史》的結構和其描述很相襯。他的博士論文中提到，Kernan 認爲在小說第一回和第五十五回分別出現的王冕和四位奇人，他們的故事都馬上與泰伯事件有所關聯，使文本有一點「黎明」的曙光，這在西方的諷刺文學中都沒有出現。

　　不過，在這些特殊的例子中，有一項特色是一直存在的，就是「黑暗」，黑暗和白日的對比，也更能讓故事具有張力。在一群愚昧追求功名富貴的人之中，王冕和四位奇人是故事中獨特出眾的人物。評論家如 Inada 就指出，有許多人就是爲了追求功名富貴而前往參與泰伯祠典禮儀式，是不光采的舉動。

　　大體而言，《儒林外史》在不同的場景中來呈現社會上烏合之眾，雖然看似鬆散，實際上彼此之間都有其相關性。讀者希望故事能呈現出直線性的情節發展，不過，這在《儒林外史》中也難以辨識。

　　對於《儒林外史》的結構和情節，評論家 Inada 只剩下兩個選擇。他可以與先前的評論家提出相同狹隘的見解，認爲情節該是結構緊湊並且要有循序漸進的發展，以這樣的標準看來，《儒林外史》是不合格的。或者，他也可以像 Kernan 一樣，放鬆對這個定義的標準，放大定義所能包含的範圍，讓實用取向、情節不連貫的劇情也可運用在所有的諷刺體裁中。

　　黃宗泰提到，無論是在中國或者是西方，《儒林外史》所具備的基本條件與諷刺體文學相似。《儒林外史》有它的獨立特質，有自己獨特的諷刺風格。因此，我們要進行研究觀察作品本身獨特的諷刺技巧所呈現的道德評論，透

過這些評論，中國傳統的說書人、中國傳統的史官或作家能完全地了解，並且欣賞這些技巧。

　　楊力宇認為，吳敬梓在書寫的成就上相當卓越。他擺脫了一般作家使用詩歌的傳統手法，寫出了新式小說；他不使用地域性的俗語、不借用慣用語，或者熟悉反覆的詩詞，而是透過實地的觀察，使用散文、口語、帶有功能性的字句來描寫人、事、物。除此之外，宗教信仰和迷信的景象，如算命和道德報應，在他的作品裡也少有出現。《儒林外史》的特色在於作者在角色上的刻劃、諷刺的藝術成就和敘述技巧。它在中國歷史上有著相當重要的位置，對於之後的小說發展有著深遠的影響。

　　柯瑋妮提出，《儒林外史》的結構對於小說文壇反覆構成了諸多值得討論的問題。然而，這部小說的基本元素，包含混雜的韻律、廣泛全貌描寫的人物角色、故事劇情內部的不安定，由好運和厄運循環的革命，以及中心人物「浪人」，如惡棍或流氓，都具備了成為惡漢小說的重要特性。

　　柯氏認為《儒林外史》屬於惡漢小說，而其基本結構是具有段落的劇情，情節通常不會一貫到底。就像是一個旅行，會有許多意想不到的邂逅及互相牽扯的偶發事件。在小說中，一連串雜亂無章的事件突擊這個英雄，並沒有停止過。人物角色的出現和消失並沒有任何的理由，讀者甚至會忘記了這個角色的存在。小說中的規矩沒有什麼對錯，並不會羈絆事物、角色，亦或是情節之間，而使得小說的結構整體上相當和諧。惡漢小說的情節僅僅記錄了許多片段的故事罷了，而這種情節結構易於套用及解釋《儒林外史》。

　　柯氏提到，在《儒林外史》裡最特殊的地方是獨特的敘述韻律和結構。《儒林外史》的內文擁有複雜不尋常的結構。在第一次讀的時候，這些特徵在作品裡顯露無遺。這些特徵包括：小說的步調和韻律、一組透明的角色、描述不同人之間的事件轉移，還有劇情急轉直下的變化影響著角色的命運，都被清楚描繪。

　　《儒林外史》裡的分析必須包括詮釋一些元素的結構：故事情節、韻律、結構和格式的機制、敘述者內部的不穩定，是由好運和偶發事件所造成的循環。在《儒林外史》中非常明顯便可看出此結構，如角色的嫁娶後隨即死亡；迅速地獲得財寶，而後又迅速地家徒四壁。這些事件發生的時間相當地短暫，其所象徵的也正是現實生活混亂的步調。這接連掃射的機關槍是《儒林外史》說明事件的特色，即便是文字語言，都可展現其端倪：段落通常以「這事就這麼發

生了⋯⋯」或「接著⋯⋯」，而惡漢小說的節奏與故事情節有密不可分的關聯性。

　　Wu , Swihart, De-an 提到，臥閑草堂本認為《儒林外史》有著對稱的結構，使得故事的高潮不在結尾而是在故事的中間。依據臥閑草堂本對於小說結構的美學研究，Wu 氏相信，相對及對稱的原則對小說結構來說必定佔了很重要的地位，這是因為這兩項原則早在《詩經》和《易經》裡出現過了。

　　Wu 氏認為《儒林外史》的作者深受中國敘述體裁的傳統。因此敘事結構是依據集合紀傳體，就像《史記》和《水滸傳》一樣。《水滸傳》的結構設計受到了司馬遷《史記》的影響。Wu 氏認為吳敬梓也意識到了長篇敘述文的傳統。當他以《水滸傳》為範本，延續了其結構設計時，也同樣從《史記》中得到了一些敘述性的技巧。此外，Wu 氏也發現《儒林外史》的首回結構設計與《史記》相當類似。

　　Wu 氏提出，《儒林外史》是傳記形式的，《儒林外史》的首章是模範學者王冕的傳記。《儒林外史》裡每個人物的傳記都由小小的細節完成的，而每個人都與其他人之間有某種程度的關聯性，而構成了特定的社會關係。因此，我們可以說，在《儒林外史》中的每個人物生平都不是獨立的，個人自我風格的因子並不緊密，就像《史記》的人物描寫一樣。

　　Wu 氏認為，雖然《儒林外史》是一部集合紀傳體，不過角色與角色之間卻互相影響，並以相同的方向移動。此外，吳敬梓並沒有在小說裡的任何事件之間作多餘的解釋，這些事件全都是拿來顯露這些角色的人格特質。

　　Wu,Yenna 認為，《儒林外史》並不是中國首度出現或者是唯一的傳統諷刺小說，而只是這個類別中的許多的其一。從這個較新鮮的角度看來，中國諷刺小說的誕生可謂明代。

　　許多歷史學家針對中國小說劃分了既定的小說分類，Wu 氏質疑這些分類的正確性，並且建議在那麼多的類別中，有些小說也可因為主題及其內容論述的話題，因而歸類於多於一種的類別。重新思考類別和限定分類的放鬆之後的原理，可使得評論家在未來能擴展其視角，並且檢驗出許多被忽視的小說作品的類別；重新發掘類似的作品、追蹤小說裡對社會更多的影響力，以至於能對於中國小說的歷史做出更妥善的安排。

　　筆者認為，《儒林外史》沒有貫穿全書的人物，當然也就沒有一個統一的懸念。《儒林外史》所關心的是知識分子的整體命運，而並未對一個個人物的命運作出明確的交代，周進後來怎麼樣了，范進後來如何了，書裡並未有所

交代。個人的命運在《儒林外史》中被充分地淡化，因為，作者的興趣並不在講故事，而一般的讀者讀小說是衝著故事來的。《儒林外史》放棄統一的懸念，淡化人物命運的色彩，其實是在向多數人的閱讀習慣挑戰。

假如有人將章回和內文主題作比較的話，我們可以清晰地讀出一種既定的模式，這種模式就像書的索引般指示《儒林外史》的中心思想、點出作者的真實想法。小說裡一開頭的序言和最後的跋就像是書檔一樣，把故事裡不同的角色包裹著。這些故事扮演著框架包含著完整而連續的故事，這是一個經過整理的整齊對稱的敘述體。

誠如魯迅之評《儒林外史》，「如集諸碎錦，合為帖子，雖非巨幅，而時見珍異」。〔註7〕魯迅認為，自《儒林外史》問世以後，「於是說部中乃始有足稱諷刺之書」。換言之，魯迅認為，《儒林外史》誕生以前，還沒有一部小說可以稱得上是真正的諷刺小說。魯迅又說：「諷刺小說從《儒林外史》而後，就可以謂之絕響。」吳敬梓的《儒林外史》，在敘事結構上雖有正反兩面各異之評價，但仍是一部諷刺文學的經典之作。

綜合前面的論述，筆者認為，《儒林外史》雖然整本書所抨擊的對象是科舉制度，科舉制度可以說是貫穿全書敘事的主軸，時代已經發生巨大的變化，但是，科舉制度所涉及的教育、信仰和知識分子的出路問題等，吳敬梓在《儒林外史》裡所探索的問題，對今天的我們依然有所啟發。《儒林外史》只不過是一個舞台，讓演員輪流上去展演，著重展現，輕於講述。至於主題和內容，則留待台下的觀眾自己去領會。

第三節　《儒林外史》之人物形象研究述論

文學作品中的人物形象分析，可以是針對單一作者的單一文學作品或者不同作品進行分析，也可以就不同作者的作品進行比較研究。底下筆者就美國漢學界有關《儒林外史》之人物形象研究，如投射的角色、人物類型等議題予以述論。

一、《儒林外史》中投射的角色

Lai Ming 認為，在《儒林外史》中，一般人通常會認為吳敬梓是以他所

〔註7〕魯迅：《中國小說史略》（台北：風雲時代出版社，1990年），頁274。

認識的人爲基礎來刻畫小說中的人物。而他所刻畫的——杜少卿——這個角色，是個不追求錢財、期許自己能幫助別人的角色，而被讀者或者一些評論家認爲這個角色是象徵作者自己、是作者自己在此書中所投射的角色。

夏志清認爲，吳敬梓一生中一直作爲「名士」逍遙度日，吳敬梓晚年一直從事於此書的寫作，爲他生活中顯而易見的失敗辯護，並且系統的闡述了他對於周圍社會的感受和印象。在《儒林外史》裡，吳氏憑藉著他對社會各個階級人們的廣泛接觸和認識，用敏銳的目光和機智的諷刺筆觸現實的刻畫人物形象。書中有許多人物其實是以作者的朋友以及其他一些當時著名的歷史上的人物作爲原型的，例如杜少卿，夏志清也認爲是作者自己的自畫像。

此外，夏氏提到，鑒於吳敬梓在科舉考試中的失意，把王冕視爲作者理想化了的自畫像——一個不爲酒色名利所動，以其孝悌和藝術才華而著名的隱者。吳敬梓對世俗和官場生活的反對，也許是出於一種「欲取不得故鄙視之」而聊以自慰的心理，而這正表明了他因失意而難以排解的苦惱。他對科舉制度及其犧牲品的突出諷刺，如同他對超凡脫俗的隱士極其熱烈讚美一樣，或許都顯露出自傳的色彩。

Bauer 認爲，《儒林外史》費心地將王冕擺在首章，而在結尾將我們的注意力帶回粗略勾勒、較爲原始的四位奇人們。敘事者精巧的框架出《儒林外史》的前言和結尾，這是作者有意安置角色來娛樂讀者，也讓人意識到品德的重要問題。Bauer 表示，王冕這個人，出身農村，致力於自我養成，並且秉持堅毅的決心，要捍衛個人的完整性。這些特質總體來說，都呈現了一個異常難仿製的冰冷模型，提供了廣泛的人格特質，可供我們來做人身以及智識上的省思。

Bauer 使用對比法來檢視王冕與虞博士的道德觀相異處。王冕的德性建立在他天生的才質、他對母親的孝順、以及他對理想的奉獻。相較之下，描繪虞博士肖像中的線條，則是投射、勾勒出吳敬梓個人的道德觀以及自身的寬容等具體行爲。

Rolston 認爲，吳敬梓在處理王冕這個角色時，成功地重塑了王冕這個角色，以至於王冕成了本書中的主要指導的基準：孝順、獨立、學識廣博卻不賣弄、而且堅持自己的原則不熱中追求功名富貴。

Wu,Xiaozhou 提到，吳敬梓在描寫人物時會將二或至多的禮俗慣例加諸於他們所要描寫的同一階級的人們或同個團體上，爲的是要呈現出一個眞實的

生活場景。除此之外，吳敬梓除了放了許多學者的角色在作品中，還有許多社會上形形色色的人物角色，如：小店店長、衙門差役、地方知縣、鹽商、軍官、戲子、藝妓、妓院老鴇、妓女、媒婆、國術師、僕人、丫鬟、騙子……等等，構成了一個令人讚嘆的圖像迴廊，這些角色投射出當代庶人與士人生活的形貌。

Huang Weizong 則認為，《儒林外史》較少以自傳式的書寫來展現自己。其原因部份在於以獨特的離心結構書寫，因此並沒有任何單一的主角長時間地在故事中獨挑大樑。如此一來，杜少卿，一個可以被視為作者本身的人物角色，在此書中出現的時間並沒有很長。

不過，這本書裡所描述的卻多半與作者本身相關。正因為我們了解吳敬梓的生平多於故事中的角色，因而我們能確認一件事——對於吳敬梓直接的描寫和個人的生命經驗在小說裡是受到限制的。至少故事的表面上，都是由除了作者本身的其他人作為故事的主角，這些角色可能是作者所熟識的人或只是因為寫作而創造出來的角色。

Zhou, Zuyan 提到，在《儒林外史》的世界中，男性角色大部分是由學者、官員、名士、有名的奇人和出眾的學者組成。而女性角色則主要以妾、妓女、媒婆和學者們的家人成員所組成的。因此，無論在家庭或在社會中，男性皆居中心位置，而女性則被歸於邊緣。

女性角色在這部小說裡，不論是以何種形式描寫，投射出的特質如自負、愚昧、反覆無常和抱負，皆是將男性的心性反映到女性的心理狀態，因而能較完整地描寫學者們的生活，並強化了小說裡嘲諷的氛圍。

Roddy 提出，《儒林外史》中的學者、詩人、藝術家和考試官員們都展現出各種不同程度的昏庸、無知、或糟糕，這些人仍然和小說中隨處可見的受磨練的文人有所區別。這許許多多有著不同的振奮人心程度的文人或文士們以及他們的食客—也就是書中大多數角色所代表的笨拙持守現狀，有著俗不可耐的考試信念的人們。

另一方面，即使是相較之下未受教育的馬純上和杭州的詩人都展現了某種對於自身行業的熱情，然而滑稽的是，他們似乎比那些笨拙地鼓吹現行制度沒有問題的官僚們來得好多了。然而，即使是如同杜少卿、遲衡山等等成就令人印象深刻之士人，也是被證明是深深地敗於使自己脫離文人主體和智識上的限制，雖說在程度上不同於那些八股學究，但是也絕非那一類的人。

這些角色背後，均相當程度地代表著吳氏想要表達的人物類型。

　　筆者認為，《儒林外史》中所有的人物角色，都在科舉制度的框架內，窮畢生之力於追求一種虛榮——榮登金榜、科舉高中，想要達到入朝為官、榮耀鄉里的企圖，然而，當達到目的之後，卻瘋了、狂了，旋即陷入官僚的迂腐漩渦之中，而些衝突，正是此書所諷刺的荒誕和謬誤。

　　《儒林外史》證明科舉八股制度只會製造出不求甚解的小學之士，扼殺了想像力，只能在一個侷限的、如牢籠般的體制內掙扎，最終成為士人生活方式的禍根，而且，這些所謂知識份子的士人們，卻都沒有發覺自己在科舉制度下的的主觀偏見帶來的是一種失敗的人生，成為八股的俘虜。

　　筆者認為，《儒林外史》書中運用了眾多人物輪番登場，利用各個角色所投射的當代生活形貌與人物特徵，緊緊嵌著本書要表達的主旨，利用這些角色的反應與結局，傳神地傳達出本書的思想主軸。

二、《儒林外史》人物類型之分析

　　柳無忌提出，《儒林外史》旨在揭露偽善者愚蠢迂腐的人性弱點，作為典型的偽善士人，極具愚笨及人性弱點之代表性，在「嚴監生疾終正寢」這一回裡，描述一位富有卻吝嗇至極的讀書人——嚴監生，利用捐獻大量金錢至皇朝國庫的方式買取官職—在當時為普遍的慣例。其中最有名的一段是關於嚴監生如何疾終正寢的描寫，充分反映出欲描述的「吝嗇至極」的意涵。

　　楊力宇提到，在小說裡總共有將近兩百個人物角色。這些角色類型，其中，有些是理想化的學者、對於世界上所追逐的不屑一顧的清廉官員，但也有騙子或偽君子，他們會以詩人或奇人的外表裝扮自己，來追求世俗的財富。仍有不少人透過科舉考試的方式來尋找財富、地位和名譽。最後，作者又以對名聲有所疑慮的角色穿插，做出巧妙的結合，如波希米亞式的學者、最後變成娼妓的妾和演員。

　　為了要呈現人物特色，吳敬梓使用了許多技巧，比方直接或間接的敘述、對話和描寫，深刻入裡的描寫角色。兩個角色——全無用和杜少卿——他們一個是偽裝成居士的騙子，另一個是一個波希米亞式的學者。作者拿他們兩人來闡釋自身老練的個性。這些角色的建立，我們可以由此窺探出吳敬梓多變的形象。

　　羅溥洛認為，中國第一位以方言寫成小說的清代大作家吳敬梓他的社會

諷刺作品《儒林外史》，注入了許多女性主義者的論述於小說的傳統之中。他最愛的方式是對現況裡的組織或想法加以攻擊，解構這些想法或組織，說明其中的矛盾和缺乏人性的信念。在這些最佳解答中，吳敬梓以王玉輝作出了最棒的說明。

羅氏提出，吳敬梓在《儒林外史》裡敘述了受教育的女性，來說明男女地位的平等意識。吳敬梓在刻畫女性時，都以正向的形象，將她們描寫為活潑、獨立、聰慧、為自己的人生下決定的新時代女性。雖然在小說裡，這些女性出現的時間並不是那麼多，不過作者卻給了她們和男性平起平坐的地位，增加了她們的尊嚴，而不是過去舊式道德缺乏彈性、既定的刻板印象。

其中一個最有名的女英雌就是年輕的沈瓊枝。此外，還有許多其他強勢的女性，作者拿她們與一些軟弱、無益的、卑鄙的男性作對照，在其中最有名的寫照就是杜少卿和他的妻子及莊紹光與他聰慧的妻子。他們的妻子對於吳敬梓而言，毫無疑問是一個較積極的角色，有人說這對於家庭生活而言，是一種現代的觀點，以愛、彼此尊重和維繫夫妻之間的平等為基礎，它比起程朱理學中的教導更為頻繁。

黃宗泰提出，吳敬梓有著對儒學思維的理想世界，他認為真實的價值並不是世界的財富名利，而是心存善心、正義和孝道，並透過實踐來獲得真正的學習。在自身的極端主義中，王冕和四位奇人是小說裡最真實的模範生，因為他們堅定不移地把他們自己和這個世界所追求的名和利分開，認定自己本身就是追求理想美德和學習的障礙物。

其中，吳敬梓藉由「身為隱士的王冕」這個角色來說明以孔子思想為主的隱世主義所蘊含的價值觀念。理所當然地，故事發展到王冕趁著朝廷派遣的官員親自到他家前逃走了，為的是推辭作官。

至於四位奇人，黃氏指出，在第五十五回裡，作者對於四位奇人的敘述雖然不比對王冕的描述來得清楚，不過卻很清楚地傳遞這四個行為色彩鮮明的奇人所反映出來的隱世思想，也讓我們多了一個管道更加瞭解王冕行為背後的意義。有一些評註者並不認為他們如道家的隱遁者，因為四位奇人並沒有將自己與世界完全地隔絕，或漫無目的地活著。

這四個奇人在他們追求自己悠閒自在的生活時，將一些自娛的嗜好磨練到最高的境界，如音樂、棋藝、書法和繪畫。對於孔子學派而言，先天培養這些嗜好只對那些擁有不自私想法的人有效，因為這些不僅為自己設想，也

為別人設想的人會透過這些嗜好的培養遠離僅是追求功利主義的誘惑。已成就的天賦也成為了道德價值的一種指標。一個有著這種長才的人，如王冕和四位奇人，比起他們所服侍的上位者，是真正崇高、令人敬重的人物。

黃氏認為，諷刺體裁裡那些單調乏味的舉動，那些誇大的、失勢的和混亂的一切，無形中結合使得內容充滿嘲諷意味。那些單調呆板的舉動或者是對功名富貴的追求，使得《儒林外史》裡的儒生為了追求地位名利，而貶低了學習的真正價值。

這些角色的行為，不論是誇張的、漸漸微弱的、混亂的，都不自覺地結合了諷刺的氛圍。無論是在道德上或現實中，這些行為都成為了社會亂象的源頭。小說透過了道德和真實鋪陳諷刺的故事結構，讓讀者來檢視生活。

Bauer 認為，《儒林外史》將王冕擺在首章，而在結尾將我們的注意力帶回粗略勾勒、較為原始的四位奇人們。敘事者精巧的框架出《儒林外史》的前言和結尾，這是作者有意安置角色來娛樂讀者，也讓人意識到品德的重要問題。

他們與小說中其他的次要人物成為對比，《儒林外史》中這些次要的人物即使受到孔子的影響，卻為了追隨功名利祿而對他們所習得的美德不屑一顧。王冕及四位奇人的故事表達出意義深遠的道德價值。

不同於西方的諷刺文學家，吳敬梓對於人性並不氣餒，他相信人性中原本所有的善，而使他創造出人性善惡參半的角色，並且花時間去憐憫他們，譴責環境對人性所造成的危害。故事中襯托這些觀點最好的例子是匡超人生命的興衰。與以往的諷刺文學不同，匡超人這個角色顯示出人性多變的發展過程，最終造成道德的衰微。小說以許多方法呈現出對諷刺的狂熱，對於許多故事中人物的行為也刻劃地相當清楚，並且予以註解，如王冕、四位奇人、杜少卿、虞博士、匡超人、王氏和范進等。

柯瑋妮提出，在《儒林外史》裡，吳敬梓處理的是惡漢主題，從匡超人的觀點來檢視，是最佳的證明。這個角色是在小說裡故事延展性最佳的單一人物。除此之外，這個角色也的確符合小說名稱《儒林外史》，因為匡超人正是「儒林」中的一人。

吳敬梓提供了故事中的文人前往仕途的不同方式，雖然他們都受到了孔子思想的洗禮，但都為了飛黃騰達而在仕途上「汲汲營營」著。吳敬梓在小說中介紹了許多不同類型的學者，他們對於道德操守和其完整性有著不同的

標準，並讓讀者自行對於小說中的人物做道德判斷。作者在其環境中設了許多雄心壯志的年輕人容易掉入的圈套，他們為了追求成功，而落入了科舉考試的捆綁，而匡超人就是掉入陷阱的其中一人。

《儒林外史》中，婦女是一群十分重要的角色，雖然她們人數甚少，但這一群經過選擇的女性形象卻組成了一個變化多姿的中國女性的畫廊，尤其表明了作者對於社會現實和心理現實的把握。如嚴致和的妻妾、蘧公孫的妻子、王玉輝的女兒……。

《儒林外史》是一部重要的反映文人學士的小說，有其諷刺本質，但如果從作者對他所處的那個時代熙熙攘攘的世界所作的五光十色的描繪這方面來看，這些角色們所呈現出來的，似乎更像是一部風俗的黑色喜劇。

在上述論述中，幾乎找不到專篇文章來探討《儒林外史》書中的單一人物，原因為何？是人物眾多而不易描述抑或不易找出人物特徵？《儒林外史》人物類型分析能否像其他書籍一樣，有單一角色的分析？

筆者認為，實際上，《儒林外史》書中的人物，各自有其獨特的性格，但是，彼此之間並無緊密的糾結與影響，書中也沒有針對各個人物進行介紹。本世紀最暢銷的《哈利波特》一書中，也是有多達數百名的人物，於書本序之後，則詳細列出書中主要角色的簡略介紹，幫助讀者瞭解書中人物的個性與特點，這種表現方式明顯的是以塑造書中角色為中心點，故事情節只是展現書中角色的特點的情境。《儒林外史》和《哈利波特》這兩部書之間對人物的著墨重心恰恰相反。

或許因為《儒林外史》書中沒有令人印象深刻的「第一主角」，所以，本書的人物形象在漢學研究中也很少成為「主角」了。這一點和《紅樓夢》則有很大的差異。《紅樓夢》書中的人物，即便是「劉姥姥」都曾被專文加以探討與研究，更遑論《紅樓夢》中的四個主要人物。有相當多的研究指出，這些人物性格是由家庭、當時保守觀念所影響的。

而《儒林外史》以情節主軸的「反科舉」取勝，筆者認為，人物形象的刻劃，主要是陪襯故事情節而已。而不同於司馬遷的《史記》，「留下千百人物的鮮明形象：帝王將相、謀臣策士、游俠優伶、雞鳴狗盜之徒，時過二千年，光采猶存。」

因此，如胡適所言，「《儒林外史》這部書是一種諷刺小說，頗帶一點寫實主義的技術，既沒有神怪的話，又很少英雄兒女的話。況且書裡面的人物

又都是儒林中人,談什麼舉業、選政,都不是普通一般人能了解的。因此,第一流小說之中,《儒林外史》的流行最不廣」。

不過,筆者認為,《儒林外史》雖無明顯的「主角」,但是,本書對文人、官僚豪紳、市井無賴等各類人物無恥行徑真實生動的描寫,深刻地揭露行將崩潰的封建制度的腐朽性,強烈地抨擊罪惡的科舉制度,並涉及政治制度、倫理道德、社會風氣等等,客觀上否定了整個封建制度,筆者認為,這正是此書的關鍵,此外並沒有因為單一主角而模糊了作者「反科舉」之主軸。

第五章　《儒林外史》之藝術、技巧及價值研究述論

第一節　《儒林外史》之諷刺藝術研究述論

諷刺小說的諷刺技巧，並非於直接的謾罵和尖銳的抨擊，是用一種比較含蓄的筆法來加以嘲諷和譏刺，「若針之通結」（《文心雕龍・書記》），頓使人感到可笑、可鄙，甚至於可惡。

對科舉這個主題來說，在《西遊記》裡顯露了幽默的諷刺鋒芒，明代擬話本和清初《聊齋志異》中也都有諷刺科舉的短篇小說，特別是《聊齋志異》中有不少成功的諷刺作品。在這些成就的基礎上，吳敬梓以敏銳的觀察力、豐富的生活體驗和鮮明的愛憎，寫出了《儒林外史》。

諷刺藝術的特點，簡而言之，就是運用誇張的、漫畫式的表現手法呈現於文學體裁。魯迅說「諷刺的生命是眞實」、「非寫實決不能成爲所謂諷刺」。《儒林外史》的諷刺藝術正是體現了這個精神。

底下筆者就美國漢學界有關《儒林外史》之諷刺藝術研究，如《儒林外史》的狂狷與守舊、《儒林外史》中的理想建構與道德重塑、《儒林外史》寫實與圓融相結合等議題予以述論。

一、《儒林外史》的狂狷與守舊

夏志清認爲，《儒林外史》是第一部有意識的從儒家的思想觀點出發而寫

作的諷刺小說，出於對統治者的行為和社會改革的失望，它的儒家思想蒙上了一層淡淡的憂鬱色彩。

吳敬梓寫作的時代，正值乾隆年間，滿族統治達到極盛階段，他把他的小說假託在明代不僅僅是為了便利的緣故，他對明代歷史表現出積極的興趣並予以尖銳深刻的評論。在所有這些評論中，作者似乎是在嚴肅的表明對於明代歷史的看法，而不是在對清代的統治進行含蓄隱蔽的批評。

柳無忌提到，《儒林外史》的作者吳敬梓出身書香世家，然而此書卻道盡當代偽善士人的無恥作為，被挖苦的對象正是那些投身權貴門下的勢利小人。所嘲弄便是奉承於上，藐視於下的雙重性格，每當居於下位時，便顯露出假意的高尚與正直，對偽善儒士的抨擊，其實也在暗喻官僚體系和科舉制度下，經由科舉為官之儒生，脫離貧困及卑微後，顯現的竟是官威十足，儘管身受孔老夫子教誨，依然沉溺於官僚作風下的惡習。

Wells 認為，這個小說在故事發展的舞台上，當小人物漸離時，主要的人物就會開始在舞台上活躍。新人物和舊人物會在舞台上來來去去，但故事還是會持續下去。這樣的趨勢，我們可以從平凡的鄉村生活或富裕的都市生活觀察出來，不過，這些描寫並不過度強調、描寫。在作品裡，吳敬梓諷刺道教的迷信在社會流行及儒學系統的腐敗，敘述了一些無賴及虛偽的僧侶、祭司，這些是當年牢不可破的所謂「信仰」，是桎梏著當代人的舊框架。儘管如此，他所強調、描寫的現象，不僅止於正統的儒學，還包括正統的道教和佛教。他會審慎地辨識世界上所發生的事情，即使是細微的光影變化、悲歡離合。吳敬梓以諷刺中帶有狂狷的批判手法，堪稱挑動了反抗這些舊思維的神經。

羅溥洛認為，吳敬梓在小說裡的敘述，除了舊式的孔子理想境界以外，也結合了都市文化和大眾文化的新趨勢。在新舊兩者的合作之下，吳敬梓開闢了新的文學天地，無論在文學或是政治上，他都建立了一種新式的反抗制度，也就是以社會和政治為題材的諷刺文學。

他抨擊了迷信當道的社會風氣、女性是附屬品的性別歧視，以及傳統社會階級裡隱藏的不公義。相較於過往的議論形式，諷刺文學的創新使得挑戰現況的方式又向前躍進一步。在他的諷刺哲學裡，吳敬梓能夠挖掘社會深處的問題，並且將它們攤開來討論。這種形式之巧妙的運用，是過去的作家沒有使用過的。

透過《儒林外史》的呈現，諷刺書寫在中國的地位因而躍到前所未見的

高度，並且以一種力量持續地維持著。這種力量的來源是由於社會環境的影響，使得諷刺文學得以發生。吳敬梓對於社會的觀察及揭露的精神持續地傳承到下一個世代，無論是在內容或是形式上，都充足地證明吳敬梓和二十世紀中國的關聯性。

黃宗泰認為，諷刺體裁裡那些單調乏味的舉動，那些誇大的、失勢的和混亂的一切，無形中結合使得內容充滿嘲諷意味。那些單調呆板的舉動或者是對功名富貴的追求，使得《儒林外史》裡的儒生為了追求地位名利，而貶低了學習的真正價值。小說透過了道德和真實鋪陳諷刺的故事結構，讓讀者來檢視。故事中作者所創造出的所有行為並不是人造的、孤立的，而是同時結合了單調乏味的行為和充滿情節的結構。

黃氏認為，吳敬梓的確抨擊了當代的社會機制，不過他所採用的手段並不激烈，僅是對社會的一種反應，為的是要捍衛當代孔子思想的價值。《儒林外史》不僅僅是拒絕服侍滿族王朝，它對於所有的朝廷都有著相同的概念：這些舉動處處都威脅著孔子的理想哲學。它並沒有真的提倡小人物為主要的社會階級，在小說中，經濟和社會地位並不是分辨這個人處於優勢或劣勢的基本元素；無論是貧窮或富有、有名或平凡，一個人是不是優越是看他是不是能看清這世上的一切、拒絕功名富貴；相反地，如果他與這個世界妥協，他則處於決定性的劣勢了。

吳敬梓的作品和其他西方的作品相比，最重要的差別是，故事中並沒有厭世思維。黃氏認為，吳敬梓之所以能以文學的形式來敘述實情，也是為了能透過修飾的方式使故事多彩多姿，因而可能有些過度誇張或簡化了。人並不是先天的驕傲邪惡，這樣的觀點，也可能只是偶發的。這樣的想法使得作者有更多的方式和角度來詮釋人的性格和行為。吳敬梓賦予他所創造的角色有優點、也有缺點，並且在故事中加以憐恤他們，真可以說是一個溫和的諷刺文學作家。

柯瑋妮指出，吳敬梓對於諷刺書寫的精湛技術使得《儒林外史》成為一個出眾的作品，除此之外，對於歷史也有很大的貢獻；他的作品讓二十世紀西方讀者的靈魂亟欲抓住十八世紀中國充滿誘惑、挫折及複雜的氛圍。從這個作品中，讀者獲得清晰生動的圖像，合法或非法、正式或非正式，亦或是不同社會階層的樣態，吳敬梓都讓讀者透過文字參透。

Roddy認為，《儒林外史》裡諷刺手段高度地描繪及敘述，透過掌控文學

藝術及八股文的考試來探究文人的弱點，尤其是後者的影響大於前者。在結構上，作品裡所呈現出來的諷刺手法給予讀者對八股文的另一種想法及態度。當社會大眾都支持孔子思維的時候，文人必須透過社會規範尋求自我滿足，文人因為身處於這樣追求名利的社會模式，使得他們本身具備的道德和政治意識衰微。而這些小說對於世人所慣於追求的俗世價值觀或成就有所批判，並以新的觀點滲入作品中來修正行為。

在十八世紀年間，許多作品如《醒世姻緣傳》和《紅樓夢》，還有經典的《聊齋誌異》和與《閱微草堂筆記》，事實上，幾乎所有如今認同的清代經典小說都在諷刺當時社會精英的瀆職和無能。跟早期的小說相較之下，清代小說和短篇為文人提供了更大尺度的出口宣洩文人的焦慮，而這焦慮來自於文人處於越來越脆弱的社會和經濟情況。《儒林外史》是最典型的代表小說，不論是結構上或主題上都圍繞著它所代表的文人活動和文人關懷。

Zhou, Zuyan 認為在中國人的想法裡，傳統上，男女之間的關係依照陰陽的劃分來定義，這在吳敬梓寫這部諷刺小說時相當地有名。相對於男性的「陽」，女性被歸為「陰」，以便將兩種性別作區別。若這種中國形而上的模式和當代的女性思潮有關，我們能瞭解到陰和女性、邊緣化之間的象徵意義；瞭解陽和男性、中心化之間的關係。

Anderson 認為《儒林外史》強化人們對舊時孔子禮儀的想望，製造了令人嚮往的故事情節，並重新將中國古時文化的理想境界以一種新的道德訴求呈現在故事裡。不過，小說修辭上的使用，我們經過精密的審視之後發現，作者從未以單一爭論的形式說明那些理想，而是因自身不變的喜好，以換喻來書寫，謹慎注意時間和歷史對世界的侵蝕。從對孝道的討論中，可明白得知，小說除了重申孔子基本美的價值之外，也質疑這些抽象的理想是否真的具體地運用到社會上。

吳敬梓寫《儒林外史》，最重要的目的並不是提供世人道德訓誡，而是要揭露道德意義和理想實踐之間的鴻溝，因為世人們的理想總是屈服於暫時性和歷史性的限制底下。這也是為什麼，在小說裡，那些知行合一的角色無可避免地對當時現況感到失望，小說文本裡的「清晰度」並不如說明文。但相對地，它擁有純粹的敘事邏輯，具備了解構、檢示理想主義的能力。願我們能夠記住這個事實，那就是，我們將能了解吳敬梓以此類型書寫小說，其當時迫切的心態。

　　Wu , Yenna 以為中國諷刺小說左擁著溫潤的幽默感和高雅的智慧，卻也同時右抱著諷刺荒誕可笑的特性、誇張、嘲諷意味濃厚的手法，甚至是粗俗的笑話，這些素材多半能從大眾文學和表演藝術中找到。《儒林外史》則以非典型的諷刺手法、以狂狷的筆調，持續以間接隱晦的形式來建立嘲諷那守舊的氛圍。吳敬梓客觀呈現來自經典文學中的主張，在文字上展現敘述技巧。筆者認為，對於本作品中縝密的諷刺手法所呈現的狂與狷，卻可以歸功於吳敬梓的中國古代的詩和散文的舊根底。

　　筆者認為，《儒林外史》展現出文人因為身處於那個追求名利的科舉社會模式，使得號稱知識份子的士人本身所具備的道德和政治意識衰微，而須拘泥於八股的邏輯之中，汲汲營營只為了科舉、只為了功名。然而，實則被這守舊的框架給束縛、套牢著。

　　《儒林外史》一書精確提出，古代中國透過科舉掌控文學藝術，用八股文的考試方式來羈絆文人，這些腐敗的弱點是造成近代中國積弱不振的元兇之一。吳敬梓透過書中一些金榜題名後卻反而發瘋的故事，以略為狂放的黑色喜劇方式，點出這舊社會中的病灶。

　　值得一提的是，《儒林外史》五十多回的故事中並沒有厭世思維，這和中國人尊重生命、認為上天有好生之德的儒家思想有密不可分的關係，吳敬梓雖透過筆下角色對科舉有諸多批判，但是卻沒有對任何一個角色「賜死」，或許這也反映出吳敬梓在狂狷之餘，心中仍保有「尊重生命」這個儒家價值吧。

二、《儒林外史》中的理想建構與道德重塑

　　夏志清認為，《儒林外史》不同於歷史小說中所表現之儒家英雄主義類型，它的儒家思想糅合著政府無能、社會變革無望之悲哀。但是與那種宣揚儒家英雄主義的歷史小說不同，出於對統治者的行為和社會改革的失望，它的儒家思想蒙上了一層淡淡的憂鬱色彩。

　　吳敬梓信奉儒家的準則，即在政通人和的時代，一個文人的榮譽和責任便是出仕朝廷，而在腐敗混亂的時代，從官場退出非但不是不名譽的事，反而正標誌著性格的誠實和正直。

　　林順夫提出《儒林外史》內容包羅萬象，但是以一個主題的設計為導。吳敬梓在楔子的起頭即表示他的小說集中在人追求「功名富貴」的主題上。傳統中國社會的所有苦難和弊病都是從這些基本人類慾望的角度被揭露和諷

刺。但是我們關注的是小說的整體結構，我們應特別注意那些賦予這部作品決定性論點和完整性的較大佈局方式。

而在這些結構單位的協調上，「禮」成為小說主要的整合原則。雖然儒家式的禮儀觀是吳敬梓所嘲諷挖苦的對象，但他仍然是吳敬梓世界中唯一的價值判斷標準。

黃宗泰認為在劇情設計上，作者將模範生和劣等生並提，能夠清晰直截地透過圖像來表達諷刺作家的想法。為了要使劇情結構達到嘲諷的目的，作者設計了很多高潮迭起的劇情。

在《儒林外史》中，有一個特定的道德方針。從積極面看來，小說支持隱世的價值、道德和智慧的培養和個人誠信的保持。負面地來說，他抨擊了名利和富貴，因為功名富貴直接地否定掉人類與生俱來的善性和天賦，而且難以避免。若以歷史的和傳記式的方式來說明，《儒林外史》可因為作者對於生命退卻的抉擇而被視為詞藻華麗的道歉。為了避免注意力的分散，為了能幫助我們決定這個作品是否因為社會和時間的轉變而模糊了自身的意義，這些基於歷史性和傳記式的考量都是不可或缺的。

Colemma 提出，吳敬梓對孔子思潮的信念支持他持續進行，也幫助了他能容忍現實生活一點也不理想的景況。對吳敬梓而言，這段時間可是困難重重。他總是期盼傳統孔子的美德能夠復甦。因此，在《儒林外史》中，虞博士和他朋友一起建立的孔子廟陷入廢棄、無法修復時，並不是什麼大事件。《儒林外史》裡也充斥著一種隱性的樂觀，使得原本在類型和意識上一絲不苟地，確實地統一的小說也產生了文字調性的整合。

Rolston 指出，在《儒林外史》中，因為讀者慣用道德倫理評論角色的價值，作者似乎想要設計劇情，讓讀者對書中角色能有正負雙面的評判標準。負面的標準可以依據小說中的角色對於攀附權貴的程度。對於這些功名富貴絲毫沒有動心的角色，作者賦予他們一種忠誠的價值，這是正面形象的象徵，如孝道。然而，在不是以上所提到的場合裡，在真實的情形之下，我們緊急時會因為這些正向的想法而有了正向的行動。同樣地，不管用任何明確的模式斷定這些角色的道德標準時，這都不比讀者自己與故事中的任何一個角色比較來得重要。當有需要將自我發掘的過程戲劇化時，表達得仔細微妙變成一種需求，此時，原本比較單一情節就會變得複雜。這個過程並不需要敘事者開啓任何顯而易見的通道。鼓勵將小說內文表面及內涵的意義劃分清楚的

書寫形式中，也不需要循序漸近地通往要到達的方向。

Wu,Xiaozhou 提到，吳敬梓在《儒林外史》裡使用了許多的技巧，這些技巧是他在早年寫劇本時所累積的工夫，這項特質我們能從小說裡許多聰慧的對話中看出。就跟菲爾丁一樣，吳敬梓也是第一等的作家，他擅長寫諷刺體裁的作品，作品裡也可見他豐富的幽默感和智慧。但他不僅是一個讓讀者發笑的喜劇作家而已，他也是一個從笑聲中教導人道德思想的作家，或許作者希望藉由此書，讓讀者能自我省思，進行道德重塑。

商偉認為《儒林外史》裡包含嘲諷的成分，並且穿過了敘述體裁的中心，隱約為另一種新的道德角度背書。除了將他所要表達的放入敘述裡，他似乎沒有其他的選擇了。事實上，吳敬梓除了敘述以外，在苦行的儀式上也做了相當大的努力。他企圖要創造一個道德信念，是超越敘述理論的，並且還能將敘述透過在儀式上的實際操演轉譯成現實。吳敬梓假設泰伯為一般信仰的對象來確立泰伯的美德，使它避開許多解釋和爭議。他複製了典禮守則的官方語言，將敘事的部份減到最少。

筆者認為，《儒林外史》的各章回故事中，糅合著對當代政府無能、社會變革無望之悲哀。應該有能力改變這無能、無望的社會的士人們，卻執著於追求「功名富貴」的科舉道路上。說的是取得功名後，榮耀鄉里、造福鄉親，但是，這些慾望卻為社會帶來更多的苦難和弊病。

《儒林外史》書中，其實藏有隱性的樂觀，吳敬梓終究還是希望透過《儒林外史》所提出的批判，喚醒世人，希望激起士人們的熱情，希望幫助社會建構理想與進行道德重塑。

《儒林外史》抨擊以八股取士的科舉制度，從而揭示封建末世精神道德和文化教育方面的嚴重危機，或許希望提醒士大夫，科舉任官後，應該用政治力量重塑儒家理想，《儒林外史》中的一號理想人物虞博士，他性格的核心就是中庸，在某種程度上，作者也許希望從中庸這個角度來揭示人的性格優缺點，來衡量人物，希望藉此讓道德與理想向上提升。

三、《儒林外史》寫實與圓融相結合的諷刺藝術成就

Lai Ming 認為，《儒林外史》之所以會獲得大眾的熱愛都要歸因於作者本身對於文學創作的熱情和幽默風趣的寫作技巧。雖然作品裡充滿對社會的嘲諷，使用的技巧和文字卻不會令人痛苦或感到暴力。這部作品，嘲諷了當代

有權勢和受人尊敬的儒家學者。

夏志清認爲，就作者而言，吳敬梓可以稱爲中國展示內省性格的第一個小說家，因爲他那些驕傲的隱逸文人實際上是與社會疏遠的藝術家，與現代心理小說的主角與世不合是一樣的。就著作而言，《儒林外史》是一部重要的反映文人學士的小說，但如果從作者對他所處的那個時代熙熙攘攘的世界所作的五光十色的描繪這方面來看，它似乎更像是一部諷刺風俗的黑色喜劇。而特別是的，在這之中，有些篇幅——雖不多——提到了當代婦女的一些形象，對男性組成的科舉社會有點睛之妙。

由於吳敬梓對僞文人和貪官汙吏的強烈反對，以及試圖證明自己是一個正直的儒者和孤高的隱士的強烈慾望，使得他有著對周圍社會生活栩栩如生的藝術表現，讓我們得以藉由《儒林外史》重現十八世紀的中國社會風俗。

黃宗泰認爲，《儒林外史》裡無趣的舉動不會因隨著情節強化或削減的變動而停止。它們仍持續毀滅基本的原則，製造混亂、不和諧、烏合之眾，爲要證明生命中的混亂，使諷刺體裁的小說呈現出 Kernan 所稱的「烏合之眾」或「混亂」的現象。這些角色的行爲，不論是誇張的、漸漸微弱的、混亂的，都不自覺地結合了諷刺的氛圍。它概述了諷刺小說的結構，讓讀者能透過小說檢視生活。

黃宗泰認爲，在《儒林外史》中的諷刺技巧方面，吳敬梓以實用性爲主寫下了中國文學，他透過史官所運用的書寫技巧或一般傳統書籍所使用的書寫形式使作品具有教誨人心的功用，並且如故事者一樣，除了帶給大眾娛樂，卻也間接讓大眾能普遍接受這些教誨。

爲了考量《儒林外史》所具備的基本技巧，評論家並無法忽略掉故事中任一獨特或有趣的部份，獨特和有趣的結合能使得力量和弱點成爲諷刺體小說的藝術價值。諷刺體裁必非著眼於挖掘或者是說服，是透過意志來傳送作者的想法，而不只是爲了追求眞實而已。因爲如此，作者在處理故事的手法，如引用了作者的親身經歷，更直接精確地與作品本身所具備的藝術價值連結。

《儒林外史》是以修飾爲主要的書寫方式，故事內容具備的意義是隱諱的，它傳遞了一個普世的訊息，發現了一個並不令人感到開心的事實。這樣帶有修飾型態的寫實主義是構成吳敬梓書寫藝術裡，最重要的特徵。這種形式的諷刺小說，由於它所針對的道德觀點是相當容易引起爭議的，因此很適合拿來嘲諷及辯論。再加上作者本身擁有探測人性心理的智力及透過寫實性

的細膩刻畫傳遞他洞察人心的藝術天賦，更是加深了討論這些觀點的說服力。

　　高友工認為，現實與理想世界的排比，在敘事文學中遠較在抒情詩中複雜。當抒情自我欲重定時空座標以求安身立命，最直接的威脅莫過於時間不斷的流逝。對時間的執著籠罩了《儒林外史》全書，尤其是就其與「史」的關聯言之。與在往事的不斷被提起，甚或往事的淹沒至懷中，暗藏著以「名」與自我完成抵抗時間消逝的努力。情結的迅速發展，背景人物的不停轉換，正為表達此種遷流感的有效手段。如泰伯祠祭原用以表現對過去的永久追憶，短短幾頁後亦轉為記憶，而於書之末了，廟堂已化為廢墟。「名」的永恆性復為後代對歷史事件的混淆所嘲弄。《儒林外史》以寫實的手法，在「史」與「名」之間串聯起各個人物與故事，整合出一個圓融的文學藝術作品。

　　Bauer 認為，菲爾丁的《湯姆・瓊斯》和吳敬梓的《儒林外史》的兩處世界可互相銜接，是源自他們共享的諸多諷刺性質。諷刺體裁是有趣的混雜體，它包含了幽默與攻訐，笑聲與奚落，尖銳的社會分析以及精心設計、微妙微肖的性格描繪。

　　諷刺體裁特別適合以想像式的手法，深度關切社會廣泛的德性議題，也涵蓋了讀者的私人生活範圍。它不忘提供感性和娛樂，也譴責以及讚譽某些行為，諷刺作為一種文學藝術，以其角色可做為我們的行為表率。我們在諷刺文體中遇見的許多性格被塑造成典範，經過精心設計，具有深度的撩撥性。如非如此，這些作品的角色將喪失他們的中心靈魂。

　　Bauer 提出，關於十八世紀小說中的諷刺形象，通常是蓄意曖昧難明的。小說也各自以精心處理作者和讀者間的距離聞名。品德成為個人的生命目標，也在此成為諷刺故事中熱中的話題，因其富含具啟發性的曖昧感。

　　《儒林外史》也承襲了諷刺長遠的文學傳統，諷刺手法我們可從古時的詩、戲劇和散文中發現。散文包含了論文、笑話、各種五花八門的短箋、趣聞，以及故事。從明代起，此一傳統尤其出眾，通常涵括了荒唐可笑的諷刺手法。許多小說作品更是以社會普世對於名利、權勢和財富的誘惑和糾纏，因而從仕來作為諷刺的現象。諷刺的對象包括夢想著通過科舉，卻不得志的考生；以欺瞞賄賂的手段獲得官職的假學者；不守倫理，次一等的學士；以及一般民眾對於學者勢利的態度。作者拿學者作為主角，以其刻劃出不同的身形，在一堆故事和小說中，以方言或經典文學的文字語言演出。

　　柯瑋妮認為，一般來說，這類惡漢小說家既關心自己諷刺的主題，也關心

社會議題。雖然作者筆下十八世紀的全景是廣泛無際，他也必須添加一些虛構的元素。透過惡漢流浪的情節設置，如此一來，吳敬梓便將一開始的范進、周進，以及小說之後出現的潘三、匡超人及嚴貢生連結在一起。我們在閱讀《儒林外史》時，若也一道對菲爾丁和斯摩萊特的小說產生了解，則能擴展對於小說形式全面性的瞭解，也能夠使我們更加理解吳敬梓和其所創造的世界。

Wu, Xiaozhou 認爲，由於《儒林外史》在描寫禮俗時非常地寫實，可謂是中國經典小說。因它內容涉及的是屬於常見之事，因此能分別被文學圈和評論圈認可、接受。《儒林外史》之所以與《湯姆・瓊斯》類似，也是因爲兩者在內容上皆看似有些不連貫，以插曲式的方式來安排內容，即使它們繼承兩個截然不同的文學脈絡：前者屬於傳統說書人的形式，後者則屬於惡漢小說。它們對於絕對的設計和結構的統合也沒有什麼特定的想法。不過，這個「插曲」式的特質反在吳敬梓和菲爾丁的作品個別提供讀者當代社會一個廣泛清晰的全貌。

筆者認爲，《儒林外史》全書，以記錄社會中功名利祿的鑽營、各角色生離死別之現實及功成名就乃至幻想破滅等等寫實面，展現出其所隱含的願望，並藉此重塑理想建構與道德重建的「希望」，《儒林外史》可謂寫實與圓融相結合的諷刺藝術成就。

吳敬梓寫《儒林外史》，寫下了對中國文學史上影響頗深的科舉制度的批判，全書的這些故事，讓大眾能透過諷刺好笑的情節，接受背後隱含的教誨意義。反映出作者對他所處的那個時代的描繪，《儒林外史》似乎更像是一部諷刺風俗的黑色喜劇。

綜合上述，正如商偉所提出的，吳敬梓可說是諸多諷刺家之集大成者，引領明末清初的追隨者進入十八世紀中期新的認同感及特有筆觸，其一，《儒林外史》設法提出強力證據，來推翻歷史的陳述，並非全然推翻伯夷與叔齊的歷史形象，而是感受不同以往歷史所呈現之角色；如同筆者在第一小節所論述的主題——狂狷與守舊——在守舊氛圍的清代中，流露出吳氏的狂狷氣息。

再者，不若李漁及其他十七世紀之諷刺作者那般，滿足於字句間的表露。吳敬梓表現極簡作風，將筆下人物化爲一個事件且以特有手法使得與原本人物之言行有所違背。如同筆者在第二小節所論述的主題——展現出《儒林外史》中的理想建構與道德重塑。

最後，《儒林外史》顯示出吳敬梓是將傳統白話小說視爲未經雕琢的故事

陳述，允許筆下人物適當地貼近說書人口中那使人誤解之角色呈現，傾向於對某些早期小說敘述之主題及典範作嘲諷性的解讀。傳統白話小說包含了多樣性的來源，而吳敬梓則以嘲弄詩文作結。如同筆者在第三小節所論述的主題——《儒林外史》的諷刺藝術成就是寫實與圓融相結合的成果。

第二節 《儒林外史》之敘事技巧研究述論

《儒林外史》可說是屬於摹仿敘述類型的框架小說，由一位全知且無實體的存在者（吳敬梓）所講述的一系列故事。底下筆者就美國漢學界有關《儒林外史》之敘事技巧研究，如「客觀、間接、迂迴」的、全知的敘事型態、敘事技巧上隱含的危機等議題予以述論。

一、《儒林外史》的敘事技巧是「客觀、間接、迂迴」的

Wells 指出，吳敬梓具有外顯的高智慧和敏銳的觀察力，然而思維表達卻顯得格外地缺乏系統。這在西方人眼中，顯得缺乏邏輯性及哲學概念。當然，以某種準則來衡度，許多相當棒的小說家或劇作家或許也沒有堪稱清晰或系統化的思維。他們具有使用莎士比亞（1564～1616）的慣用辭「自然的沉默」的能力。莎士比亞很少提到自己本身，不過，在他的作品裡卻充斥了他的價值觀。

Wells 認為，吳敬梓的作品展現出不同且大量的哲學思維和生活的方式，沒有什麼特別的偏好，他深奧的心理及性格是難以解開的謎團，他甚至勝過了折衷派的典型作家。更重要的是，在作品裡大部分的時間，我們很難知道他是以什麼樣的標準去評斷一個角色，是以孔子學說嗎？道家嗎？還是其他較不正統的方式呢？比方說，與其他的小說不同的是，作者在描寫英雄或敵人的時候，並沒有給予一個完全正向或完全負向的人格特質，是隱性的表述。

羅溥洛認為，吳敬梓隱而不顯地攻擊社會上具有權威的階級，在清代建立了兩百年後，由於社會的不安定，人民覺醒，對政府下戰帖，這在當時是其他國家還未曾發生過的。認為是吳敬梓在小說裡的想法在人民的腦海中發酵，為了社會的不公，而對政府宣戰。他為了支撐這些文明的理想，對醜陋的真實面抵死不從，並且矯正後代人民錯誤的觀念，理想的正確性並非像他們所想的那樣不存在了，它對於生活的人文發展仍是相當重要的。

雖然吳敬梓似乎無法改變他所處的社會，不過他所留下的珍寶《儒林外史》裡展現出的是，無論願意與否，社會是一直在變的。在他自身所創造的世界裡，他只是當中的一個小小的參與者，可是，社會卻正在迅速地變動著。

黃宗泰認為，在《儒林外史》裡，道德觀念的重要性取代了以往滑稽或浪漫的傾向，其本身的技巧也從敘述者先入為主的主觀觀點轉變為客觀的結構、從徹底詳盡的指示轉變為隱性的聯想、從公開的主張轉變為細微迂迴的思維。這些轉變的特性屬於經典的模式，與較早期的小說裡誇大的言論相比，這個模式較為強調敏銳、世故及圓滑，並不像早期的小說較能使讀者產生樂趣。

黃氏指出，韓南相當重視該如何呈現這個模式，因為這個模式以對話和行為構成故事。韓南認為，說書人在早期以直言不諱、公開的方式對外表達自身的看法，是促使早期方言小說產生的始祖。

為了要培養這些傳統制式的俗套，吳敬梓也扮演著陳述者的角色，默默地向讀者傾訴。由於在故事裡的旁白是以藏匿的姿態潛伏著，使得故事表面雖然沒有明顯的傾向，背後卻有如戰士揮舞著利刃準備出擊，卻又讓讀者自己詮釋故事所蘊含的意思。這些技術的結合使故事柔和、完整又簡潔。除此之外，也因著似是而非的詮釋使得故事裡的人物角色更能被清楚地刻畫，也展現出生氣蓬勃的景象。

Wu, Yenna 認為，《儒林外史》是典型的方言小說，它在外包裹著敘述性的評論和侵入。比起其他的評論是阻斷或隱瞞實情，《儒林外史》的作者吳敬梓確實地將實情融入小說，令人讚賞。其他的方言小說，或許會採用外顯、直接的諷刺，不過，《儒林外史》則以非典型的諷刺手法，持續以間接隱晦的形式來建立嘲諷的氛圍。作者以客觀呈現的主張，可謂來自經典文學中，如史料或非官方論文，其在語言上的敘述技巧。對於本作品中縝密的諷刺手法，都得歸功於中國古代的詩和散文。

商偉提到，在十八世紀，方言小說成了新的生力軍。身為一種文學類別，方言小說提供文學作家一個公開的場域表達他們對於未來的知識理論的關心和參與。相較於早期方言小說中，傳統敘事者提供的一般陳腔濫調的言論，十八世紀的主要小說，有一些試圖要成為引起當代爭議的貢獻者，像是《野叟曝言》，是希望能使宋代程朱學派的理學權威甦醒；《歧路燈》則記錄了孔子家族的傳統規矩；還有在十八世紀早期就已完成一大半的《鏡花緣》，哲學文獻的研究之路開啟了文學研究的視野，正是《鏡花緣》遵行的文學指標。

這些作品在文藝圈裡流動，為文學愛好者開啟的新的閱讀視角，創造出一個夢想中的知識社群。

《儒林外史》則是以「客觀的第三敘事者、隱伏著諷刺科舉的主軸、在個別故事中串聯出迂迴的主線」，點出了對科舉制度的批判。

筆者認為，吳敬梓雖然沒有在《儒林外史》裡面直接提到自己，不過，在整部作品裡卻隨處可見吳氏的價值觀。吳氏隱而不顯地攻擊社會上具有權威的階級，批判他認為是社會禍源的科舉制度，這樣的舉動，簡直可以說是對政府下戰帖，不過，吳氏有幸，並未陷於文字獄之中。

整體而言，《儒林外史》是以「客觀的第三敘事者、隱伏著諷刺科舉的主軸、在個別故事中串聯出迂迴的主線」，點出了對科舉制度的批判，不可諱言的，這些個批判，對清季末年的革命，或許有其間接的影響。

二、《儒林外史》全知的敘事型態

夏志清指出，吳敬梓的五十五回中，每一回都以對仗的兩句為標題，幾乎每一回都以「話說」開篇，結尾皆用四行韻文伴隨「欲知後事如何，且聽下回分解」的套話，那種運用詩詞和駢文進行的雕琢描寫已明顯消失。此外，方言和俚語詞彙也已很少使用，而一些經典名句也僅僅出現在文人學士的言語裡，使得《儒林外史》是純淨中富有表現力。

羅浦洛認為，吳敬梓為了能秉持自身的立場，以幾個方式跳脫與其他秉持懷疑論的評論家。在小說裡，他就像是化身為算命先生般未卜先知諷刺當時的社會風氣，就像神鬼都畏懼的永恆不朽的人物。就連善於書寫的散文家袁枚，也無法達到像吳敬梓這樣帶動社會風氣的人物。陳確（1604～1677）和程廷祚（1691～1767）秉持著道德為主的普世價值，認為惡人終究會得到報應。袁枚對於道德懲罰的問題則是模稜兩可。

吳敬梓對於懷疑論的傳統所做的貢獻，在於運用諷刺手法和方言散文來寫作。在他的小說中，針對形式和內容方面，他拋棄了傳統為世人廣為接受的手法，就是知識份子秉持著懷疑。除了一般迷信的大眾之外，吳敬梓也描寫了迷信的知識份子，以全知全能的論述，嘲弄著他們的無知，並認為這些事物的了解並不需要什麼經典教育的薰陶。

楊力宇指出，為了要呈現人物特色，吳敬梓使用了許多技巧，比方直接或間接的敘述、對話和描寫。尤其，他以全知全能敘述者的觀點，深刻入裡

的描寫角色。兩個角色——權勿用和杜少卿——他們一個是僞裝成居士的騙子，另一個是一個波希米亞式的學者。作者拿他們兩人來闡釋自身老練的個性，這些角色的建立，我們可以由此窺探出吳敬梓多變的形象。

Berry 推測，《儒林外史》大概是第一部以全知全能的敘事形態撰寫的小說。作者摒除以作者自身的觀點敘述，而是以戲劇化的結構，如對話、行爲，以及透過角色的說明，來揭露他們的人格特質。在語言的使用上，幾乎都是使用最口語的方言和俗話，避免產生修辭的抽離所造成的格格不入，以及先前由於宗教術語而強加在小說文學上的技巧而造成的厭惡感。

Rolston 認爲，傳統的說書屬於一種職業，就像是口述故事引導讀者領會評論、描寫與陳述間形式的變化，以及經由說書者焦點的轉移明白世俗和地點的改變，《儒林外史》象徵著說書人一點一滴消失的最底限。

《儒林外史》敘述方式空前的改變像撞球路線般的一致，轉變第一場景敘述的動量經由關聯的角色做物理性的移動，將第一場景推向第二場景。《儒林外史》的支持者經由討論認可這類敘述的變化，傳統的說書人利用方言干擾達到控制諸如此類敘述的變遷。

減少《儒林外史》敘述干擾的另一種策略是將所有正進行或是持續敘述時間的阻礙儘可能的移除，說書人有時在跳到下一段之前，會爲了防止小說喪失舊文的蛛絲馬跡而延誤其進展。說書人幾乎從不直接介紹《儒林外史》裡的主角，他們用他人的話或是剛出現的橋段替聽者介紹主角或是虛構的人物，金聖嘆讚賞此種介紹主角時不突出卻又準確描述《儒林外史》的技巧。

柯瑋妮提到，《儒林外史》的框架是由中國傳統說書的機制管理的。即使在書中的這些機制看起來似乎不遵循傳統，但它們必然以中國傳統敘述文爲基石。例如，在《儒林外史》的每一回都以省略的敘述手法作結。如在《儒林外史》的第四回最後，范進的母親昏厥，不過關於他的母親的狀況到底如何，總是要到下一章才能知曉。

第四回的最後一句是這麼說的：「要知道她怎麼了，請聽下回分解。」這樣的陳述在《儒林外史》的每一章的結尾都出現，再現剛剛描述的事件，並且讓讀者對未來的劇情發展有所期待，包括同一個角色在下一章將會如何？在這些省略的結語重複發出的訊息會讓讀者認爲可能是結尾並不重要。

筆者認爲，一般讀者若不清楚中國小說的傳統，可能會認爲吳敬梓擅用緊張懸疑和用略述結尾的方式製造戲劇或諷刺的效果，事實上，這種技巧並

非吳氏之創舉，也非吳氏所刻意運用。《儒林外史》的敘事型態框架實則是和中國傳統說書的機制相同的。

吳氏看來是沿用「請聽下回分解」這種「預先告知」的機制，但是，這樣的技巧更彰顯出吳敬梓在本書中「全知全能」的敘事型態。吳敬梓為了能表達自身的立場，跳脫出書中的角色，化身為算命先生般未卜先知、諷刺當時的社會風氣。

簡而言之，吳敬梓以全知全能的論述，嘲弄著當代士人的無知與迂腐，吳氏並認為，對這些事物的了解與批判，其實並不需要什麼經典教育的薰陶，而是販夫走卒都可以輕易明瞭的。

三、《儒林外史》敘事技巧上隱含的危機

Huang, Weizong 認為，建議讀者藉由讀自傳的方式來讀《儒林外史》這部小說，透過作者筆下的再建造，及他自身從科舉制度中的經歷得來對社會仔細的觀察，讀者可以從小說中看見一個多變的吳敬梓。

以不同的角度來觀察，小說中的敘述修辭以及看似客觀的傳記形式，雖能使作者與作品間維持一個安全的距離，使作者能在回顧自己的過往時，不需要直接地承受那些過去。但是也可能有讀者因為不熟悉相關情境而無法理解、無法知悉作者想要表達的危機。

商偉提出，由於傳統敘事觀點的喪失，使得正統的理論混雜。在整個故事中，敘事者並沒有提供讀者整合、具有優勢的途徑理解對話。角色多半都以對話的方式呈現其人格特質，在當中也沒有敘事者的觀點插入。《儒林外史》以早期小說為參考的指標僅顯現出傳統敘事型態的式微和其價值的消失：傳統敘事觀點延宕、早期小說裡的角色被模仿嘲弄、經典的故事情節被迫變更使整個故事情節都變色了，《儒林外史》故意去降低讀者對傳統小說的期望值。

傳統敘事型態的危機並沒有受於再現崩解的限制，只是世界的連結有一部份分離了。《儒林外史》在故事中安排了危機產生的背景，《儒林外史》的世界可能提供了導致傳統敘事型態式微的線索，因為故事中所呈現的文字和行為並不一致，宗教制度崩解，拒絕讓權勢者發聲……，種種的敘事方式都潛在著傳統敘事形式式微的趨勢。

故事呈現所發生的危機可以分為兩個階段，其一，敘事者並沒有試著展現規範的標準，但敘事者呈規範標準，便會點出了社會實踐的種種失敗。

規範需要被呈現，假使不能適當地呈現，它所顯現的社會地位就會受到威脅。其二，假若拒絕以任何形式來呈現規範，它就會淪爲古老故事，講求理論、神秘，完全脫離了現在的人類活動。

筆者認爲，《儒林外史》一書最可能的危機在於，可能有讀者因爲不熟悉相關情境而無法理解、無法知悉作者想要表達的意涵。例如，中國以外的漢學者，若未對科舉制度有基本的瞭解，可能無法理解本書所要反應的「反科舉」的這個主軸。

另外，若未對儒家思想有基本的認識，可能也無法理解書中所要表達的道德與理想的重建的目標，會有「不知爲何而戰」的迷思，會無法理想作者想要藉由反諷所呈現的規範。

《儒林外史》全文透過不同的人物與故事、透過正反不同角度的描寫與批判，爲的就是讓作者的思想能更清楚展現，讓讀者無法瞭解作者的這種危機降至最低。

根據以上論述，筆者認爲《儒林外史》是一個由一位全知全能的「說書者」所講述的一系列可獨立又可相關的故事。在《儒林外史》中，作者利用表面上看不見的事來激勵讀者看得更用心，並轉移讀者的注意力，來訓練傳統中國讀者尋找作者在內文中每一個細微的事件，而通篇五十多回的各式故事中，唯一明顯缺席的卻又是作者本身，尋找哪個角色等於作者的分析變得有娛樂性還具有挑戰性，但絕非不可能的，作者只是在他的文章中以僞裝的沉默替代說話。

這種敘事技巧，可以引導讀者進入——這一切都是他腦中的幻想，虛構的世界嗎？其中他所描寫的醜陋悲劇都只是他對當時社會的不滿，用文字將憤怒戲劇化了呢？還是這是眞實發生在他身邊的事件，只是他加以改編並誇張的表現給讀者了解？……等疑問情境中，讓讀者需用心閱讀以確保他能接受作者的觀點。

《儒林外史》每一回末的「請聽下回分解」的懸疑技巧，和西方文學的小說家有時善用省略結語去製造懸疑和刺激讀者的情緒，像是菲爾丁在《約瑟夫・安德魯斯》故事節尾所做的一樣。因爲緊張懸疑的結尾在整部作品中與每一個篇章的使用相當一致的這種情形在西方小說中不易發現。

不過，《儒林外史》裡卻能相當一致。然而，《儒林外史》在中國文學史的背景需要被評鑑。從中文記敘體的歷史觀點看來，這些省略結尾製造效果

的敘述可溯及商湯王朝的說書制度而保留至今。

　　而論及說書或講故事，就得談到史景遷，這並不是說史景遷只是個說書人，這對他也太不敬。只是，史景遷筆下的人物寫得生動，主要因爲他能活用文學的敘事技巧與豐富的歷史想像力，使「腐朽」的史料化作有趣而「神奇」的人事。他的書根本沒有什麼理論，更無艱澀的名詞，但他生動的敘事，完全可以迎合史學界隨後學而起「敘事再生」（Revival of Narrative）的呼聲，使他成爲史學敘事再生後的一支生力軍，讓枯燥的史學活化而成大眾可以接受的文學。

　　《儒林外史》將原本長篇白話小說情節發展的一貫趨勢，改爲以「一個接著一個」、「寫一個丢一個」的人物銜接法則，而造成某種敘事手法上的轉變。這也使《儒林外史》在長篇白話小說的創作發展上處於一個微妙的地位，相對於之前幾部情節完整的優秀巨作，《儒林外史》改變創作方式，某方面看來，似乎淡化了章回小說中縝密的情節發展過程，而代之以獨立的故事像珍珠般串連而成一書，這就是《儒林外史》的「敘事技巧」。

第三節　《儒林外史》之價值研究述論

　　底下筆者就美國漢學界有關《儒林外史》之價值研究，如歷史價值、文學價值、表現價值等議題予以述論。

一、《儒林外史》的歷史價值

　　夏志清認爲，《儒林外史》是第一部以儒家觀點寫出來的諷刺小說，它的儒家思想糅合著政府無能、社會變革無望之悲哀。由於吳敬梓對僞文人和貪官汙吏的強烈反對，以及試圖證明自己是一個正直的儒者和孤高的隱士的強烈慾望，使得他有著對周圍社會生活栩栩如生的藝術表現，讓我們得以藉由《儒林外史》重現十八世紀的中國社會風俗。

　　形式上，《儒林外史》將一系列故事精巧的聯繫在一起，小說跨越了很長的時間，從 1487 年至 1595 年。但在楔子中則進一步上溯到元末，敘述一個著名的隱士畫家，王冕的故事。

　　當吳敬梓的小說問世了之後，大概在十八世紀後半期，女性主義的思想在社會中瀰漫的廣度和密度都向上爬升，成爲了一個可供辨識的指標。在這

個時期，許多人對於寡婦的權利和責任產生了各式各樣的評論。受教育的女性也比以往多得多，他們開始讀書、寫字、甚至自己創作。最後，一些學者開始質疑寡婦殉節、裹小腳和納妾等對女性不平等的道德傳統。

羅溥洛提到，《儒林外史》能夠提供現代中國歷史學家幾個具有價值性的觀點，而最引人注意的大概是小說內對於十八世紀的描寫。即使在屬於黃金年代的十八世紀的社會裡，仍有其黑暗面，也包含著讓十九世紀衰微的潛在因子。不過吳敬梓認為，社會在知識層面和精神層面的成長卻微乎其微，甚至停止了。滿族的統治者對於人民來說並不是好的社會帶動者，因為他們並沒有注重人民生活的幸福，他們只是用盡各種方式來證明並延長自己當權的時間。即使他們運用了許多理想社會的藍圖，也不是為了要改善社會，只是要合理化現實中的處境。

黃宗泰認為，《儒林外史》裡所具備的基本諷刺技巧有直接的修飾效果，正因為諷刺藝術是實用的，我們更該考慮這些修飾效果所帶來的影響。首先，客體的表象，也是對於旁白隱含的高估或低估，大大地增加了作品的立即性和可信度。在書中他們就是過著中國當時一般人所過的平常生活，不需做任何的對比。我們可以發現，十八世紀的中國讀者所過的生活就如這本小說一樣，相當熟悉，不需要任何跳躍性的思考，就可以將故事裡單調乏味的生活毫不困擾地設置在自身所處的時代裡。

第二，故事裡透過具體實情的呈現，比起一般的陳述，更能夠顯現中立的優點，使讀者能針對公然的教訓作出自然的反應，而不只是聽從它所說所想的。毫無疑問地，《儒林外史》裡所具備的各項元素，使得故事能有條不紊的整合。

第三，小說裡一百零八個奇特人物中，我們可能邂逅了許多傻瓜笨蛋，因而對他們的殘酷感到憤怒或嘲諷他們的愚昧。藉著這些人物的邂逅，讀者可能會無意識地站在作者的觀點上，接受了作者所做的道德假設。比起那些在小說裡成群結隊無止盡走下去，沒有任何意識的靈魂，作者所做的假設還能給予讀者一種自娛的優越感。

黃氏指出，吳敬梓認為他的小說是「外史」，是因為有意識地以方言的方式編寫小說，為的是要能更容易地了解和獲得樂趣。而它之所以也成為「史」的原因在於，它以傳統歷史學家的態度來呈現嚴肅的道德價值。

柯瑋妮指出，吳敬梓的精湛技術使得《儒林外史》成為一個有深度和廣

度的驚人作品，而且對於歷史的考據有重要的價值，讓二十世紀的西方人擷取中國十八世紀的誘惑、挫折和複雜性。無論是合法、不合法的，正式、不正式的，在社會階級的各個階層，作者都能在這個作品裡獲得詳盡清楚的圖像。例如，在第十九回，鄉紳如何地在人與人之間佈下非法網絡以增加自己的事業利潤。這本書有趣的另一面向是故事裡的習俗描述在中國文化歷史是普遍的，在故事裡敘述到中國的習俗包括：孝行、對親屬關係的信賴及丟臉的概念。

　　商偉提出，吳敬梓可說是諸多諷刺家之集大成者，引領著明末清初的追隨者進入十八世紀中期新的認同感及特有筆觸，其一，《儒林外史》設法提出強力證據，來推翻歷史的陳述，而是感受不同已往歷史所呈現之角色，依吳敬梓之言，正統權威式的歷史不但侷限於單純的過往，亦剝奪了參與及感受時代事物的能力，吳敬梓了解此假定推論更勝於那些兼具象徵及實之真相，其論述的力量即在於對事實的察覺。

　　其二，由於正史所述多為用典之大宗，且又為白話小說之範本，若要有所探討便需細看正史及白話小說二者所顯現之歷史，如此一來，《儒林外史》便是一部極具企圖之作品，其系統性地潤飾、建立敘述模式、主旨及角色類型提供了白話小說重要的典範，或許顯示吳敬梓是將傳統白話小說視為未經雕琢的故事陳述，允許筆下人物適當地貼近說書人口中那使人誤解之角色呈現，傾向於對某些早期小說敘述之主題及典範作嘲諷性的解讀，而傳統白話小說包含了多樣性的來源，吳敬梓則以嘲弄詩文作結。

　　其三，吳敬梓是為極簡作風，將筆下人物化為一個事件且以些許手法使得與原本人物之言行有所違背，吳敬梓顯示出諷刺文學戲劇招人非議的一面，自身亦非其中一份子，陳述的是隱藏部份的彰顯，而非判別。

　　Anderson 認為，吳敬梓寫《儒林外史》，最重要的目的並不是提供世人道德訓誡，而是要揭露道德意義和理想實踐之間的鴻溝，因為世人們的理想總是屈服於暫時性和歷史性的限制底下。這也是為什麼，在小說裡，那些知行合一的角色無可避免地對當時現況感到失望。小說文本裡的「清晰度」並不如說明文，但相對地，它擁有純粹的敘事邏輯，具備了解構、檢示理想主義的能力。

　　筆者認為，我們應記住這個事實，那就是，我們將能了解吳敬梓以此類型書寫小說，其當時迫切的心態，《儒林外史》的誕生則是依據歷史的演進產生的。這是由於人類在知識上有新的需要，他們要測度理想境界在現實社會中實現的

可能性，甚至要對抗歷史本身，而在在展現出《儒林外史》的歷史價值。

二、《儒林外史》的文學價值

夏志清指出，中國古典小說包括《紅樓夢》在內，難得如《儒林外史》寫出的白話那麼純粹，而能代表中國人的語言。由於晚清及民初以來許多小說家的模仿，《儒林外史》的白話形式也極有力地影響著現代散文作家。與《儒林外史》同時期的小說，無論它的個別成就如何，能具備《儒林外史》那樣獨特的形式及技藝上的改革，以及對中國小說發展深具影響力的，可謂絕無僅有。

林順夫認為，《儒林外史》藝術結構所體現出的條理性和完整性，絕不比任何西方小說名著遜色。傳統的中國小說很少集中描寫一個人物的發展，或者集中敘述一個社會現象的過程，而多是描寫廣大凡人之間複雜的相互關係。

《儒林外史》在每一回中集中描寫一兩個主要人物和幾個次要人物，構成一幅特定的社會景象，這些主要人物或次要人物在下一回裡退居主要情節以外，或者從情節中消失，我們只有讀過整部小說以後，才能獲得對它總的輪廓的認識。

《儒林外史》的結構模式是非常典型的中國傳統小說的模式，不能說作者缺少通盤計畫的考慮。這部小說結構的頂點是對泰伯崇敬的儀式，書中一切理想化的優秀知識分子都忠於泰伯。這些有理想的知識分子希望用舉行儀式的行動來恢復禮儀的教育，但他們的希望因受到科舉考試制度的影響而落空了。

羅溥洛提到，吳敬梓是第一個針對科舉考試和其產物—知識菁英份子—為主題的諷刺文學。其書寫內容有時幽默，有時甚至到了輕浮的狀態，吳敬梓以這些敘事方式提高了人們評論考試制度的意願，透過評論，考試制度的內容讓教育的效率提升，可信度提高，也較為人性化了；效率雖然有時候很細微，有時候卻過於直率，不過對社會和知識領域的現實面卻極度地貼切合適。吳敬梓的藝術作品在提升之後評論家的意識，其效果顯著，這個結果我們可以從十九世紀晚期到二十世紀早期的諷刺小說觀察到《儒林外史》反映在它們身上的深刻影響力得知。

羅氏認為，吳敬梓對於懷疑論的傳統所做的貢獻在於運用諷刺手法和方言散文來寫作。在他的小說中，針對形式和內容方面，他拋棄了傳統為世人廣為接受的手法，就是知識份子秉持著懷疑。除了一般迷信的大眾之外，吳

敬梓也描寫了迷信的知識份子，嘲弄他們的無知（例如，知識份子對於科舉考試、犧牲、和天命的態度）。羅氏指出，在方言小說部份，吳敬梓注入了許多女性主義者的論述於小說的傳統之中。他最愛的方式是對現況裡的組織或想法加以攻擊，解構這些想法或組織，說明其中的矛盾和缺乏人性的信念。

　　吳敬梓攻擊當時迂腐的學術組織，因爲他們的訴求過於不切實際；除此之外，無論是普世的宗教習俗、女性在社會上的附屬地位、不流動的社會階級內部的不公正，吳敬梓都加以抨擊，也成爲未來二十世紀的中國現代化的先驅，而這些主題，也成爲了未來現代化討論的主要課題。

　　Colemma 提出，在《儒林外史》裡，作者吳敬梓持有一種和諧統一的價值觀點，並與他所處的時代相關，因而使得整部作品產生了恆定的連貫性。我們可以說，作者在內容上和類型上成功地結合了時代演變。相反地，《老殘遊記》因爲缺乏了連貫性，因此顯得有些雜亂無章，在內容和類型上並沒有整合在一起。

　　黃宗泰認爲，帶有修飾型態的寫實主義，是構成吳敬梓書寫藝術的最重要特徵。這種形式的諷刺小說，由於它所針對的道德觀點是相當容易引起爭議的，因此很適合拿來嘲諷及辯論。再加上作者本身擁有探測人性心理的智力及透過寫實性的細膩刻畫傳遞他洞察人心的藝術天賦，更是加深了討論這些觀點的說服力。

　　當然，這些我們透過如此寫實的描寫刻畫而檢視的夢境，在另一個角度之下，相當地精練、不直接。在整部小說中，只有一個夢是直接陳述，並以相當清楚的細節來呈現的。這個夢是娉娘的夢，她所做的夢成爲了故事裡，修飾寫實主義中最好的例子之一，這是因爲她的夢是至今評論家認爲最該留意的。

　　這個有名的事件應證明小說中的寫實主義不僅是在故事缺乏訓誡的時候出現，假若有許多訓誨式的作品失去了藝術裡眞正令人滿意的準則時，一般性的訓誡模式就可能會出現，這是創作者由於急於呈現自己的道德訓誡，而設計的故事情節。相對地，吳敬梓對於藝術擁有足夠的耐心和老練的技巧來呈現自身的道德觀，呈現出來的形式是不直接卻有智慧的，其結果對於他的訓導和藝術價值而言都是樂觀的。

　　楊力宇認爲，吳敬梓在書寫的成就上相當卓越。他擺脫了一般作家使用詩歌的傳統手法，寫出了新式小說；他不使用地域性的俗語、不借用慣用語，

或者熟悉反覆的詩詞,而是透過實地的觀察,使用散文、口語、帶有功能性的字句來描寫人、事、物。除此之外,宗教信仰和迷信的景象,如算命和道德報應,在他的作品裡也少有出現。《儒林外史》的特色在於作者在角色上的刻劃、諷刺的藝術成就和敘述技巧。它在中國歷史上有著相當重要的位置,對於之後的小說發展有著深遠的影響。

柯瑋妮認為,吳敬梓對於書寫的精湛技術使得《儒林外史》成為一個出眾的作品,除此之外,對於歷史也有很大的貢獻;他的作品讓二十世紀西方讀者的靈魂亟欲抓住十八世紀中國充滿誘惑、挫折及複雜的氛圍。從這個作品中,讀者獲得清晰生動的圖像,吳敬梓都讓讀者透過文字參透。

Anderson 提出,《儒林外史》在中國文學史上的地位可以在「寫實主義」的領域裡,足以躍上再高一等的境界,因為作者觀察了與過往比起來更為逼真的社會面貌。

在《儒林外史》裡,吳敬梓在醞釀寫作的過程中,製造了許多的機會,這些手法與以往的傳統書寫形式不同,因為以往的小說總是會製造許多看似安排好的情境,為的是要為最後的結論佈局。《儒林外史》與此不同的特點在於,作者並沒有掩埋偶然事件的呈現。所以,故事中看似不可能發生的意外,就會出乎意料地影響著人物角色,以及書本外的讀者。而在這個轉換的過程中,作者就慢慢地將故事的發展往另一個角色發展,因此奠定了此書的文學價值。

筆者認為,《儒林外史》的文學價值,在於透過作者的實地觀察、抑或是作者的親身體驗,以旁觀者的描述方式,投射在書中角色中,呈現出當代的社會現象,這是一種真實的展現。

《儒林外史》寫出的白話足以代表當時中國人的語言。《儒林外史》的藝術結構所體現出的條理性和完整性,絕不比任何西方小說名著遜色。吳敬梓在本書中持有一種和諧統一的價值觀點,並且與他所處的時代相關,因而使得整部作品產生了恆定的連貫性,不論是純文學賞析或者社會價值批判的角度,對中國小說與社會均深具影響力。

三、《儒林外史》的表現價值

林順夫認為,《儒林外史》所表現的禮儀因素在此書的藝術結構上有兩個功能,第一,它將一連串分散的插曲組織成幾個較大的集中的部分;第二,它又將這些較大的部分組織成一部完整的小說。全書第一回的楔子完成了一個特殊

的任務，它以一個能夠包容全書主要輪廓的虛構故事闡明了小說的主題，這個虛構故事即是作爲知識分子楷模的王冕傳。三十六回寫虞博士、書末寫四個不同類型的藝人，他們是作爲楷模人物形象與楔子所提出的理想相呼應的。

　　羅溥洛提出，吳敬梓在《儒林外史》表現出的對於批判傳統的貢獻，與其他的學者在一些重要的領域上並不相同。吳敬梓將眞實的血肉放在早期評論的骨架上，因而以許多生動的敘述技巧而達到其宣揚的效果，這是後進學者難以達到的境界。他是第一個針對科舉考試和知識菁英份子爲主題的諷刺文學，吳敬梓以幽默、甚至輕浮等這些敘事方式提高了人們評論考試制度的意願，透過評論，考試制度的內容讓教育的效率提升，可信度提高，也較爲人性化了；效率雖然有時候很細微，有時候卻過於直率，不過對社會和知識領域的現實面卻極度地貼切合適。吳敬梓的藝術作品在提升之後評論家的意識，其效果顯著。這個結果我們可以從十九世紀晚期到二十世紀早期的諷刺小說觀察到《儒林外史》反映在它們身上的深刻影響力得知。

　　黃宗泰指出，《儒林外史》表現的教育意義對於作品本身的藝術來說，是如虎添翼的，而非火上澆油。若我們要瞭解吳敬梓這個人，我們也可以透過許多以他爲楷模的後進來瞭解、欣賞吳敬梓，並且經由這樣的過程，擴展我們對人性藝術創造的可能性和認同感。

　　Berry 以爲，吳敬梓在《儒林外史》裡面要諷刺的主題是任何不自然的迷信，尤其是令人厭煩的習俗慣例。當人們越將宗教作爲約束自己的方式時，他們對於吳敬梓的說詞也越來越厭惡。他也藉此機會來譴責天象學、算命和土卦占卜，以及和鬼靈打交道等等的行爲。

　　他指出吳敬梓諷刺的主題在小說裡以非常細微的方式呈現，讀者甚至難以注意到，不過這種詮釋的方法在說故事人之中，卻是相當有名的修飾手法。他以誇張的手法來嘲弄故事中的角色，與他同時代的文學大家曹雪芹，也是使用同樣的方式寫出大作《紅樓夢》。他們倆人以短篇小說的形式來寫成小說，因此形式符合大眾的需求，也使得讀小說的風氣在社會上漸趨盛行。

　　柯瑋妮認爲，吳敬梓對於書寫的精湛技術使得《儒林外史》成爲一個出眾的作品，除此之外，對於歷史也有很大的貢獻。他的作品讓二十世紀西方讀者的靈魂亟欲抓住十八世紀中國充滿誘惑、挫折及複雜的氛圍。從這個作品中，讀者獲得清晰生動的圖像，合法或非法、正式或非正式，亦或是不同社會階層的樣態，吳敬梓都讓讀者透過文字參透。

　　商偉認為，《儒林外史》故事裡都會塑造一項重大的主體做為敘述的主題，比方說像是婁氏兄弟所遭遇的事件。傳統的敘事型態不再與規範真實世界的控制手法為基礎所構成龐大的象徵組織結合。因為經典文學是傳統敘事型態的一部分，因為在新的敘事型態中它已經失去了可信度。在《儒林外史》中，轉換寫實的傳統角色已經消失，文本內容轉為真實的步驟也告結了。它透露出傳統敘事形式的式微，並以新的敘事形態展現故事內容。

　　商氏指出《儒林外史》在作者的詮釋下，是一名儒者對十八世紀文化轉型乃至禮樂崩壞的回應，而這也使得這部作品成為晚明以來文人小說的巔峰之作。的確，傳統白話小說的轉變並不為外界所侷限，是當世社會倫常崩解的部份，深讀《儒林外史》之情節可知其筆下世界及所呈現的方式，我們眼中所見《儒林外史》亦有線索看出傳統敘事上的技法，其間表現出文字的精練，對故事所表達之意願的違背，及象徵性體制的潰散，以上皆使得與歷史、白話小說及其他相關文史的相關性有所減少。

　　全書表現的立即性、表現的可信度、表現的探索與幻想，以及道德勸說，整合成此書的表現價值。因為即使讀者在故事裡經歷了許多說服人心的情境，遇到了許多自我發現者口裡所說的道德訊息，以及沉浸在超越經驗的知識和美德中所獲得的愉悅感，讀者很快地會檢測自己是否如同故事裡的角色受到周圍環境的感動、是否曾經說謊來掩飾自己，如牛浦郎所作的那樣？讀者是不是曾經假裝知道自己所不知道的一切，如張靜齋那樣？我們可以這麼說，《儒林外史》造成了自我反射的影響，能使讀者去除自身的驕傲，也能使他們在阿諛奉承的同時，產生了自我困窘的心態。

　　此外，黃宗泰提到吳敬梓亦跟隨著大眾小說的傳統，保留了許多制式化的特性，甚至還仿效了其中的幾個故事情節，而他所策劃的旁白在故事裡也有相當明確的娛樂價值。然而，《儒林外史》是第一部引人注意的訓誨式小說，它維繫保存了孔子思想的理想境界；為了要讓它持續地提醒、薰陶世人，作者在內容上運用了相當細微深奧的智慧，讓讀者能受到長久的影響。

　　吳敬梓使中國小說從民間閒聊性的話題轉變為莊嚴的藝術，在本質上也不同於寓教於樂的藝術。也由於歷史紀錄的前車之鑑，我們也能了解，即使中國曾經因為單單地景仰遵從孔子思想而缺乏宏觀的思維，由於吳敬梓的創新，也使得原本只是拿來娛樂的小說成為了受人尊敬的文學作品。

　　綜合以上論述，作為中國第一部表現知識分子生活的長篇諷刺小說，《儒

林外史》在文學史上具有崇高的地位。它「窮極文士情態」（程晉芳《文木先生傳》），「機鋒所向，尤在士林」（魯迅《中國小說史略》），《儒林外史》是一部生動且全面展現出傳統知識分子群像的文學長卷。

　　筆者認為，對吳敬梓來說，《儒林外史》帶給他的文學價值是第一個針對科舉考試及其產物—知識菁英份子—為主題的諷刺文學。至於金錢價值，顯然吳氏當年並沒有如現代般有好的經銷與行銷，自然也沒有豐厚的版稅收入了。若論表現價值，本書在中國小說中衍生出諷刺小說一派，此書讓後世讀者所引起的共鳴與省思，恐怕也是吳氏撰書當時所始料未及的。

　　筆者認為，就文學體裁而言，《儒林外史》是我國諷刺文學中的精品，作者擅長運用典型情節，深刻地揭露社會矛盾。語言準確、精鍊，具有諷刺效果。就內容而言，《儒林外史》由多單元組成，每個單元既有聯繫，又可單獨存在。這種特殊的長篇結構，對後人頗有影響，這可以說是本書的整體價值之展現。

第六章　結　論

　　自從十八世紀中葉《儒林外史》開始以抄本形式流傳迄今，在世界文壇上已佔有一席之地。《儒林外史》在二十世紀傳入英語世界，美國學者對《儒林外史》發表不少評論。他們探討《儒林外史》的主題內容，一般將《儒林外史》看作是關於那個時期中國知識界歷史的通俗記載，同時作品中也反映作者自身的生活。

　　目前，已經有不少的美國漢學者以《儒林外史》為題撰述相關論文、專書及博士論文，美國漢學界對《儒林外史》的重視程度可見一斑。本論文探討曾在美國從事教學研究之學者已發表有關《儒林外史》之英文論著，進行述要之後，筆者依據這些研究述要，就《儒林外史》敘事技巧、人物形象、主題思想、敘事結構、價值研究、諷刺藝術研究等面向，提出相關述論。

　　整體評讀述要與述論之後，總結《儒林外史》研究在美國之成果、特色，以及未來研究之展望。希望作為未來後續有關《儒林外史》美國漢學研究之參考，且能為國內的《儒林外史》研究提供一種新的視野。

第一節　《儒林外史》研究在美國之成果

　　1968 年，夏志清研究中國古典小說的代表性專著《中國古典小說導論》，認為，《儒林外史》乃第一部以儒家觀點極清晰地寫出來的諷刺小說，它不同於歷史小說中所表現之儒家英雄主義類型，它的儒家思想糅合著政府無能、社會變革無望之悲哀。

　　1971 年，Wells 的論文〈論儒林外史〉，著重於採取比較的方法，將《儒

林外史》與世界文學名著加以比較研究，深入剖析了《儒林外史》的思想性和藝術價值。作者認為，《儒林外史》是一部極為出色的著作，為不爭之實，其風格活潑生動，刻畫中國文人階層及廣泛社會眾生相，實無出其右者。全書充滿濃郁之人情味，足堪躋身世界文學傑作之林。

Wells 還認為，吳敬梓的藝術風格可與義大利薄伽丘、西班牙賽凡提斯、法國巴爾扎克或英國狄更斯等人的作品相抗衡。《儒林外史》表面上是寫實主義文學之不二圭臬，而本質富含詩意。這是一部諷刺迂腐與賣弄的作品，然而卻可稱為世界上一部最不引經據典、最饒富詩意的散文敘述體之規範。吳敬梓能夠像神喻一樣，隱掩自己的觀點，甚至比神喻更為幽邈。其文辭表面看似明白易解，於哲學層次上，實乃不妥協。

1974 年，羅溥洛的博士論文《清初社會及其批評家：吳敬梓的生平與時代》認為，吳敬梓是一個對社會有責任心的儒家人物，但他改造社會的政治理想卻是蒼白無力的。之後，黃宗泰、高友工、林順夫、Bauer、Roddy、Martin Weizong Huang、柯瑋妮等人，或對《儒林外史》有各種面向的研究與見解、或提出綜合論述之整理。

2003 年，商偉的《儒林外史與明清文化轉型》是研究《儒林外史》的重要專著。商偉刻意將有關小說作者與版本的考證放在附錄中，以更加突顯他討論的重點，即《儒林外史》與十八世紀思想與知識的關係，以及在中國白話小說史上的位置。思想方面，討論聚焦於以禮學復興作為倫理中心的思考方式，以及吳敬梓以文學形式進行批判反省的深刻性。文學史定位方面，商偉則以十七世紀以來的白話小說傳統為範圍，又以十八世紀文人小說為座標，以分析《儒林外史》儒在敘事者、敘事結構，以及抒情性等文學表現方面的中心位置。依據前述主要著作看來，筆者認為，《儒林外史》乃第一部以儒家觀點為依據，對當代科舉進行批判的諷刺小說，其風格活潑生動，刻畫中國文人階層及廣泛社會眾生相，實無出其右者。全書充滿濃郁之人情味，足堪躋身世界文學傑作之林。吳敬梓以旁觀者的角度，隱掩自己的觀點，傳達出的意涵卻更為幽邈。

另外，主題思想方面，《儒林外史》抨擊與揭露科舉制度與吃人的禮教。反科舉、反禮教、反迷信，刻畫出許多鮮明的正、反面典型，雖然加深讀者對清代科舉制度的警覺心，不過吳敬梓並沒有建議任何具體的解決辦法。

在敘事結構方面，總合各學者之論述，《儒林外史》整個敘事架構的主軸

是批判八股取士的制度，以及隨之所衍生出來的種種問題，展示出一幕幕讀書人在科舉制度下的醜態和悲劇，也因此，才呈現出這種特殊的敘事結構：《儒林外史》由多單元組成，每個單元既有聯繫，又可單獨存在，組成這特殊的長篇故事集結構。

柯瑋妮認為《儒林外史》是惡漢小說，其他學者如夏志清、林順夫、楊力宇等主要認為此書有三大部分的敘事架構，而相同的是，隨著在這些書中主角行業領域的擺動，每一個社經出身背景都帶出了對文人身分的新解釋，而整個不連續的敘述結構實質上也未脫離諷刺科舉制度這個中心主旨。

人物形象方面，《儒林外史》書中無「主角」，而是對諸多封建文人、官僚豪紳、市井無賴等各類人物角色進行真實生動的描寫，這些刻畫出當時的政治制度、倫理道德、社會風氣等等，客觀上否定了整個封建制度，這正是此書的關鍵，沒有因為單一主角而模糊了作者「反科舉」之主軸。

在諷刺藝術研究方面，《儒林外史》並非全然推翻孔學形象，吳敬梓對孔子思潮仍有相當程度的信念，而這支持著他、幫助他容忍現實生活一點也不理想的景況。讓吳敬梓在這守舊氛圍的清代中，藉由批判科舉制度，流露出他的狂狷氣息，展現出吳氏希望透過《儒林外史》進行理想建構與道德重塑的目的。

敘事技巧方面，《儒林外史》淡化了長篇小說中縝密的情節發展過程，而代之以獨立的章回故事，每回故事像珍珠般串連而成，全書像被一位全知全能的「說書者」所講述的一系列可獨立又可相關的故事集。

價值研究方面，《儒林外史》是中國諷刺文學中的精品，作者擅長運用典型情節，深刻地揭露社會矛盾，語言準確、精煉、形象，具有諷刺效果。就內容論，《儒林外史》由多單元組成，每個單元既有聯繫，又可單獨存在。這種特殊的長篇結構，對後人頗有影響，這可以說是本書的整體價值之展現。

綜言之，《儒林外史》研究在美國之成果，確立了本書在中國諷刺文學史上的地位，也點出科舉制度對當時中國的荼毒，而美國漢學對本書的研究，偏重於文學角度的剖析，注重在敘事技巧與結構方面。

第二節　《儒林外史》研究在美國之特色

美國漢學者對於《儒林外史》之研究，主要偏重在文學的剖析方面，而

較少著墨於作者本身、科舉制度、人物姓名與個性等之研究。總而言之,《儒林外史》研究在美國之特色歸納如下。

一、比較文學方式研究

在柳存仁所著〈儒林外史的原始版本只有五十五回嗎〉一文中,柳氏認為,《儒林外史》的版本在《吳敬梓編年史》裡,胡適說《儒林外史》最早的版本一共有五十六回,在 1816 年出版,這是錯誤的。事實上,最早的版本是在茅草屋裡印製成的,時間是在 1803 年,出版的目的是為了娛樂民眾。胡適相信,《儒林外史》原版只有五十五回而已,之後的補充部份,是由後代寫成的。雖然柳存仁同意他這部份的看法,但他仍指出一些錯誤:這些補充部分事實上是在光緒年間寫成的,並不是胡適所說的同治年間(1874 年)。胡適認為這些紀錄是正確無誤的,可惜的是,他並沒有留下任何書面文章來解釋他的見解,他也沒有指出《儒林外史》中的哪些段落是後來才加上去的。因此,關於這些論點,柳氏仍存疑。

柳氏以比較文學的方式進行分析,指出自明朝中期至清末(約在 16 世紀到 17 世紀初期),中國章回小說與短篇小品書均繁盛於此一時期,在中國明清時期眾多的古典小說中脫穎而出的四部奇書分別是《西遊記》、《金瓶梅》、《紅樓夢》以及《儒林外史》;《西遊記》是我國第一部成功的長篇神話小說,而《金瓶梅》與《紅樓夢》則是分別以寫實方式描寫中國社會的病態與家族興衰的言情小說,最後則是以諷刺聞名於世的《儒林外史》。

柯瑋妮的博士論文《儒林外史:中國惡漢小說的研究》,比較、討論吳敬梓和《儒林外史》的各版本內文,裡面包括了對學術的觀察、定義尚未解決的問題、給予一個清楚的框架來討論小說結構的重要性。柯氏認為《儒林外史》裡有流浪、無賴的元素。相較於亨利・菲爾丁的《約瑟夫・安德魯斯》、《湯姆・瓊斯》和托比爾斯・斯摩萊特的《藍登傳》在英國文學的劃分上,被認定為描寫流浪的文學作品。最後,柯氏檢視這本小說三個最令人驚豔的部份,它精確的文化敘述、考試制度和吳敬梓重複運用隱喻。

夏志清認為,相較於《好逑傳》、《肉蒲團》、《西遊補》、《醒世姻緣》等作品,不論各自具有怎樣的價值,上述作品及與他們同時期的其他作品,沒有一部比得上《儒林外史》。《儒林外史》,由於它在藝術風格和藝術技巧的革新方面具有重大的革命性意義,使這些作品相形見絀,它對中國小說的發展

產生了巨大的影響。

　　羅溥洛以中國知識史為基礎，以各種角度來閱讀《儒林外史》，做出詮釋。羅氏將吳敬梓和他的許多後進做比較，並且分析了道教和作者眼中的孔學元素。羅氏確認了《儒林外史》在文學上的重要地位，在第二部份裡，以十八世紀的中國社會為背景探討當下所產生的社會批判；當時的社會所面對的問題及解決這些問題的可能機率。最後，羅氏將以他在細微處所見的，得以證明《儒林外史》成為現代中國「史官」的理由。

　　Colemma 所著〈方向感的有無：《儒林外史》、《老殘遊記》和清朝傳統孔子思想的衰微〉，比較《儒林外史》和《老殘遊記》這兩部作品，有許多相同的段落，而且在類型上有許多相似之處。例如，這兩部小說都是插曲式地安排情節，而且也都是諷刺小說體。就連敘述內容，兩者皆有相似之處，兩部作品的作者都在探索他們所身處時代裡，社會和經濟的病徵。事實上，當論及這兩部作品的類型和內容時，《儒林外史》時常被認作是《老殘遊記》的原型。

　　高友工舉出曹雪芹的《紅樓夢》與吳敬梓《儒林外史》為例。比較中國詩傳統中「抒情境界」的演變，及其對文言或白話敘事文學之影響，高氏認為敘事文學中，尤其是中國敘事文學中，抒情境界的作家並不贅辭披露人物內在經驗或解釋事件之因果，本此，圍繞動作的插曲變形成小說形式的架構基石。

　　筆者認為，比較文學（Comparative Literature）在國際上極受重視，大家總是聯想到中西比較，也就是把一篇英文的文學作品和一篇在某方面相類似的中文文學作品放在一起研究比較其異同，比較文學運用的方法有影響研究、平行研究、科際整合等。

　　何春蕤教授在「比較文學的興起與衰落」提到，事實上，如果我們回溯二十世紀以來比較文學在美國的題目，就會發現在美國，中西比較是個很晚進才發展出來的領域，而且，美國的比較文學研究一直包含著一個更重要更廣泛的大目標，這個大目標及其歷史環境的基本精神左右了比較文學的傳統內容、方法、及目的。

　　中西比較文學，可以作為跨文化的文學對話，讓各種文化之間的踫撞，衝突與交融，在這些文學作品中產生交集與交互作用。

二、用心與創見

　　夏志清認為，《儒林外史》乃第一部以儒家觀點極清晰地寫出來的諷刺小

說，它不同於歷史小說中所表現之儒家英雄主義類型，它的儒家思想糅合著政府無能、社會變革無望之悲哀。吳敬梓贊同孔子「邦有道則仕，邦無道則隱」之格言，然而對刻意求好的吳敬梓來說，則恐無「有道」之日，吳氏在書中所隱含的用心，實則希望藉此為儒家思想振衰起弊。

柳存仁發現《儒林外史》雖為盛名之諷刺章回小說，但不免仍有一些諷刺小說常犯的缺點，即是組織結構上的不足，倘若其他受說書風潮影響之小說作者，以此漫談方式論述，至少會試圖引入些許協調性於情節之中，另一方面而言，書中雖將互不關聯的情結串在一起，仍不出中心意旨所及，而情節之間的關聯是如此薄弱又無力，以致此書幾乎可分作各自獨立的短篇，吳氏這些寫作方式，有其獨創之處。

Wells 認為，這個小說並不如某些評論家所認定的那樣，它仍有一定的形式。在故事發展的舞台上，當小人物漸離時，主要的人物就會開始在舞台上活躍，新人物和舊人物會在舞台上來來去去，但故事還是會持續下去。這樣的趨勢，我們可以從平凡的鄉村生活或富裕的都市生活觀察出來。不過，吳氏這些描寫並不過度強調，而留給讀者思考的空間。

林順夫認為，《儒林外史》藝術結構所體現出的條理性和完整性，絕不比任何西方小說名著遜色。傳統的中國小說很少集中描寫一個人物的發展，或者集中敘述一個社會現象的過程，而多是描寫廣大凡人之間複雜的相互關係，這與其說是固定中心，不如說是可移動中心，吳氏此書，中心思想仍舊不是放在「人」，而是著眼於「思想」。

黃宗泰指出，要找到諷刺文學作家，我們總能在這麼一個人的體內尋找到其生活的模式或特性，將他們歸納在一起，成為「諷刺文學作家集團」。為了這個目的來研究吳敬梓這個人或許並不具有任何效果或教育意義，不過卻相當有趣。黃氏認為吳敬梓在作品提及對孔子學說的理想之後將作為討論作者諷刺技巧的創意和實踐的序曲。黃氏認為如果我們循著西方對《儒林外史》的看法走，則問題的答案不會都是肯定正面的。

楊力宇認為，吳敬梓在書寫的成就上相當卓越。他擺脫了一般作家使用詩歌的傳統手法，寫出了新式小說；他不使用地域性的俗語、不借用慣用語，或者熟悉反覆的詩詞，而是透過實地的觀察，使用散文、口語、帶有功能性的字句來描寫人、事、物。除此之外，宗教信仰和迷信的景象，如算命和道德報應，在他的作品裡也少有出現。

　　羅溥洛提到，社會批判的風氣以及小說的興起，尤其是《儒林外史》的誕生，除了說明傳統小說秩序分裂的開始，對於即將浮出檯面的中國文化，更是一個胚胎，一個新生命的開始。吳敬梓在小說裡強調個人主義、人道主義、平權主義，在尚未革命的時候，只是微不足道的想法。但是，這些非主流的思想卻對往後重振中國思潮有著重要的影響力。

　　柯瑋妮認為，從作品中，吳敬梓一直維持著他身為惡漢小說家的質地。《儒林外史》裡含有許多與惡漢小說寫作模式相同的元素，除此之外，小說有著快速的節奏感，象徵著不穩定及稍縱即逝之氛圍。

　　筆者認為，《儒林外史》是一部著墨於當代士人心態的專書，吳氏秉於知識分子的歷史使命感，對當代士人隨波逐流、汲汲營營於功名感到失望，於是滿懷悲愴地展示了科舉制度下，士人生活的各個層面，就此喚醒知識分子的情操，將道德與理想等價值傳達於讀者。這應該是作者用心之所在，也是《儒林外史》所欲傳達之思想意蘊。

　　綜觀全書，除了文字樸實流暢、鮮活親切，人物個性分明之外，更可以體會到吳氏的深度關懷，與寬廣的悲憫。就結構而言，將互不相關的人物與事件，加以巧妙地穿插與藏閃，構成一個脈絡分明的完整格局，呈現士人生活的全貌，更是作者用心之處。

　　僵化的八股是思想和形式雙重的束縛，限縮了士人的自我意識。《儒林外史》對此提出批判，以寫實方法譏諷世態人心，行文不乏對比、誇張甚至荒誕，而情節的展開又是冷靜、平實，從中引發酸澀與悲涼。周進受辱、范進中舉、馬二先生癡迷舉業的刻劃莫不如此。

三、多面向的研究角度

　　在文學作品分類方面，Wu, Xiaozhou 提到在現代英文裡有許多的字都具有分類文學作品的意義，如：類型（genre）、種類（kind）、物種（species）、典型（type）、形式（form）、模式（mode）和普遍性（universal）等等，這些字之間可以互通有無。然而，在現在的中國，只有三種或四種用來分類的術語：文體、題材、樣式和體制。

　　Lai Ming 認為，嚴格地說來，《儒林外史》這部作品不能算是真正的小說，而是許多小故事的集結。Anderson 認為，《儒林外史》插曲式的故事結構模糊了我們對於時間進行的自然反應，在敘述中，客觀時間的紀錄成了一項重要

的時間框架，讓我們能了解故事進行的始末。

夏志清談到，《儒林外史》雖然由一系列彼此聯繫脆弱的故事組成，但還是有一個清晰可辨的結構。它分三個部分，外加一個楔子和一個尾聲，第一部分，包含各種不同類型的人追求名利地位的所有為人喜愛的故事；第二部分構成這部小說的道德支柱，講述主要角色杜少卿和他的朋友們——南京的一些賢士文人的故事；第三部分由一組形形色色的故事混雜而成，沒有明確的構思。

在主題思想方面，《儒林外史》整個主軸在於反對和諷刺明、清八股文取士制度，吳敬梓所反映的是十八世紀上半世紀生活在科舉制度下的知識分子的情景。作者從不同的角度描寫了他們生活的浮沉，境遇的順逆，功名的得失，仕途的升降，思想情操的高貴與卑劣，社會理想的倡導與幻滅。

吳敬梓對這些知識份子既有諷刺也有讚揚，既有否定也有肯定。我們可以說《儒林外史》是一部關於士人心態為主題的專書，其思想核心則是抨擊封建科舉制度，以及由這一制度造成的種種弊端和危害。

《儒林外史》的思想意蘊，自嘉慶八年（1803）《臥閑草堂本》卷首所附閑齋老人的序中，提出「其書以功名富貴為一篇之骨」一說後，全書的思想主題為何，即存在著各種不同的見解。

在結構方面，柳無忌認為，《儒林外史》雖是頗負盛名之諷刺章回小說，但不免仍有一些諷刺小說常犯的缺點，即是組織結構上的不足。《儒林外史》寫人物與故事是寫一個丟一個，沒有貫穿到底的人物故事，以致此書幾乎可分作各自獨立的短篇。張心滄認為，《儒林外史》的和諧性類似卷軸，而非小說，這個特性影響了這部小說結構上「時間」和「空間」的層次。

柯瑋妮認為，在《儒林外史》裡最特殊的地方是獨特的敘述韻律和結構。《儒林外史》的內文擁有複雜不尋常的結構。在第一次讀的時候，這些特徵在作品裡顯露無遺，這些特徵包括：小說的步調和韻律、一組透明的角色、描述不同人之間的事件轉移，還有劇情急轉直下的變化影響著角色的命運，都被清楚描繪。

在人物形象方面，Lai Ming 認為，在《儒林外史》中，一般人通常會認為吳敬梓是以他所認識的人為基礎來刻畫小說中的人物。夏志清認為，吳敬梓一生中一直作為「名士」逍遙度日，所謂「名士」，即一個精通文學、頗有名聲、迴避官場生活的紛擾和屈辱，以吟詩作文自娛或與朋友消遣的文人。

Rolston 認為，吳敬梓在處理王冕這個角色時，成功地重塑了王冕這個角色，以至於王冕成了本書中的主要指導的基準：孝順、獨立、學識廣博卻不賣弄、而且堅持自己的原則不中求功名富貴。

Zhou, Zuyan 提到，在《儒林外史》的世界中，男性角色大部分是由學者、官員、名士、有名的奇人和出眾的學者組成。而女性角色則主要以妾、妓女、媒婆和學者們的家人成員所組成的。因此，無論在家庭或在社會中，男性皆居中心位置，而女性則被歸於邊緣。

楊力宇提到，在小說裡總共有將近兩百個人物角色。當中，有些是理想化的學者、對於世界上所追逐的不屑一顧的清廉官員，但也有騙子或偽君子，他們會以詩人或奇人的外表裝扮自己，來追求世俗的財富。

在文學價值方面，夏志清認為，《儒林外史》乃第一部以儒家觀點極清晰地寫出來的諷刺小說，對周圍社會生活栩栩如生的藝術表現，讓我們得以藉由《儒林外史》重現十八世紀的中國社會風俗。黃宗泰認為，《儒林外史》裡所具備的基本諷刺技巧有直接的修飾效果，正因為諷刺藝術是實用的，我們更該考慮這些修飾效果所帶來的影響。

商偉提出，吳敬梓可說是諸多諷刺家之集大成者，引領著明末清初的追隨者進入十八世紀中期新的認同感及特有筆觸。Anderson 認為，吳敬梓寫《儒林外史》，最重要的目的並不是提供世人道德訓誡，而是要揭露道德意義和理想實踐之間的鴻溝，因為世人們的理想總是屈服於暫時性和歷史性的限制底下。

羅溥洛提到，吳敬梓是第一個針對科舉考試和其產物—知識菁英份子—為主題的諷刺文學。楊力宇認為，吳敬梓在書寫的成就上相當卓越。他擺脫了一般作家使用詩歌的傳統手法，寫出了新式小說。Anderson 提出，《儒林外史》在中國文學史上的地位可以在「寫實主義」的領域裡，足以躍上再高一等的境界，因為作者觀察了與過往比起來更為逼真的社會面貌。

柯瑋妮認為，吳敬梓對於書寫的精湛技術使得《儒林外史》成為一個出眾的作品，除此之外，對於歷史也有很大的貢獻。黃宗泰提到吳敬梓亦跟隨著大眾小說的傳統，保留了許多制式化的特性，甚至還仿效了其中的幾個故事情節，而他所策劃的旁白在故事裡也有相當明確的娛樂價值。

筆者認為，《儒林外史》書中，吳敬梓能夠以一個全知的旁觀者角色，把握「客觀」的原則，寫盡那時候社會、人性的各種醜態，而其反諷筆觸卻終究冷靜，絲毫不失客觀。

　　《儒林外史》以諸多人物和故事，反映出多元的社會寫實、反應清朝當時讀書人的各式形貌，它描寫的讀書人為致力學業，處事虛偽造作，盲從禮教陋習，作者並提出他理想人生的啟示，推崇平民高潔人物，強調世俗的功名富貴不如人格德行學問。

　　就因為沒有了作者的批評引導，讀者們得要自我尋索其中的意義，因此有了所謂的參與感，這點最能夠符合要求主動，不願被動的人性，同時肯定自我努力之後獲得的感動，是為人另一種的共同性格。

　　《儒林外史》點出禮教腐敗與八股文的墮落，筆者認為，這是作者最討厭的思想所在重點。而從吳氏的描述中，也可以看出他並不是認為傳統的教育不好，而是有一部分需要改革、需要重整道德與思想。

　　《儒林外史》中，王玉輝之女死的那一段，三姑娘死了丈夫，決心殉節，他的父親仰天大笑：「死的好！」吳敬梓體現出的是憎惡和憐憫。可以看出當時的禮教思想被曲解誤用，腐敗的影響更是於泯滅人性人情。

　　這諸多面向，在全書五十五回中，隨處可見，各自可成單一議題進行研究探討，又可整體串聯成一主題進行分析研究。《儒林外史》之研究，實可謂可深可廣的一本素材。

第三節　未來研究之展望

　　綜觀美國漢學界對《儒林外史》一書的研究，可以發現，美國漢學者對本書的主題思想、敘事結構、文學價值等面向，均有深入之研究，且無文化上的傳統包袱，對科舉制度也無成見。因此，美國漢學者可以對本書作一更客觀而直接的評價以及批判，也能提出有別於華人學者對《儒林外史》的看法。

　　本論文引述的美國學者如黃宗泰、楊力宇，都一致認為，此書建立了中國諷刺文學的典範，讓此書在中國文學史上、在整個漢學研究上，自有其重要地位。每個單元既有聯繫，又可單獨存在，這種特殊的長篇結構，對後人頗有影響。整體而言，吳敬梓利用《儒林外史》建構了一個舞台，讓他筆下的所有角色——也許其中也代表著吳氏本人——在這舞台上演繹出對整個科舉制度的諷刺與批判。

　　對於後續的《儒林外史》研究，筆者認為，除了美國漢學界之外，應更深入了解世界各國對《儒林外史》的研究，以更深入探討《儒林外史》在世

界漢學界的影響與價值。未來的研究，可以就其他國家，特別是文化傳承於中國的日本、韓國等亞洲各國之漢學者有關《儒林外史》的論述加以整理、述論評析，以期更深刻剖析《儒林外史》。至於研究的面向，本論文已提出一具體而微的雛型，可以供後續研究參考使用，期能發揮拋磚引玉之效果，讓《儒林外史》的漢學資料整理研究有更深更廣的成果。

參考書目

（一）英文部分

1. Anderson, Marston, "The Scorpion in the Scholar`s Cap:Ritual,Memory,and Desire in Rulin waishih, "in *Cultute&Late in Chinese History Conventions,*

2. *Accommodations,and Critiques*（California：Stanford University Press,1997）, pp.259-267.

3. Bauer, Daniel Joseph, "*Creative Ambiguity :Satirical Portraiture in the "Ju-lin wai-shin" and "Tom Jones*"," Ph.D.dissertation（University of Wisconsion-Madsion, 1988）.

4. Berry,Margaret,*The Chinese Classic Novels:An Annotated Bibliography of Chiefly English-language Studies*（New York:Garland Publishing,Inc.,1988）, pp.191-213.

5. Bishop,John L., "Some Limitions of Chinese Fiction,"*Far Eastern Quarterly* 15/2（Feb.1956）,pp.239-247.

6. Chang Chung Li, The Chinese gentry: studies on their role in nineteenth-century Chinese society（Seattle: Univeristy of Washington Press,1955）.

7. Chang ,H.C.,Chinese Literature:Popular Fiction and Drama（Edinburgh University Press,1974）.

8. Colemma, John D., "With and Without a Compass:The Scholars,The Travel of Lao T`san and the Waning of Confucian Tradition During Ching Dynasty," *Tamkang Review*7/2（1976）,pp.61-80.

9. Crothers, Dilley Whitney, "The Picaresque in Eighteenth-Century Fiction:A Comparative View of Henry Fielding,Tobias Smollet,and Wu Ching-Tzu," *Shih Hsin University Journal*（1990）,pp.43-69., "*The Ju-lin wai-shih:An Inquiry into the Picaresque in Chinese Fiction,* " Ph.D.dissertation（University of Washington,1998）.

10. Hanan,Patrick,"The Development of Fiction and Drama," in Raymond Dawson ed.,*The Legacy of China*（London:Clarendon Press,1964）,pp 115-143.

11. , "Early Chinese Short Story :A Critical Theory in Outline," *Harvard Journal of Asiatic Studies* 27 （1967）, pp. 168-207.

12. Hightower, James Robert, *Topics in Chinese Literature:Outline and Bibliographis*（Cambridge : Harvard University Press, 1953）.

13. Hsia ,C.T., "The Scholars,"in *The Classical Chinese Nove:A Critical Introduction* （New York:Columbia University Press,1968）,pp.203-244.

14. Huang ,Martin Weizong, *"The Dilemma of Chinese Lyricism and the Qing Literati Nove*l, *"* Ph.D.dissertation（University of Washington of 1991）.

25. Idema.W.L.,*Chinese Vernacular Fiction：The Formative Period*（Leiden: E.J.Brill ,1974）.

16. Kao,Yu-kung, "Lyric vision in Chinese Narrative Tradition:A Reading of Hung-lou Meng and Ju-lin wai-shih, "in Andrew H.Palks ed.,*Chinese Narrative:Critical and Theoretical Essays*（Princeton University Press,1978）, pp.227-243.

17. Lai Ming, "The Novel of Social Satire:The Scholars,"in *A History of Chinese Literature*（New York:Capricon Books,1966）,pp.327-332.

18. Lin,Suen-fu, "Ritual and Narrative Structuures in Ju-lin wai-shih,"in Plaks,Andiew H.ed,*Chinese Narrative:Critical and Theoretical Essay*s （Princeton:Princeton University Press,1973）,pp.244-265.

19. Li,Tien-yi,*Chinese Fiction:A Bibliography of Books and Articles in Chinese and English*（Yale: Yale University Press,1968）.

20. Liu, Tsun-yan, *Chinese Popular Fiction in Two London Libraries*（Hong Kong:Lung Men Bookstore,1967）,pp.150-153.

21. Liu ,Wu-chi, "Great Novels by Obscure Writers,"in *An Introduction to Chinese Literature*（Bloomington :Indiana University Press,1968）,pp .228-246.

22. Plaks, Andrew. H., *Chinese Narrative : Critical and Theoretical Essays* （Princeton: Princeton University Press,1973）.

23. Plaks, Andrew. H.,, "The Problem of Structure in Chinese Narrative,"*Tamkang Review* 6/2（1976）, pp.429-440.

24. Roddy, Stephen J, *"Ru-lin wai-shih and the Representation of Literati in Qing Fiction ,"* Ph.D.dissertation（University of Princeton of 1990）.

25. Roddy, Stephen J, *Literati Identity and Its Fictional Representations in Late Imperial China*（California:Standford University Press,1998）.

26. Rolston, David Lee., *"Theory and Practice:Fiction Fiction Criticism and the Writing of the Ju-lin wai-shih"*, Ph.D.dissertation（University of Chicago,1988）.

27. Rolston, David Lee., "The Wo-hsien ts`ao-t`ang Commentary on the Ju-lin

wai-shih（The Scholars），"in *How to Read Chinese Novel*（Princeton University Press,1990），pp.244-294.

28. Rolston, David Lee., "Latent Commentary:The"Rulin waishi", "in *Traditional Chinese Fiction and Fiction Commentary:Reading and Writing Between the Lines*（California: Standford Umiversuty Press,1997），pp.312-328.

29. Ropp ,Paul Stanely., *"Early Ch`ing Society and It`s Critics:The life and Time of Wu Ching-tzu,"* Ph.D.dissertation（University of Michigan,1974）.

30. Ropp ,Paul Stanely., "The Seeds of Change:Reflecytons on the Condition of women in the Early and Mid Ch`ing Societies," *signs Journal of women in Culture and Society2.1*（1976），pp.5-23.

31. Ropp ,Paul Stanely., *Dissent in Early Modern China:Ju-lin wai-shih and Ch`ing Social Criticism*（Ann Arbor :The University of Michigan Press,1981）.

32. Shang,Wei, *"The Collapse of the Taibo Temple:A Study of the Unoffical History of the Scholras , "* Ph.D.dissertation（University of Harvard 1995）.

33. Shang,Wei, "Ritual,Ritual Manuals,and the Crisis of the Confucian World:An Interpretation of Rulin waishi, *"Harvard Journal of Asiatic Studies 58*（1998），pp.373-424.

34. Shang,Wei, *Rulin waishih and Cultural Transformation in Late Imperial China*（Cambridge:Harvard University Press,2003）.

35. Wells, Henry W., "An Essay on the Ju-lin wai-shih," *A Journal to Comparatine Studies between Chinese and Foreign Literatures,vol11*（1971），pp.143-152.

36. Wong ,Timothy Chungtai, *"Satire and the Polemics of the Criticism of Chinese Fiction:A Study of the Ju-lin wai-shih,"* Ph.D.dissertation（University of Stanford,1975）.

37. Wong ,Timothy Chungtai,, *Wu Ching-tzu*（Boston: Twayne Publishes,1978）.

38. Wu, Swihart De-an, *"The Evolution of Chinese Novel Form",* Ph.D.dissertation.（University of Princeton ,1990）.

39. Wu,Xiaozhou, *"Western and Chinese Literary Genre Theory and Criticism: Acomparative Study*（*Fielding, Wu Jingzi , Qian Zhongshu,Waugh, Proust, France*），" Ph.D.dissertation（University of Emory,1990）.

40. Wu, Yenna, "Re-examing the Genre of the Satiric Novel in Ming-Qing China," *Tamkang Review*（1999），pp.1-27.

41. Yang,Winston L.Y.,Peter Li,Nathan K. Mao.eds., *Classical Chinese Fiction:A Guide to It`s Study and Appreciation Essays and Bibliographies*（Boston :G.K.Hall Publisher,1978），pp.85-93.

42. Zhou, Zuyan, "Yin Yang Bipolar Complementary:A Key to Wu Jingzi`s Gender Conception in the Scholar, *"Journal of the Chinese Languages,Teachers Association vol29,No1*（1994），pp.344-357.

（二）中文部份

1. 方祖燊：《小說結構》（台北：東大圖書公司，1995 年）。

2. 王靖宇：〈中國傳統小說研究在美國〉，收入林徐典編：《漢學研究之回顧與前瞻》（北京：中華書局，1995 年）。

3. 王麗娜：《中國古典小說戲曲名著在國外》（上海：學林出版社，1988 年）。

4. 何澤翰：《儒林外史人物本事考略》（上海：上海古籍出版社，1985 年）。

5. 周振甫：《小說例話》（台北：五南書局，1994 年）。

6. 宋柏年：《中國古典文學在國外》（北京：北京語言學院，1994 年）。

7. 李漢秋：《儒林外史研究論文集》（北京：中華書局，1985 年）。

8. 李漢秋：《儒林外史的文化意蘊》（河南：大象出版社，1997 年）。

9. 李漢秋：《儒林外史研究》（上海：華東師範大學，2001 年）。

10. 何寅、許光華：《國外漢學史》（上海：上海外語教育出版社，2000 年），頁 287～297。

11. 何滿子：《論儒林外史》（上海：上海出版公司，1955 年）。

12. 侯且岸：〈費正清與中國學〉，李學勤主編《國際漢學漫步》，上卷，（河北教育出版社，1997 年），頁 6。

13. 侯且岸：〈論美國漢學史研究〉，《當代中國的顯學——中國現代史學理論與思想新論》（北京：人民出版社，2000 年），頁 346～354。

14. 陳平原、王德威、商偉編：《晚明與晚清：歷史傳承與文化創新》（湖北：湖北教育出版社，2001 年）。

15. 陳汝衡等：《吳敬梓與儒林外史》（台北：木鐸出版社，1983 年）。

16. 陳美林：《儒林外史辭典》（南京：南京大學出版社，1994 年）。

17. 陳美林：《儒林外史人物論》（北京：中華書局，1998 年）。

18. 張國風：《儒林外史及其時代》（台北：文津出版社，1993 年）。

19. 黃霖：《中國小說研究史》（浙江：浙江古籍出版社，2002 年）。

20. 黃鳴奮：《英語世界中國古典文學之傳播》（上海：學林出版社，1997 年）。

21. 楊義：《中國古典小說史論》（北京：人民出版社，1998 年）。

22. 鄭明娳：《儒林外史研究》（台北：台灣商務印書館，1982 年）。

23. 鄭振鐸：《中國文學中的小說傳統》（台北：木鐸出版社，1985 年）。

24. 樂蘅軍：《意志與命運》（台北：大安出版社，2003 年）。

25. 魯迅：《中國小說史略》（台北：風雲時代出版社，1990 年）。

26. 申重實：〈論儒林外史中的春秋筆法〉，《甘肅高師學報》2005 年第 10 卷第 6 期，頁 40～42。

27. 宋業慧：〈儒林外史中人物的矛盾心態比較〉，《衛生職業學校》2007 年第 7 期，頁 155～156。

28. 何家槐：〈胡適對於吳敬梓和《儒林外史》的汙衊〉，《明清小說研究論文集》1959 年，頁 332～345。

29. 何滿子：〈重讀儒林外史〉，《南京師範大學文學院學報》2003 年第 3 期，頁 37～39。

30. 吳波：〈儒林外史裡的理想人物與理想性格〉，《懷化師專學報》1994 年第 13 卷第 2 期，頁 73～76。

31. 吳聰敏：〈儒林外史的諷刺藝術評議〉，《國立台中護專學報》2002 年第 1 期，頁 81～89。

32. 孟周：〈讀儒林外史的思想與藝術──論所謂「春秋筆法」、「微言大義」〉，《明清小說研究論文集》1959 年，頁 322～331。

33. 李志宏：〈儒林外史敘述者形象及其敘述的可靠性〉，《明清文學國際學術研討會》2000 年，頁 1～39。

34. 李秋菊：〈同而不同──論魯迅對儒林外史諷刺藝術的借鑑與超越〉，《涪陵師範學院學報》2007 年第 23 卷第 1 期，頁 113～116。

35. 李勇：〈從沈瓊枝看婦女解放意識的覺醒〉，《文史博覽‧理論》2006 年 1 月，頁 20～24。

36. 李漢秋：〈虞博士的文化意蘊〉，《中國文化研究》2004 年第 34 期，頁 106～111。

37. 范芃蕊：〈帶刺玫瑰，一枝獨秀──儒林外史中沈瓊枝人物形象分析〉，《中國古代文學研究》2005 年，頁 42～43。

38. 种劍德：〈儒林外史中的匡超人形象〉，《學術交流》2004 年第 9 期，頁 152～154。

39. 馬茂元：〈儒林外史的現實主義〉，《明清小說研究論文集》1959 年，頁 264～275。

40. 奚曉霞：〈從儒林外史看吳敬梓的審美傾向〉，《徐州教育學院學報》2006 年第 21 卷第 4 期，頁 105～107。

41. 徐向順：〈論儒林外史的邏輯結構形式〉，《邵陽學院學報》2005 年第 4 卷第 4 期，頁 71～73。

42. 陳文新、郭皓政：〈道德理想主義與現實人生困境──論儒林外史對經典敘事的戲擬〉，《福州大學學報》2007 年第 2 期，頁 53～59。

43. 陳昭霏、傅榮珂：〈儒林外史諷刺藝術之研究〉，《嘉義大學學報》2000 年第 69 期，頁 93～114。

44. 張慧劍：〈吳敬梓交游考〉，《明清小說研究論文集》1959 年，頁 351～363。

45. 張曉勇：〈論鏡子式人物胡屠戶的敘事功能〉，《陰山學刊》2007 年第 20 卷第 2 期，頁 27～30。

46. 張濤：〈儒林外史中的虞博士形象〉，《蘭州大學文學院學報》2006 年第 21 卷第 7 期，頁 124～126。

47. 莫純星：〈儒林外史中人物對比諷刺談〉，《廣東海洋大學學報》2007 年第 27 卷第 2 期，頁 83～86。

48. 喬光輝：〈儒林外史中王玉輝形象的生成和接受〉，《東南大學學報》2004 年第 6 卷第 5 期，頁 105～110。

49. 章芳：〈2000～2002 年儒林外史研究述評〉，《荊州師範學院學報》2003 年第 3 期，頁 98～100。

50. 黃秉澤：〈儒林外史的婚姻描寫〉，《儒林外史學刊》，1988 年，頁 482～487。

51. 黃彬：〈八股科舉制度的虔誠信徒——評儒林外史中的馬二先生〉，《重慶郵電大學學報》2007 年第 19 卷第 2 期，頁 113～115。

52. 傅毓民：〈論儒林外史諷刺藝術的獨創性〉，《陝西教育學院學報》2005 年第 21 卷第 3 期，頁 70～73。

53. 楊愛君：〈儒林外史臥評和天評的情節結構論〉，《集寧師專學報》2005 年第 27 卷 1 期，頁 27～30。

54. 翦伯贊：〈釋儒林外史中提到的科舉活動和官職名稱〉，《明清小說研究論文集》1959 年，頁 341～349。

55. 樓建平：〈儒林外史結構藝術新探〉，《江西師範大學學報》1994 年 11 月第 27 卷第 4 期，頁 97～99。

56. 劉淑貞：〈儒林外史中婦女形象探析〉，《台中技術學院學報》2002 年第 3 期，頁 21～33。

57. 劉嵐：〈儒林外史喪葬禮儀描寫與文化透視〉，《懷化學院學報》2007 年第 26 卷第 4 期，頁 61～64。

58. 韓繼利：〈論儒林外史的悲劇性〉，《濟南職業學院學報》，2005 年第 5 期，頁 27～30。

59. 聶俊亮：〈嚴密而有意味的時空組織——論儒林外史獨特敘事結構〉，《邢台學院學報》2006 年第 21 卷第 3 期，頁 22～23。

附錄　《儒林外史》在美國研究之文獻——討論面向一覽表

	主題思想			敘事結構			人物形象		諷刺藝術			敘事技巧			價值研究		
	諷刺	科舉	整體	小說故事集	批判	讚揚	投射角色	人物類型	狂狷守舊	理想道德	寫實圓融	客觀隱性	全知全能	隱含危機	歷史價值	文學價值	表現價值
1				✓			✓										
3				✓			✓		✓	✓	✓		✓		✓	✓	
4		✓			✓												
5						✓			✓			✓					
6			✓	✓		✓										✓	✓
7		✓										✓	✓		✓		✓
8		✓				✓						✓					
9				✓						✓						✓	
11											✓						
12	✓						✓		✓	✓					✓	✓	✓
13					✓	✓	✓										
14		✓													✓		
15							✓										

No															
16	✓											✓			
17									✓						
18										✓				✓	
19					✓					✓					
21			✓		✓										
22		✓	✓												
25													✓		
26		✓						✓							
27															✓
28	✓				✓									✓	
30	✓														
31					✓						✓				
32									✓						

製表：王美惠

說明：本論文共述要卅二本文獻，其中有六本未納入此表，係因其討論主題
　　　與本論文分析面向無關。

1. Lai Ming：〈社會諷刺小說：儒林外史〉，1966。
3. 夏志清：〈儒林外史〉，1968。
4. 柳無忌：〈匿名作者的偉大小說〉，1968。
5. Wells：〈論儒林外史〉，1971。
6. 林順夫：〈儒林外史的禮及其敘事結構〉，1973。
7. 羅溥洛：《清初社會及其批評家：吳敬梓的生平與時代》，1974。
8. 黃宗泰：《中國小說批評的諷刺與爭論：儒林外史研究》，1975。
9. Colemma：〈方向感的有無：《儒林外史》、《老殘遊記》和清朝儒家傳統的
　　衰微〉，1976。
11. 高友工：〈中國敘述傳統中的抒情觀點——閱讀紅樓夢與儒林外史〉，1978
12. 黃宗泰：《吳敬梓》，1978。
13. 楊力宇：〈儒林外史〉，1978。
14. 羅溥洛：《近代中國的異議份子——儒林外史與清代的社會批評》，1981。
15. Bauer：《創造性的曖昧：儒林外史與湯姆‧瓊斯中的諷刺描繪》，1988。

16. Berry：〈儒林外史〉，1988。

17. Rolston：《理論與實踐：小說批評與儒林外史的書寫》，1988。

18. 柯瑋妮：〈十八世紀小說中的惡漢：菲爾丁、斯摩萊特與吳敬梓的比較觀點〉，1990。

19. Roddy：《儒林外史和在清代小說裡的文人畫像》，1990。

21. Wu, Swihart De-an：《中國小說形式的演進》，1990。

22. Wu, Xiaozhou：《西方和中國文學類型的理論和批評：菲爾丁、吳敬梓、錢鐘書、伊夫林・渥夫和法國作家普魯斯特的比較研究》，1990。

25. 商偉：《泰伯祠的傾垮：儒林外史研究》，1995。

26. Anderson：〈學者帽子裡的蠍子：《儒林外史》裡的儀式、記憶和欲望〉，1997。

27. Rolston：〈潛在的批評：儒林外史〉，1997。

28. 柯瑋妮：《儒林外史：中國小說中的惡漢研究》，1998。

30. Roddy：《清代文人的認同及其小說描寫》，1998。

31. Wu, Yenna：〈明清諷刺小說類型的再審查〉，1999。

32. 商偉：《儒林外史與清代的文化轉型》，2003。